高等职业技术教育精品教材——动车组检修技术

高速铁路动车组
控制系统维护与检修

主　编　李向超　李世伦
副主编　时　蕾　于文涛
主　审　王亦军

西南交通大学出版社
·成　都·

内 容 提 要

本书是高等职业教育高速铁道技术专业校企合作系列教材之一。针对高等职业院校技能型人才培养的特点，以动车组运用检修的各项任务、项目过程为导向，培养学生面向工作岗位的实际能力。全书内容分为 5 个项目：动车组控制系统认识、动车组牵引控制系统维护与检修、动车组制动控制系统维护与检修、动车组辅助供电系统电路分析、CRH380B 型动车组网络控制系统。

本书集动车组理论知识和检修知识于一体，适合高速铁路、城际客运专线、城市轨道交通等企业从事动车组车辆、城市轨道交通车辆的运用、检修及管理工作的人员，以及铁路高职院校学生参考使用。

图书在版编目（CIP）数据

高速铁路动车组控制系统维护与检修 / 李向超，李世伦主编. —成都：西南交通大学出版社，2019.5（2025.2重印）

ISBN 978-7-5643-6846-3

Ⅰ.①高… Ⅱ.①李… ②李… Ⅲ.①高速动车－控制系统－车辆检修－高等职业教育－教材 Ⅳ.①U266

中国版本图书馆 CIP 数据核字（2019）第 077251 号

高速铁路动车组控制系统维护与检修

主编 李向超 李世伦

责任编辑	王 旻
特邀编辑	王玉珂
封面设计	何东琳设计工作室
出版发行	西南交通大学出版社 （四川省成都市金牛区二环路北一段 111 号 西南交通大学创新大厦 21 楼）
邮政编码	610031
营销部电话	028-87600564　028-87600533
网址	http://www.xnjdcbs.com
印刷	成都中永印务有限责任公司
成品尺寸	185 mm × 260 mm
印张	15
字数	373 千
版次	2019 年 5 月第 1 版
印次	2025 年 2 月第 3 次
定价	42.00 元
书号	ISBN 978-7-5643-6846-3

课件咨询电话：028-81435775
图书如有印装质量问题　本社负责退换
版权所有　盗版必究　举报电话：028-87600562

前 言

  2012年12月26日，伴随着京石、石武段的开通运营，我国最长的京广客运专线全线贯通，到2020年，我国高速铁路规模将达到3万千米，为完成"十三五"规划任务、实现全面建成小康社会目标提供有力支撑。到2025年，高速铁路规划将达到3.8万千米左右，可以更好地发挥铁路对经济发展的保障作用。展望到2030年，基本实现内外互联互通、区际多路畅通、省会高铁连通、城市快速通达、县域基本覆盖。

  具体到动车组运用检修任务，需要大量的机电设备检修和维护专业技术人员，而现有各铁路局动车段、动车所所需技术维修人员，基本来自大中专毕业生和在岗职工的转岗培训，为了认真贯彻落实高速铁路主要行车工种岗位准入制度的相关要求，确保为高铁运营及安全持续稳定发展提供坚实可靠的人才保障，快速提升企业在职人员和职业学院学生的实际运用和检修的专业水平，在消化吸收中国铁路郑州局集团有限公司车辆段、动车段以及相关厂家提供的动车组技术资料的基础上，从实际需要出发，编写了《高速铁路动车组控制系统维护与检修》一书。

  本书从动车组控制系统基础知识，动车组牵引、制动控制系统的组成、原理、控制电路，动车组辅助供电系统组成、供电方式、直交流供电回路、辅助电路，动车组网络控制系统各配件组成、作用等方面分别进行了介绍，对日常维护检修、故障处理等程序、标准也进行了详细的讲解，是动车组新技术、新知识学习的必备用书。

  本书在编写过程中，得到了郑州铁路职业技术学院和中国铁路郑州局集团有限公司的大力支持，郑州局集团有限公司动车段对编写工作给予了具体的指导和帮助，在此一并表示感谢。

  全书由郑州铁路职业技术学院李向超和李世伦担任主编，时蕾和于文涛担任副主编，郑州铁路职业技术学院教授王亦军担任主审。参加编写的有李向超（项目一、项目二）、李世伦（项目三，项目四任务一、任务二）、于文涛（项目四任务三、任务四）、时蕾（项目四任务五、任务六、任务七、）、张磊（项目四任务八）、冯继营（项目五）。由于作者水平所限，加之编写时间仓促，书中难免有疏漏和不当之处，恳请读者批评指正。

编 者

2019年1月

// 目 录 //

项目一　动车组控制系统认识 ·· 1
　　任务一　认识控制电路基础元件及符号 ·· 1
　　任务二　认识动车组控制系统的组成 ·· 27
　　任务三　动车组系统安全联锁 ·· 32

项目二　动车组牵引控制系统维护与检修 ·· 38
　　任务一　浅析牵引变流器 ·· 38
　　任务二　认识牵引传动系统的组成 ··· 55
　　任务三　CRH380B 型动车组牵引控制系统介绍 ···································· 59
　　任务四　主控制器维护与检修 ·· 63
　　任务五　牵引控制原理分析 ··· 75
　　任务六　设备远程控制与测试 ·· 82
　　任务七　故障案例分析 ··· 87

项目三　动车组制动控制系统维护与检修 ·· 100
　　任务一　认识动车组制动控制系统的组成 ·· 100
　　任务二　制动控制电路分析 ··· 103
　　任务三　故障案例分析 ··· 119

项目四　动车组辅助供电系统电路分析 ·· 128
　　任务一　浅析辅助变流器 ·· 128
　　任务二　交直流供电电路分析 ·· 140
　　任务三　辅助电源装置构成及保护 ·· 147
　　任务四　辅助电路分析 ··· 157
　　任务五　配电系统维护与检修 ·· 160
　　任务六　辅助供电系统应急故障处理 ·· 194
　　任务七　CRH2-380 型动车组辅助供电电路分析 ································· 208
　　任务八　CRH380B 型动车组辅助供电系统分析 ································· 217

项目五　CRH380B 型动车组网络控制系统 ··· 223
　　任务一　认识动车组网络控制系统的组成与结构 ································· 223
　　任务二　网络控制系统配件的组成与作用 ··· 225

参考文献 ·· 234

项目一　动车组控制系统认识

【项目描述】

本项目是对动车组控制系统基础知识的整体认识。在动车组电气及控制系统实训基地或者动车组列车模拟仿真实训基地，以配电盘模型、多媒体教学课件为学习载体，让学生认识控制系统中基本元器件的结构、功能及电气原理图中的符号，掌握控制系统的基本组成和工作原理以及安全联锁相关知识，为后续项目学习以及以后从事动车组运用、检修工作打下基础。

学习过程中要求学生树立安全生产和质量意识，培养学生团队协作能力。

【知识目标】

（1）理解控制电路中开关电器的工作原理；
（2）认识动车组电气原理图中的记号；
（3）掌握动车组控制系统的构成；
（4）掌握动车组安全联锁相关知识。

【能力目标】

（1）能识别电气原理图中的记号；
（2）能够判断处理电气元器件中的常见故障；
（3）能够绘制和分析终端装置指令传递示意图。

任务一　认识控制电路基础元件及记号

【任务描述】

在动车组电机电器实训室或者动车组电气及控制系统实训基地，以接触器、继电器等低压电器及动车组配电柜、多媒体教学课件为载体，认识控制电路基础元器件的结构、功能及动车组的电气原理图中线号、电气设备的命名方法，从而能够识读、分析电气原理图，为从事动车组检修工作、排查电路故障打下基础。

【背景知识】

在动车组控制电路中，熔断器、接触器、继电器、各种开关、导线等是电路的基本组成部分，它们是用来接通和开断电源，实现对电路或非电对象控制、保护和调节的电气装置。

一、熔断器

熔断器是一种用作过载和短路保护的电器，它主要由熔断管（座、盒）和熔体（金属丝或金属片）两部分组成。熔断管用来容纳熔体和填料，同时还是灭弧室；熔体既是熔断器的量测元件又是执行元件。

如图 1-1-1 所示，熔体串联于被保护电路中。

熔体在通过正常工作电流时不熔断，而当流过熔体的电流超过其额定电流一定值时，熔体自行熔断，切断电路。

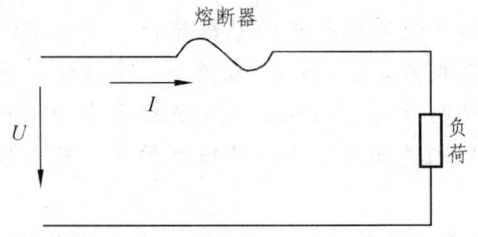

图 1-1-1　熔断器串联电路简图

二、自动开关

自动开关又称自动空气断路器，是一种结构较为复杂、动作性能较为完善的配电保护电器，用来自动切断故障电路，同时也用来以手动非频繁地切换正常电路，和其他开关电器比较有以下主要特点：

（1）能开断较大的短路电流。

（2）具有对电路过载、短路的双重保护。

（3）允许操作频率低。

自动开关主要分为单极式和三极式两种。单极式自动开关大量用于控制电路，作为电路的过载和短路保护装置。三极式自动开关作为辅助电路电气设备的过载和短路保护，它主要由操作机构、自动脱扣机构、触头装置和灭弧装置等组成。

三、电空阀

电空阀是一种借助电磁吸力来控制压缩空气管路开通或截断的阀，可实现远距离控制气动器件的目的。电空阀类型较多，按电磁铁的形式分有拍合式和螺管式；按结构形式分有立式和卧式；按作用原理分有开式和闭式。

四、接触器

接触器是用来接通或切断带有负载的主电路或大容量控制电路的自动切换电器，用于频繁地接通和切断正常工作情况的主电路和辅助电路。与其他开关电器比较，接触器的特点是：动作次数频繁；能通、断较大电流，但一般情况下只能开断正常额定电流，而不能开断短路或故障电流；可以实现一定距离的控制。

1. 电磁接触器

在辅助电路和控制电路中使用的接触器均为电磁接触器，交流电磁接触器主要应用在辅助电路中，直流电磁接触器应用在控制电路中。

1）交流电磁接触器

以交流三相电磁接触器为例予以说明，它适用于在交流 50 Hz，电压为 380 V 的电路中操纵负载的接通或断开。

交流电磁接触器的结构如图 1-1-2 所示。灭弧罩由高强度耐弧陶瓷制成，罩内有割弧栅片，可分割电弧或短弧而冷却，每相还装有金属短弧片，可短接各触桥引出的电弧，采用这些措施以促使交流电弧尽可能在第一个半波过零点时熄弧。为了保证接触器达到工作制的熄弧能力和电寿命要求，还在断口并联了消弧电阻6。

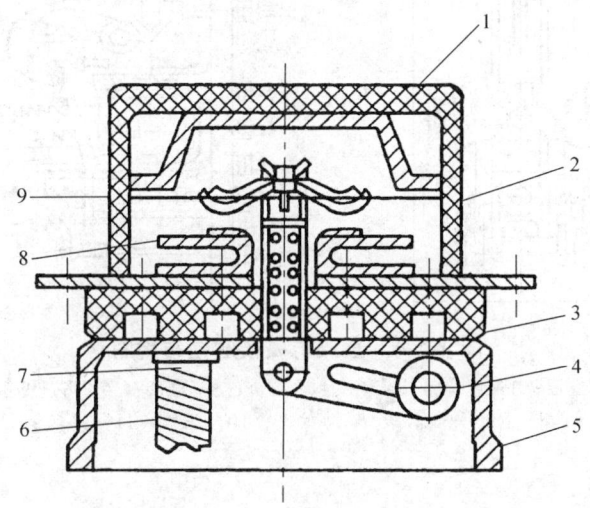

图 1-1-2　交流电磁接触器结构图

1—灭弧罩；2—栅片；3—底板；4—转轴；5—底座；6—消弧电阻；
7—触头支持件；8—静触头；9—动触头

如图 1-1-3 所示，在磁路系统采用了硅钢片叠装而成的 E 形铁心，以减小磁滞和涡流损耗；为了减小交流吸力的脉动，在铁心的两端柱上设有短路环；整个磁系统采用弹性固定以提高机械寿命。为了适合列车上的直流控制，采用了双线圈结构，启动线圈和保持线圈的工作依靠接触器自身的一对常闭和常开辅助触头来完成。

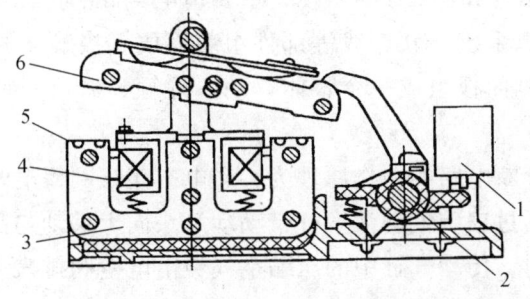

图 1-1-3　交流电磁接触器磁路系统简图

1—联锁触头；2—转轴；3—磁轭；4—线圈；5—短路环；6—衔铁

2）直流电磁接触器

直流电磁接触器的结构如图 1-1-4 所示，它采用整体软钢制成，衔铁绕磁轭的棱角转动。为了减少吸引线圈安匝数，以减小电磁结构尺寸，采用了具有极靴的铁心，选取小的气隙使磁阻减小；选取较大的杠杆比，从而使触头有较大的开距；为了避免由于剩磁带来的衔铁不释放现象，采用 0.1～0.2 mm 紫铜片装在衔铁上作为气隙。接触器的触头系统采用铜基指形主动触头，直接安装在衔铁上；主静触头为 T 形，与弧角一起装于支架上。其为单极常开式，带有由串联的吹弧线圈和石棉水泥灭弧罩构成的磁吹灭弧装置，灭弧罩为迷宫式曲缝结构。常开辅助联锁触头在主触头的两侧，常闭辅助联锁触头在衔铁的另一端。

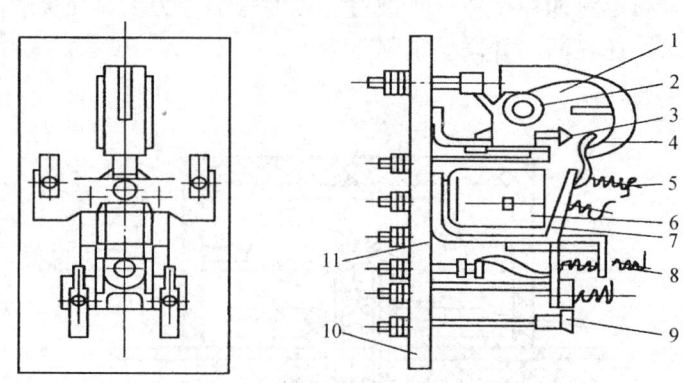

图 1-1-4　直流电磁接触器结构图

1—灭弧罩；2—弧线圈；3—主静触头；4—主动触头；5—触头弹簧；6—吸引线圈；7—衔铁；8—反力弹簧；9—辅助抽头；10—底板；11—磁轭

2．真空接触器

真空接触器的主要组成部分与电磁接触器相似，所不同的是它的主触头密封在高度真空的玻璃或陶瓷圆筒内，构成真空灭弧室。真空接触器由真空灭弧室、电磁系统、支架等几部分组成，其总体结构形式有立体布置和平面布置两种。

由于真空既是一种很好的绝缘介质，又是一种很好的熄弧介质，因此，真空接触器触头只要分开很小的距离就能可靠地熄灭电弧，它的开距比其他类型接触器要小得多。

3．电空接触器

典型电空接触器的结构如图 1-1-5 所示，主要由电空阀、传动气缸、绝缘杆、动静触头及其弧角、灭弧罩、吹弧系统、软连线等部件组装而成。接触器的导电部分和传动气缸通过绝缘杆连接后用两块侧面板组成一个整体。动、静触头弧角分别安装在弧角支架和静触头座上。

电空接触器接通和分断电路的动作原理为：当电空阀线圈得电时打开气路，压缩空气经电空阀进入传动气缸，通过皮碗推动活塞杆带动动触头向上移动与静触头闭合，接通电路。

当电空阀线圈失电时，传动气缸中的压缩空气经由电空阀排入大气，在气缸中反力弹簧作用下，动触头下移与静触头断开，将电路分断。这时，联锁触头组通过装于推杆上的联锁板的上下移动也随之进行分合的联锁转换，使电空接触器不发生误动作。

项目一 动车组控制系统认识

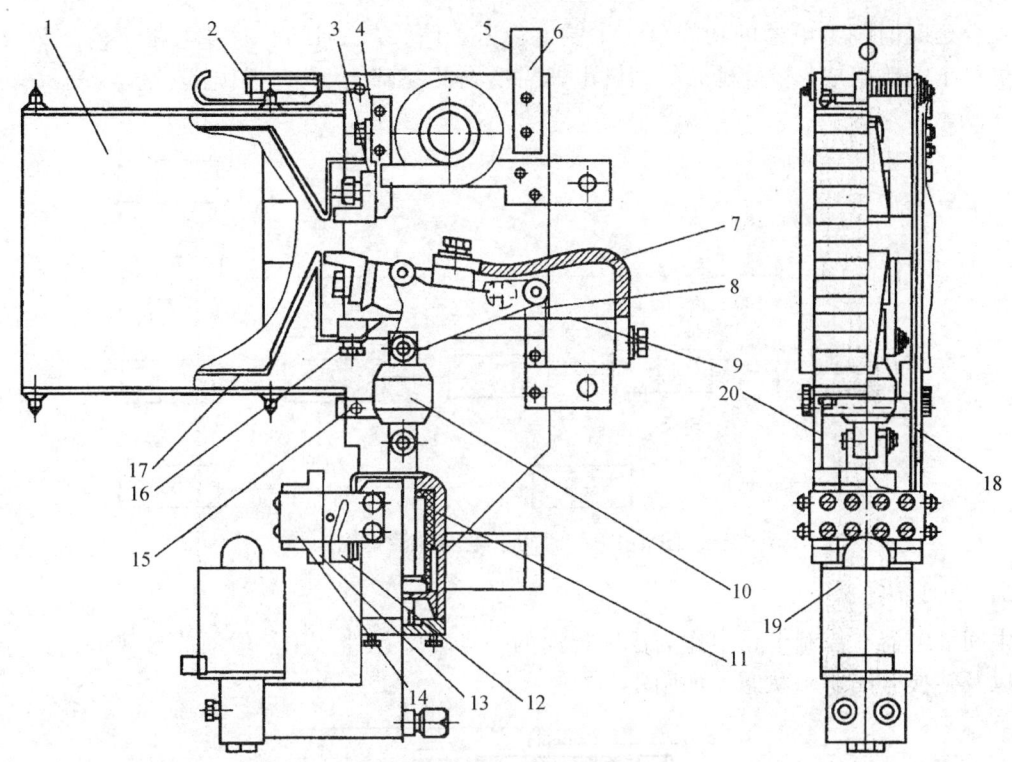

图 1-1-5 电空接触器结构图

1—灭弧罩；2—挂钩；3—静触头；4—静触头弧角；5—吹弧线圈；6—安装杆；7—软连线；8—杠杆出线座；9—杠杆支架组装；10—绝缘杆；11—传动气缸；12—联锁板；13—联锁触头；14—联锁支架；15—灭弧罩室支板；16—动触头弹簧；17—动触头弧角；18—右侧板；19—电空阀；20—左侧板

五、继电器

继电器是根据某一输入量来换接执行机构的电器，用于控制电路。继电器也可认为是传递信号的电器，继电器的输入量可以是电压、电流等电量，或者是热、光、声和机械力等非电量。继电器与接触器不同的是：继电器一般是指控制电路中的主令电器和执行电器之间进行逻辑转换及传递的控制电器。因此，同接触器相比较，继电器触头容量小，没有灭弧装置，体积和质量也比较小，但动作的准确性要求较高。

继电器由执行机构和控制机构两部分组成。按执行机构的种类可分为有触点继电器和无触点继电器两种。有触点继电器的执行机构为触头，它的开关特性比较理想；无触点继电器一般通过集成电路实现接通/断开，其开关特性略差，但它具有体积小、质量轻、动作迅速、耐冲击、耐振动、无电磁干扰等优点。

1. 时间继电器

电子时间继电器作为控制电路中的时间控制元件，采用集成电路 555 或 556 作为功能单元的主要元件，用微型大功率密封中间继电器作为执行单元。

集成电路和元器件固体封装于一个金属盒内，具有防电磁干扰、防尘和防震等作用，使整机工作更为可靠。

吸合延时时间继电器的功能单元主要由稳压电路、RC 网络、时基电路、输出接口电路及信号显示电路组成。释放延时时间继电器需要在此基础上增加控制电路（虚线表示），如图 1-1-6 所示。

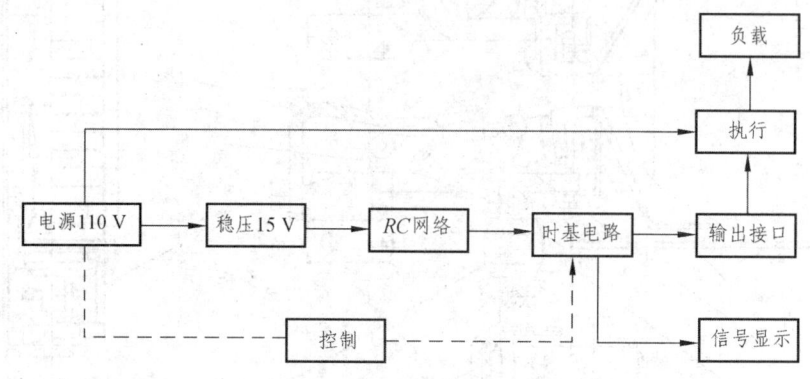

图 1-1-6　时间继电器功能框图

2．中间继电器

中间继电器在控制电路中作为逻辑传递的一个环节元件，用于增加信号数量、进行量值放大以及转换开闭逻辑状态，如图 1-1-7 所示。

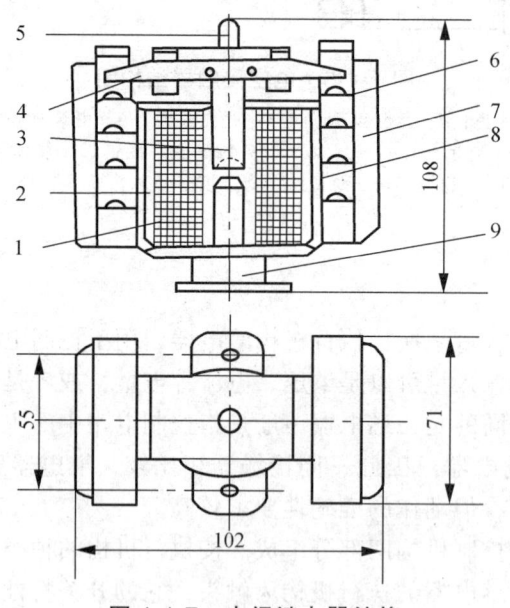

图 1-1-7　中间继电器结构

1—线圈；2—磁轭；3—铁心；4—衔铁；5—按钮；6—触头组；7—防尘罩；8—反力弹簧；9—支座

3．电流继电器

电流继电器作为主电路原边过流保护和辅助电路过流保护之用。

4．接地继电器

接地继电器用于主电路及辅助电路的接地保护。接地继电器结构如图 1-1-8 所示，主要由电磁系统、触头系统、指示器、接线端子及有机玻璃罩等组成，组装在由酚醛玻璃纤维压制成的地板上。接地继电器的磁系统为拍合式电磁铁并带有吸引线圈,指示器带有恢复线圈及螺管式磁路;有两对主触头和一对联锁触头,都是桥式断点,主触头由衔铁控制,联锁触头由指示杆带动。

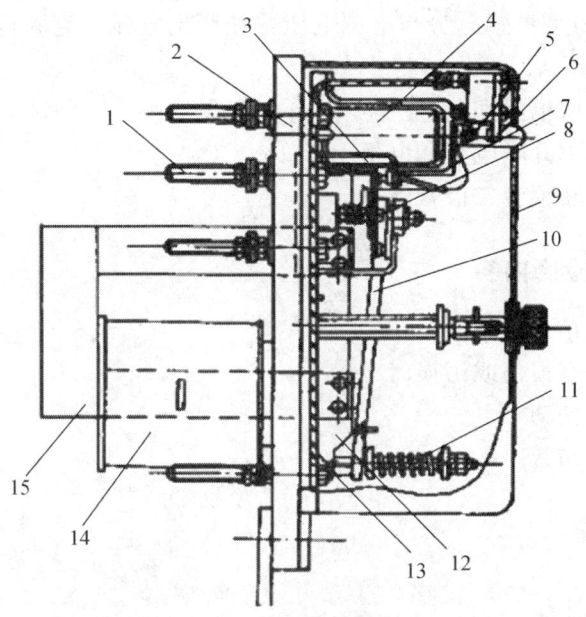

图 1-1-8 接地继电器结构

1—接线端子；2—底板；3—主触头；4—恢复线圈；5—联锁触头；6—指示器；7—钩子；8—扭簧；9—外罩；
10—衔铁；11—反力弹簧；12—支座；13—非磁性垫片；14—吸引线圈；15—铁心

5．风速继电器

风速继电器安装在变流装置、变压器等设备的通风系统风道里,用来反映通风系统的工作状态,以确保通风系统有足够的风量。

6．风压继电器

风压继电器用作气路保护之用,用作主断路器的气路保护,当主断路器储风缸压力超过设定值时,风压继电器动作,触头闭合,接通主断路器合闸电路,主断路器方能合闸。应避免主断路器在低气压下合闸,而无法保证可靠分闸的危险。

7．继电器的选用与保护

继电器按照下列步骤进行选用：

（1）根据输入信号的性质、使用环境、动作频率、寿命要求以及工作制度和安装尺寸等因素选择继电器的种类和型号。

（2）根据输入信号的电气参数,选定继电器的输入参数。

（3）根据控制要求确定接点的种类（常开或常闭）。

（4）根据被控回路的多少,确定继电器接点的对数或组数。

（5）根据负载的性质与容量,确定继电器触点的容量。

对于动作频繁的继电器,其触点由于电弧和烧损等故障,会引起其接触电阻发生变化,进而引起继电器线圈输入电压降低。当线圈输入电压低于85%额定电压时,继电器不能正常工作。为此，控制电路电压一般选取较高值；采用低压控制时，建议采用并联型触点，以提高工作可靠性。对于触点接触电阻，应定期进行检查。继电器触点用于开断直流感性负载时，一般在额定电压不变的情况下，开断电感性负载的电流只能为开断电阻性负载的电流的30%左右，原因是自感电势与电源电压叠加产生电弧，克服这种问题可以采取以下3种办法。

（1）在触点两端并联电阻和电容。
（2）在电感负载两端并联电容和电阻。
（3）在电感两端并联续流二极管。

六、控制电器的检修内容

（1）检查安装状态是否牢固。
（2）检查外体是否有损伤或污损。
（3）检查接线是否松动。
（4）检查接触头损伤状态。
（5）功能检查。
（6）绝缘性能测试。

七、电气原理图记号

1. 线号的定义

按照下述方向定义线号（以"1234A1"为例）。
线号格式：

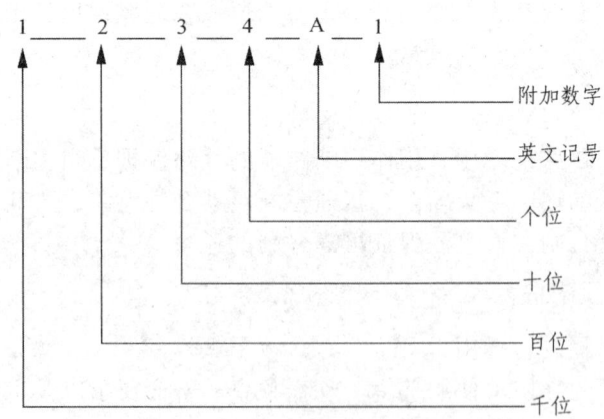

千位、百位：区别电源系统、信号种类。0（零）时可以省略。
十位、个位：作为回转序号分配。0（零）时可以省略。例，线号为9的时候：009→9。
英文记号：在相同信号系统中信号是有关联的，因为继电器或开关等原因在回路上被分离时采用英文记号。
附加数字：在相同信号系统中，需要比英文记号更详细的区分时，采用附加数字。
CRH2型动车组部分线号分类如表1-1-1所示。

表 1-1-1　CRH2 型动车组线号分类

线　号	分　类
1~99	控制指令回路（DC 100 V）
100~199	DC 100 V 系统
200~249	AC 100 V 系统（稳定输出）
250~299	AC 100 V 系统系统（非稳定）
300~399	AC 220 V 系统
400~499	辅助制动型、ATP 信号、速度发电机
500~599	主变换回路
700~799	AC 400 V（单相）系统
741、742、743 771、781、791	AC 400 V（3 相）系统
800~899	空调装置
900~906	主回路接地、主回路过电流检测
1100~1199	广播回路
1400~1499	ATP 天线、无线电服务系统
1500~1599	MTr2 次回路（主回路）
1600~1699	ATP 装置
2500~2502	特高压回路（AC 25 kV 系统）

2．特殊线号

1）车辆信息控制装置的线号

关于车辆信息控制装置的输出输入线，可采用特别的线号：

M + 3 位号码：车辆信息控制装置的输出输入线号。

MF + 3 位号码：光缆的线号。

2）LKJ2000 的线号

对于 LKJ2000 的线号，作如下线号分配：

J + 3 位号码：与 LKJ2000 有关的线号。

3．设备记号命名方法

记号以下述基本方法进行命名（以 CMCORR1 为例）。

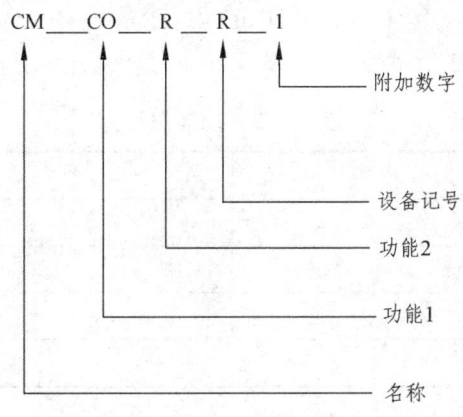

（1）名称：用英文的简称（如 CM = Compresser Motor），如表 1-1-2 所示。

表 1-1-2　设备名称记号

记　号	名　称
AC	交流
AP	空气压力
APU	辅助电源装置
ATC	ATP 装置
B?	制动器?档
Bat	蓄电池
Bz	蜂鸣器
Cab	司机室
CI	主变换装置
CM	空气压缩机
D	侧拉门装置
EB	快速制动
HMLp	前部标识灯
MC	主控制器
MLp	后部标识灯
MM	主电动机
MRr	气　源
MT	主变压器
Pan	受电弓
PrLp	备用灯
SB	辅助制动开关
UB	紧急制动开关
VCB	真空断路开关

（2）功能：表示动作的功能（如 CO = Cut Off、R = Reserve）。不必要时可以省略，也可以重复。功能记号如表 1-1-3 所示。

表 1-1-3　功能记号

记　号	功　能
C	关
O	开
CO	断　开
R	辅　助

（3）设备记号：表示有记号设备的种类（R = Relay）。设备记号如表 1-1-4 所示。

表 1-1-4 设备记号

记　号	设　备
R	继电器
TR	时限继电器
K	接触器
N	断路开关
S	开关
V	电磁阀
He	加热器
Th	温度检测器
Lp	指示灯
T（Tr）	变压器

（4）附加数字：相同的功能用于复数设备时，可作为运转序号附加。

4．电路分析举例

以图 1-1-9 所示头车的运转指令回路为例，图中标号对应电路的机器表示如下：

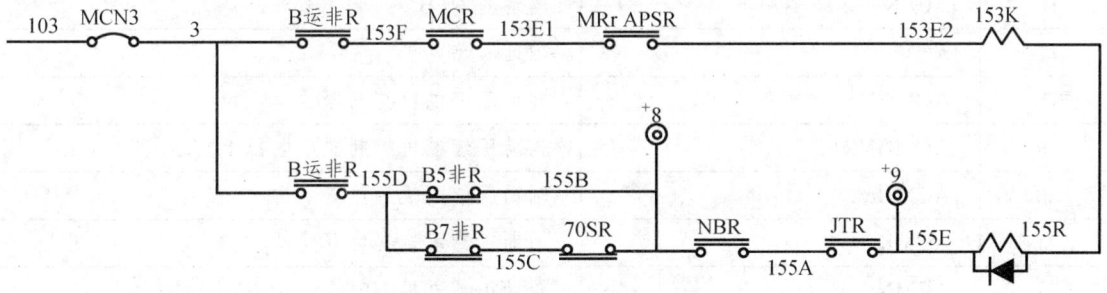

图 1-1-9　头车的运转指令回路

① 103 线——DC 100 V 电源；

② MCN3——第 3 个主控制器用（运转指令用）的断路开关；

③ B 运非 R（BOFR）——制动指令的运转～在快速时被励磁化的继电器；

④ 153F、153E1、153E2——表示与 153 线有关联的线；

⑤ MCR——主控制器用继电器（操作侧时为励磁）；

⑥ MRrAPSR——总气源空气压力开关用继电器（正常压力时为励磁）；

⑦ 153K——紧急制动用接触器（向紧急制动电磁阀供电用的接触器）。

5．电气设备图形符号的说明

电气设备符号如表 1-1-5 所示。

表 1-1-5　电气设备符号

序号	符号	设备名称
1	153K	153 线接触器
2	155R	155 线继电器
3	156R	156 线继电器
4	160SAR1，2	速度辅助继电器（160 km/h 以上失电）
5	30DLR	30 km/h 门锁继电器
6	30SR	30 km/h 速度继电器
7	33COR	门锁紧用速度条件开放继电器
8	5DLR	5 km/h 门锁继电器
9	5SR	5 km/h 速度继电器
10	A5SR	5 km/h 速度继电器辅助继电器
11	70SR	70 km/h 速度继电器
12	ACK1	交流电接触器 1
13	ACK1R	交流电接触器 1 继电器
14	ACK2	交流电接触器 2
15	ACK2R	交流电接触器 2 继电器
16	ACLN	滤清器 NFB
17	ACM	辅助压缩电机
18	ACMGV	辅助压缩电机控制器
19	ACMGVR1，2	辅助压缩电机控制器继电器 1，2
20	ACMHe	辅助压缩电机加热器
21	ACMK	辅助压缩电机接触器
22	ACMN	辅助压缩电机 NEB
23	ACMR1，2	辅助压缩电机继电器 1，2
24	ACMS	辅助压缩电机开关
25	ACOCR1，2	交流电过流继电器 1，2
26	ACOCRR1，2	交流电过流预留继电器 1，2
27	ACOSN	他车供电用断路器
28	ACVN1，2	转换电源 NFB 1，2
29	ACVR1，2	交流定电压继电器
30	ADCD1，2	自动门控设备 1，2
31	ADCOS11～12、21～22	自动门控设备切断开关 11～12，21～22
32	ADN1，2	自动门控设备 NFB 1，2

续表

序号	符号	设备名称
33	AHeK	辅助加热器接触器
34	AHeKN	辅助加热器接触器 NFB
35	AHeS	辅助加热器开关
36	AHWN	自动洗手盆 NFB
37	AMLpR1~3	标志灯预留继电器 1~3
38	AmpN1,2	放大器 NFB 1,2
39	AOCN	交流电过流 NFB
40	APCR	空气管路关闭继电器
41	APCS	空气管路关闭开关
42	APCV	空气管路关闭阀
43	APOR	空气管路开启继电器
44	APOV	空气管路开启阀
45	APPS	空气管路压力开关
46	APU	辅助电源装置
47	APUCN	辅助电源装置控制 NFB
48	APUBMN	辅助电源装置风机电机 NFB
49	ARf	辅助整流器
50	ARfK	辅助整流器接触器
51	ARfKR	辅助整流器接触器继电器
52	ARfN2	辅助整流器 NFB 2
53	ARfRN	辅助整流器接触器 NFB
54	Arr	避雷器
55	ASCN	激活的悬挂控制 NFB
56	ATCBR	ATC 制动继电器
57	ATCKB1R	ATC 缓和制动（1N）继电器
58	ATCKB4R	ATC 缓和制动（4N）继电器
59	ATN	辅助变压器 NFB
60	ATPBTMN	ATP BTM 装置电源 NFB
61	ATPCOR	ATP 切断继电器
62	ATPDMIN	ATP DMI 装置电源 NFB
63	ATPDRUN	ATP DRU 装置电源 NFB
64	ATPFN	ATP 风扇电源 NFB

续表

序 号	符 号	设备名称
65	ATPN1	ATP 主电源 NFB 1
66	ATPPK	ATP 主电源接触器
67	ATPSTMN	ATP STM 装置电源 NFB
68	ATPVCN	ATP 装置电压控制器 NFB
69	ATr	辅助变压器
70	B 运非 R	制动控制手柄「运转-快速」定位继电器
71	B1 非 R	制动控制手柄「1N-快速」定位继电器
72	B2 非 R	制动控制手柄「2N-快速」定位继电器
73	B3 非 R	制动控制手柄「3N-快速」定位继电器
74	B4 非 R	制动控制手柄「4N-快速」定位继电器
75	B5 非 R	制动控制手柄「5N-快速」定位继电器
76	B6 非 R	制动控制手柄「6N-快速」定位继电器
77	B7 非 R	制动控制手柄「7N-快速」定位继电器
78	B 非 R	制动控制手柄「快速（运转-7N）」定位继电器
79	B1～3K	制动控制手柄「1N-3N」定位接触器
80	B4～5K	制动控制手柄「4N-5N」定位接触器
81	B6～7K	制动控制手柄「6N-7N」定位接触器
82	B 非 K	制动控制手柄「非常」定位接触器
83	Bat	蓄电池
84	BatK1，2	蓄电池接触器 1，2
85	BatK2R	蓄电池接触器 2 继电器
86	BatKCN	蓄电池接触器控制 NFB
87	BatKN	蓄电池接触器 NFB
88	BatN1，2	蓄电池 NFB 1，2
89	BatVDN	蓄电池电压检测 NFB
90	BCCN	制动控制单元控制 NFB
91	BCU	制动控制单元
92	BCUHe	制动控制单元加热器
93	BCUN	制动控制单元 NFB
94	BKK	辅助电源扩展供电用接触器
95	BKKN	辅助电源扩展供电用接触器断路器
96	BKKONR	BKK 投入继电器

续表

序号	符号	设备名称
97	BKKR	BKK 控制继电器
98	BKKR-R	BKK 复位继电器
99	BMK	风机电机接触器
100	BNPFsR	连挂解联电气控制盘内部继电器
101	BNR	
102	BNS	
103	BNUBAR	
104	BNUBR	
105	BR1	制动继电器 1
106	BTRCN	制动命令转换控制单元 NFB
107	BV	制动阀
108	BVN	制动阀 NFB
109	BVR	制动阀继电器
110	BVR1,2	制动阀继电器 1,2
111	BVTR	制动阀限时继电器
112	BzS	蜂鸣器开关
113	CabGS	司机室接地开关
114	CabHe1,2	司机室加热器 1,2
115	CabHeN1,2	司机室加热器 NFB 1,2
116	CabHeS1,2	司机室加热器开关 1,2
117	CabLp	司机室照明灯
118	CabLpN	司机室照明灯 NFB
119	CabLpS	司机室照明灯开关
120	CabRLpConR	司机室室内照明灯接触器插座
121	CabRrLp	司机室预留灯
122	CabRrLpN1,2	司机室预留灯 NFB
123	CabTeLp	中间司机室测试灯
124	CabTeS	中间司机室测试开关
125	CabUCN	司机室空调主断路器
126	CBCDN	司机室空调压缩机断路器
127	CBCN	司机室空调控制断路器
128	CBMN	司机室空调送风机断路器

续表

序 号	符 号	设备名称
129	CBN	司机室空调电机断路器
130	CDR1, 2	电流检测继电器
131	CI	变流器逆变器
132	CIBM1~3	变流器逆变器风机电机 1~3
133	CIBMN1~3	变流器逆变器风机电机 NFB 1~3
134	CIBMNR	变流器逆变器风机电机 NFB 继电器
135	CICN1, 2	变流器逆变器控制 NFB 1, 2
136	CIFR1, 2	变流器逆变器故障继电器 1, 2
137	CIGRR1, 2	变流器逆变器接地继电器 1, 2
138	CM	压缩机电机
139	CMCN	压缩机电机控制 NFB
140	CMCOR	压缩机电机切断继电器
141	CMCOR-R	压缩机电机切断继电器-重新设置
142	CMCORR1, 2	压缩机电机切断重复继电器 1, 2
143	CMGV	压缩机电机控制器
144	CMK	压缩机电机接触器
145	CMN	压缩机电机 NFB
146	CMSN	压缩机电机同步 NFB
147	CMV	压缩机电机阀
148	CMVTR	压缩机电机阀限时继电器
149	CORR	切断重复继电器
150	COSN	切断开关 NFB
151	COSN1	切断开关 NFB 1
152	CrFM	乘务员室风扇电机
153	CrFMN	乘务员室风扇电机 NFB
154	CrFMS	乘务员室风扇电机开关
155	CSR	恒速继电器
156	CT1	电流变压器 1
157	CT3	电流变压器 3
158	CttCN	接触器控制 NFB
159	CUHCS	车钩手柄关闭开关
160	CUHOS	车钩手柄开启开关

续表

序号	符号	设备名称
161	CVT	恒压变压器
162	DCR	直流电源继电器
163	DICOS1,2	门互锁切断开关1,2
164	DIR	门互锁继电器
165	DIRR11,12	门互锁预留继电器11,12
166	DIRR21,22	门互锁预留继电器21,22
167	DIRR31,32	门互锁预留继电器31,32
168	DIRR41,42	门互锁预留继电器41,42
169	DIRS	门互锁继电器开关
170	DLS	门锁开关
171	DMS1~4	门微型开关1~4
172	DN	门NFB
173	DOCHN	门鸣叫NFB
174	DPSR 1~4	门按钮传感继电器1~4
175	DS1~4	门开关1~4
176	DSN	门开关NFB
177	DV11,12,21,22	门磁阀11,12,21,22
178	DV31,32,41,42	门磁阀31,32,41,42
179	DVCN1,2	门上阀门控制NFB 1,2
180	DVCR1,2	门磁阀关闭继电器1,2
181	DVN1,2	门阀NFB 1,2
182	DVOR1,2	门磁阀开启继电器1,2
183	DVR 11,12,13,21,22,23	门磁阀继电器11,12,13,21,22,23
184	DVS1,2	门磁阀开关1,2
185	EBR	ATP紧急制动继电器
186	EBz	紧急蜂鸣器
187	EBzCOS	紧急蜂鸣器切断开关
188	EBzR	紧急蜂鸣器继电器
189	EBzRR	紧急蜂鸣器重启继电器
190	EBzRS	紧急蜂鸣器重启开关
191	EBzS1,2	紧急蜂鸣器开关1,2
192	EC g ConR	电子转换器接触继电器

续表

序 号	符 号	设备名称
193	EC g ConV	电子转换器接触阀
194	ECgRIsR	电子转换器接触缓解继电器
195	ECgRIsV	电子转换器接触缓解阀
196	EGCN	紧急接地开关控制 NFB
197	EGCS1,2	紧急接地开关关闭转换器 1,2
198	EGCV	紧急接地开关关闭阀
199	EGCVN	紧急接地开关关闭阀 NFB
200	EGOCK	EGS 开启和关闭阀
201	EGOS1,2	紧急接地开关开启开关 1,2
202	EGOV	紧急接地开关开启阀
203	EGOVN	紧急接地开关开启阀 NFB
204	EGS	紧急接地开关
205	EGSHe	紧急接地开关加热器
206	EGSR	紧急接地开关继电器
207	EL1,2	电子照明 1,2
208	ELN	电子照明 NFB
209	EVBat	紧急通风蓄电池
210	EXConR	外部电源连接器插座
211	EXR1,2	外部电源继电器 1,2
212	ExTh	外部热量
213	FDRR	过分相检测重复继电器
214	FiCN1~4	卫生间控制 NFB
215	FiFR1~3	厕所故障继电器
216	FiHeN1	污物箱加热 NFB
217	FiLvN	污物箱显示控制单元 NFB
218	FiOS1,2	光电传感器
219	FiPB	强制冲洗开关
220	FiT80R	污物箱 80% 继电器
221	FiT100R	污物箱 100% 继电器
222	FrBz	防火蜂鸣器
223	FrBzR	防火蜂鸣器继电器
224	FrBzRS	防火蜂鸣器重启开关

续表

序号	符号	设备名称
225	FrBzS1, 2	防火蜂鸣器开关1, 2
226	FrLP	防火灯
227	FVSN	瞬时阀传感器NFB
228	GB11~14	接地刷11~14
229	GB21~24	接地刷21~24
230	GHe	玻璃加热器
231	GHeN	玻璃加热器FB
232	GHeTh	玻璃加热器热量
233	GR3	接地继电器3
234	GRR3-1	接地预留继电器3
235	GRR3-2	接地预留继电器3
236	GRT	接地继电器变压器
237	GS	接地开关
238	HELPS	救助开关
239	HGS	连挂开始
240	HLp1~4	头灯1~4
241	HLp1~4HR	头灯1~4远光灯继电器
242	HLp1~4LR	头灯1~4近光灯继电器
243	HMLpDS	头部标志灯变光开关
244	HMLpN	头部标志灯NFB
245	HMLpS	头部标志灯开关
246	HmRS	小时计重启开关
247	Innet1~2N	Internet运行NFB
248	IVK1	
259	JAHeK	连接辅助加热器接触器
250	JAHeR	连接辅助加热器继电器
251	JaN1, 2, 3	机套NFB 1, 2, 3
252	JBVR	连接蓄电池继电器
253	JCMR	连接压缩机电机继电器
254	JRrLpK	连接预留灯接触器
255	JRrLpR	连接预留灯继电器
256	JTR	紧急制动继电器

续表

序 号	符 号	设备名称
257	KBA1R	缓解制动「1N」辅助继电器
258	KBA4R	缓解制动「4N」辅助继电器
259	KBA6R	缓解制动「6N」辅助继电器
260	KBMg	主控制箱磁性线圈
261	KBMgN	主控制箱磁性线圈 NFB
262	KBMgS	主控制箱磁性线圈开关
263	KHCR	关闭头罩继电器
264	KHCS	头罩关
265	KHCV	打开头罩指令电磁阀
266	KHOR	打开头罩继电器
267	KHOS	头罩开
268	KHOV	打开头罩指令电磁阀
269	KRR	接触器预留继电器
270	LKJCOR	LKJ 切断继电器
271	LKJN	LKJ NFB
272	LKJPK	LKJ 电源接触器
273	LvADCD	盥洗室自动门控设备
274	LvADN	盥洗室自动门 NFB
275	LvDCS1,2	盥洗室自动门关闭开关 1,2
276	LvDOS1,2	盥洗室自动门开启开关 1,2
277	LVHe1~4	调整加热器等级 1~4
278	LvLp	盥洗室灯
279	LvLpN	盥洗室灯 NFB
280	LvLpS1,2	盥洗室灯开关 1,2
281	MaRConR1	设备室接触器插座
282	MaRLp1,2	设备室内照明 1,2
283	MaRLpN1,2	设备室室内照明 NFB 1,2
284	MC	主控制器
285	MCN1~3	主控制器 NFB 1~3
286	MCPR	主控制器接通继电器
287	MCR	主控制器继电器
288	MCRR	主控制器预留继电器

续表

序号	符号	设备名称
289	MC 切 R	主控制器「切」定位继电器
290	MDLN	门保安断路器
291	MDLR	门保安继电器
292	MGFR1，2	APU 故障中间继电器
293	MLpN	标志灯 NFB
294	MLpR1，2	标志灯继电器 1，2
295	MLpS	标志灯开关
296	MMBM1，2	主电机风机电机 1，2
297	MMBMN1，2	主电机风机电机 NFB 1，2
298	MMCOR	主电机切断继电器
299	MMCOR-R	主电机切断继电器 - 重新设置
300	MONN1，2	监控器设备 NFB 1，2
301	MOTN1，2	监控器终端设备 NFB 1，2
302	MRHPS	主风缸高压开关
303	MRLPS	主风缸低压开关
304	MRPSR	主风缸空压开关选择继电器
305	MRrAPSR	主风缸空压开关继电器
306	MSP1，2	扬声器监控器 1，2
307	MTBM	主变压器风机电机
308	MTBMN	主变压器风机电机 NFB
309	MTCOR	主变压器切断继电器
310	MTCOR-R	主变压器切断继电器-重新设置
311	MTCORR	主变压器切断预留继电器
312	MTOFR	主变压器油流量继电器
313	MTOFRR	主变压器油流量预留继电器
314	MTOPM	主变压器油泵电机
315	MTOPMN	主变压器油泵电机 NFB
316	MTr	主变压器
317	MTThR	主变压器热动继电器
318	MTThRR	主变压器热动预留继电器
319	MXR	混合继电器
320	MXRN1，2	混合继电器 NFB 1，2

续表

序号	符号	设备名称
321	NBR	正常制动继电器
322	NBTR	正常制动限时继电器
323	NRLpR	一定数量照明继电器
324	NVR	无电压继电器
325	NVR1N	无电压继电器 1 NFB
326	NVR1VD	无电压继电器 1 电压检测仪
327	OCTN	过流变压器 NFB
328	PaConR1～4N	PC 接触器 NFB
329	PaIvN	PC 逆变器 NFB
330	Pan	受电弓
331	PanCGS	受电弓转换开关
332	PanCOR	受电弓切断继电器
333	PanCOR-R	受电弓切断继电器-重新设置
334	PanDAR	受电弓降弓命令辅助继电器
335	PanDRN	受电弓降弓命令继电器 NFB
336	PanDS	受电弓降弓开关
337	PanDWR	受电弓降弓继电器
338	PanIR	受电弓互锁 NFB
339	PanN	受电弓 NFB
340	PanUCK	受电弓升弓保持阀
341	PanUR	受电弓升弓继电器
342	PanUS	受电弓升弓开关
343	PanUV	受电弓升弓阀
344	PanUVN	受电弓升弓阀 NFB
345	PCON	压力切断 NFB
346	PCOR	ATP 供电切断继电器
347	PCOV	压力切断阀
348	PDN1	目的地显示器断路器
349	PG1～4	脉冲发生器 1～4
350	PLpCOS1,2	主照明切断开关 1,2
351	PLpN1,2	主照明 NFB 1,2
352	PR	供电继电器

续表

序号	符号	设备名称
353	PS1~4	压力开关 1~4
354	RCAR	牵引命令辅助继电器
355	RConN	室内接触器 NFB
356	RConR1，2	室内接触器插座 1，2
357	RCS	锁闭气缸关闭检测开关
358	RLp	室内照明
359	RLpCAR	室内照明控制辅助继电器
360	RLpConR	室内照明接触器插座
361	RLpK	室内照明接触器
362	RLpN1~3	室内照明 NFB 1~3
363	ROR	头罩锁开、锁指令继电器
364	ROS	头罩锁开
365	ROV	头罩锁开、锁指令电磁阀
366	RrLp	预留灯
367	RrLpCgK	预留灯转换接触器
368	RrLpCgN	预留灯转换 NFB
369	RrLpCgN2	预留灯转换 NFB 2
370	RrLpCgR	预留灯转换继电器
371	RrLpCgS	预留灯转换开关
372	RrLpN	预留灯 NFB
373	RS	重启开关
374	RSR1	重启开关继电器
375	SBN1，2	子制动 NFB 1，2
376	SBNR	子制动继电器
377	SBN1R	子制动继电器 1
378	SBN1 补接	子制动 NFB 1 补接
379	SCNCRN1，2	部分控制 MCR NFB 1，2
380	SCN1~3	部分控制 NFB 1~3
381	SCK	部分控制接触器
382	SCR	部分控制继电器
383	SCTR1，2	部分控制限时继电器 1，2
384	SGZR1，2	部分故障继电器 1，2

续表

序号	符号	设备名称
385	SMCR1, 2	部分 MCR1, 2
386	SVCBCR	部分 VCB 关闭继电器
387	SVCBOR	部分 VCB 开启继电器
388	SConN1~4	运行接触器 NFB 1~5
389	SePR	传感器电源继电器
390	SePN	传感器电源 NFB
391	SG	速度发生器
392	SIV	静态逆变器
393	SKG1~4	防滑发生器 1~4
394	SKN	防滑 NFB
395	SKVR	防滑阀继电器
396	SKVRR	防滑阀预留继电器
397	SLR	防滑检测继电器
398	SLRR	防滑检测预留继电器
399	SP	扬声器
400	SPCOS	扬声器切断开关
401	SqS	顺序开关
402	SRLpN1	座位指定显示器断路器
403	SRLpN2	座位指定显示器断路器
404	SS1~4	速度传感器 1~4
405	SVCBCR	部分真空电路断路器关闭继电器
406	SVCBOR	部分真空电路断路器开启继电器
407	SVCN	紧急制动切换控制断路器
408	TAX2N	TAX2 NFB
409	TAX2PK	TAX2 电源接触器
410	TeLp	测试灯
412	TInFN	列车信息设备 NFB
413	ToBz	卫生间蜂鸣器
414	ToBzR	卫生间蜂鸣器继电器
415	ToBzS1~3	卫生间蜂鸣器开关 1~3
416	ToConN	卫生间连接器插座 NFB
417	ToConR1, 2	卫生间连接器插座 1, 2

续表

序号	符号	设备名称
418	ToFM1, 2	卫生间风扇电机 1, 2
419	ToFMN1, 2	卫生间风扇电机 NFB 1, 2
420	TSC1N	TSC1 NFB
421	TSC1PK	TSC1 电源接触器
422	TSHeN	卫生间座位加热器 NFB
423	TThRN	车辆（轮胎）热动继电器 NFB
424	TThRR	车辆（轮胎）热动预留继电器
425	TWBat	列车无线广播蓄电池
426	TWBatN	列车无线广播蓄电池 NFB
427	TWCN	列车无线广播充电器控制 NFB
428	TWEmCgK	列车无线广播紧急转换接触器
429	TWEmCgS	列车无线广播紧急充电器开关
430	TWN	列车无线广播装置控制 NFB
431	TyClV	轮胎清洁阀
432	TyClVN	轮胎清洁阀 NFB
433	UBR	紧急制动继电器
434	UBRS	紧急制动重启开关
435	UBRSR	紧急制动重启开关继电器
436	UBRSWR	紧急制动重启开关继电器
437	UBS1, 2	紧急制动开关 1, 2
438	UBTR1, 2	紧急制动限时继电器 1, 2
439	UN1	配电盘内空调单元 1 电源（AC 400 V）NFB
440	UN2	配电盘内空调单元 2 电源 NFB
441	UN12	空调单元 1 控制电源（AC 100 V）NFB
442	UN22	空调单元 2 控制电源（AC 100 V）NFB
443	UCN3	空调显示设定器电源 NFB
444	UCN11	空调装置 1 内部接触器盘电源
445	UCN21	空调装置 2 内部接触器盘电源
446	UR0	设备命令继电器
447	UVN	紧急磁阀 NFB
448	UVR	紧急磁阀继电器
449	UVR1, 2, 3	紧急磁阀继电器 1, 2, 3

续表

序号	符号	设备名称
450	UVRS	紧急磁阀继电器短路开关
451	V1	电压计 1
452	V3	电压计 3
453	V4	电压计 4
454	VCB	真空断路器
455	VCBARN	真空电路断路器辅助继电器 NFB
456	VCBA1R	真空电路断路器辅助继电器
457	VCBCOR	真空电路断路器切断继电器
458	VCBCOR-R	真空电路断路器切断继电器-重启
459	VCBCR1，2	真空电路断路器关闭继电器 1，2
460	VCBCS	真空电路断路器关闭开关
461	VCBHe	真空电路断路器加热器
462	VCBN	真空电路断路器 NFB
463	VCBOAR	真空电路断路器开启辅助继电器
464	VCBOR1，2	真空电路断路器开启继电器 1，2
465	VCBOS	真空电路断路器开启开关
466	VCBRR	真空电路断路器预留继电器
467	VCgS	电压计转换开关
468	VDTN	电压检测变压器 NFB
469	VeFM	通风风扇电机
470	VeFMCN1，2	通风风扇电机控制 NFB 1，2
471	VeFMN	通风风扇电机 NFB
472	VN1	电压计 NFB 1
473	VN3	电压计 NFB 3
474	VN4	电压计 NFB 4
475	WaPFS	水泵浮动开关
476	WaPHe	水泵加热器
477	WaPHm	水泵小时计
478	WaPMV1	水泵磁阀 1
479	WaPMV2	水泵磁阀 2
480	WaP	水泵
481	WaPN	水泵 NFB

续表

序号	符号	设备名称
482	WaPR	水泵控制继电器
483	WaPTh	水泵加热器恒温器
484	WhDR	鸣笛声下降继电器
485	WhDV	鸣笛声下降阀
486	WHeN1, 2	水加热器 NFB 1, 2
487	WLMN	水位计 NFB
488	WLMR	水位计继电器
489	WPN	雨刮器 NFB
490	WVCN	水泵加压留置断路器
491	24V 电源 N	24 V 电源 N
492	前进 R	换向开关「前进」定位继电器
493	后进 R	换向开关「后进」定位继电器
494	牵引指令 R	牵引指令继电器
495	恒速 SW	恒速开关
496	恒速切 SW	恒速切开关
497	复位 SW	复位开关
498	启动试验 SW	启动试验开关
499	车上试验 SW	车上试验开关
500	耐雪 SW	耐雪开关

任务二　认识动车组控制系统的组成

【任务描述】

以多媒体教学课件为学习载体，让学生掌握动车组控制系统的构成、控制电路的概念及控制系统的工作原理。学习完本任务，学生应对动车组牵引、制动工况等知识有初步的了解。

【背景知识】

一、电力牵引控制技术的特点

电力牵引控制系统是以牵引电动机为研究对象，由于牵引功率等级要求较高，因此一般牵引电机的电压等级和电流等级很大，无法直接进行控制，所以目前基本都采用电力电子变流装置来实现对牵引电机的控制。图 1-2-1 为一般电力牵引控制系统组成图。

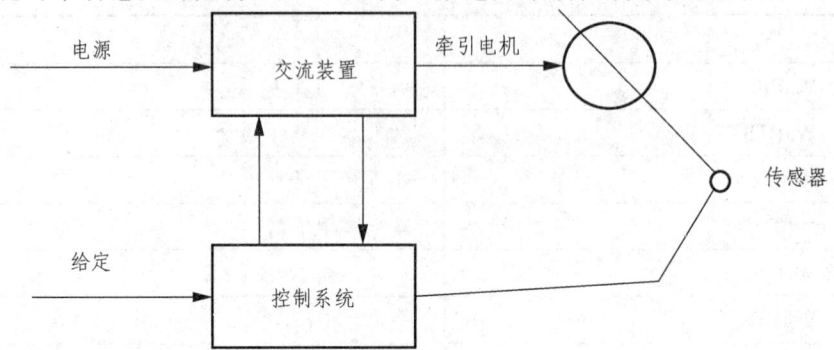

图 1-2-1　电力牵引控制系统组成图

根据司机的给定量和检测到的被控量进行比较，形成偏差控制信号，经过控制系统去控制电力电子变流装置的输出信号，即控制牵引电机的输入信号，从而达到控制被控量的目的。为达到调速和提高牵引性能的目的，其中牵引电机的被控量主要是电机转速、电机电压、电机电流、电机功率及电机励磁电流等。

在电力牵引系统中，牵引电动机通过变流装置进行供电，变流装置实际上是整个系统的电能变换电路。电力牵引控制系统经历了 3 个阶段的发展历史。早期的电力牵引控制系统为继电器控制系统，主要借助继电器和接触器等开关电器实现机车的起动、停车及调速。随着电力电子技术的发展，出现了以集成电路特别是运算放大器组成的模拟控制系统。但是由模拟电路组成的调节器，其校正参数不易调节，一经确定就不易改变，所以模拟控制系统对不同类型的机车适用性较差，一种型号的机车必须重新设计控制系统。近代电子技术趋于成熟，特别是微处理器的出现，计算机逐渐应用于机车控制系统。目前，随着高速铁路的发展，在高速动车组中，机车中微处理器越来越多，用来实现机车运行中牵引制动特性的控制、故障检测、保护、记录与显示等功能，分别完成不同层次的控制功能，构成列车控制网络。

二、动车组控制系统的基本原理

动车组控制电路是将控制牵引变流器、牵引变压器、制动装置及辅助装置的控制电器、信号装置和控制电源连成一个电气控制系统，并接收和传递列车网络信息控制装置的指令和状态信息，实现对动车组的操纵和控制。

CRH2 型动车组为 4M4T 编组或者 8M8T 编组，时速 200 km，CRH2C 动车组为 6M2T 编组，时速 300 km。每辆动车有 1 台牵引变流器和 4 台牵引电机，由一个计算机控制器进行控制，每辆车的制动装置有一个制动控制单元（BCU）进行控制，为了相互传递信息，完成协调统一的控制，构成一种基于列车信息网络的分布式控制系统。

来自司机室的牵引指令、制动指令及其他指令通过列车信息网络传送给各车的计算机控制器或者 BCU，实现对列车牵引与制动的运行控制。并对各设备的状态进行检测，一旦发生故障立即进行保护和记录，并通过列车信息网络将故障信息及时反馈到司机室，为司机提供故障处理的措施。

三、动车组牵引与制动的控制过程

1．牵引指令
由司机操作司机主控制器发出，牵引指令主要包括：
（1）方向指令：前进/后进，控制牵引电机的转动方向。
（2）牵引工况指令：牵引电机工作于电动机工况。
（3）牵引级位指令：1~10级位，对应不同功率等级的牵引特性。
（4）恒速指令：控制列车恒速运行。

2．制动指令
由司机操作司机制动控制器，制动指令主要包括：
（1）再生制动指令：优先再生制动，牵引电机工作于发电机工况。
（2）常用制动级位指令：1~7级位，对应不同减速度等级的制动特性。
（3）快速制动指令：通过贯通线发出，可操作，或保护时动作。
（4）紧急制动指令：通过贯通线发出，可操作，或保护时动作。

3．车辆信息终端装置的相关链接及指令的传递
整个列车的牵引与制动是通过每个车辆单元来实现的，以1辆动车为例，如图1-2-2所示。

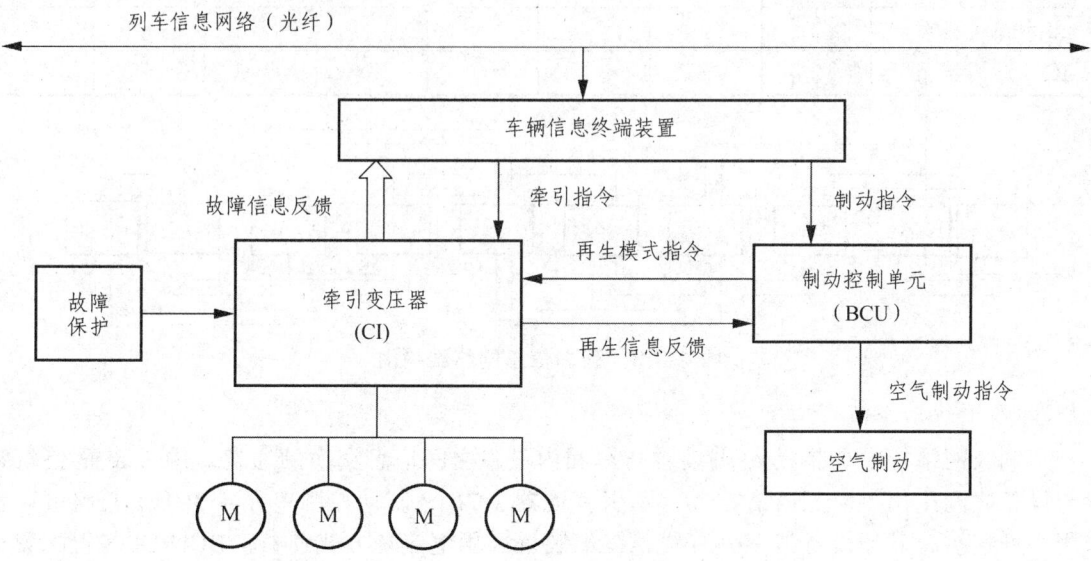

图 1-2-2　车辆信息终端装置指令传递示意图

由司机室发出牵引指令（方向、牵引工况、牵引级位）通过中央装置传送至列车级网络，车辆终端装置接收来自列车网络的指令，然后传递给本车的牵引变流器的计算机控制器，实现对牵引变流器、牵引电机的控制。

由司机室发出的制动指令（再生制动工况、制动级位）通过中央装置传送至终端装置，终端装置将制动指令传送到本车的制动控制单元（BCU），BCU向牵引变流器发出再生制动模式指令，优先实施再生制动，此时牵引电机工作于发电机状态，在制动列车的同时将制动

能量回馈电网。同时，牵引变流器将再生信息反馈到 BCU，当 BCU 检测到再生制动力不足时，向空气制动系统发出指令，补充空气制动。

同时，还要检测故障并进行故障保护，将故障信息反馈至终端，再通过列车级网络反馈到司机室中央装置，在显示屏上显示并指导处理故障。

四、列车信息网络系统的构成

1．列车级网络结构

列车级网络由中央装置、终端装置、列车信息显示器、显示控制装置、IC 卡读写装置及乘客信息显示器等设备构成，其网络设备在列车上的配置如表 1-2-1 所示。动车组列车级网络一般有两种类型。其一为光纤环网，连接所有中央装置与终端装置，采用 ANSI/ATA-878.1（ARCNET）协议；其二为自我诊断传输网，以总线方式连接中央装置与终端装置，采用 HDLC 作为数据交换协议。列车信息网络结构如图 1-2-3 所示。

表 1-2-1　列车级网络设备配置

车辆编号	T1c-1	M2-2	M1-3	T2-4	T1K-5	M2-6	M1S-7	T2C-8
中央装置	1							1
终端装置	1	1	1	1	1	1	1	1
列车信息显示器	2						1	2
显示控制装置	2						1	2
IC 卡读写装置	2							2

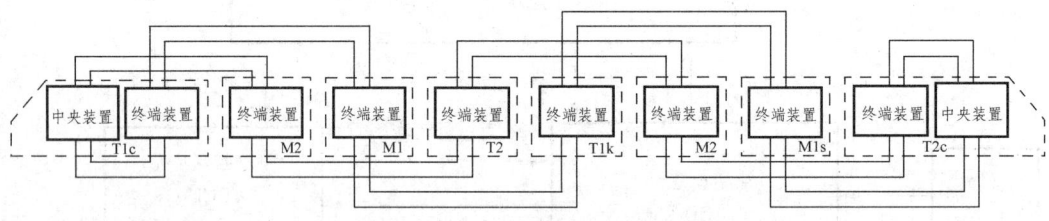

图 1-2-3　列车信息网络结构图

2．车辆级网络结构

车辆级网络指中央装置/终端装置与车厢内设备之间信息交换的通道。中央装置/终端装置与设备之间采用点对点通信方式，牵引变流器（CI）、制动控制单元（BCU）与终端装置采用光纤连接，其他设备与中央装置、终端装置采用电流环方式连接。BCU/CI 装置配置见表 1-2-2 所示。

表 1-2-2　BCU/CI 装置配置

	T1c-1		M2-2	M1-3	T2-4	T1K-5	M2-6	M1S-7	T2C-8
	中央装置	终端装置	终端装置	终端装置	终端装置	终端装置	终端装置	终端装置	中央装置
BCU		○	○	○	○	○	○	○	
CI			○	○			○	○	

五、牵引变流器的控制

CRH2 型动车组每辆车的一台牵引变流器由一台计算机控制器进行控制,如图 1-2-4 所示。

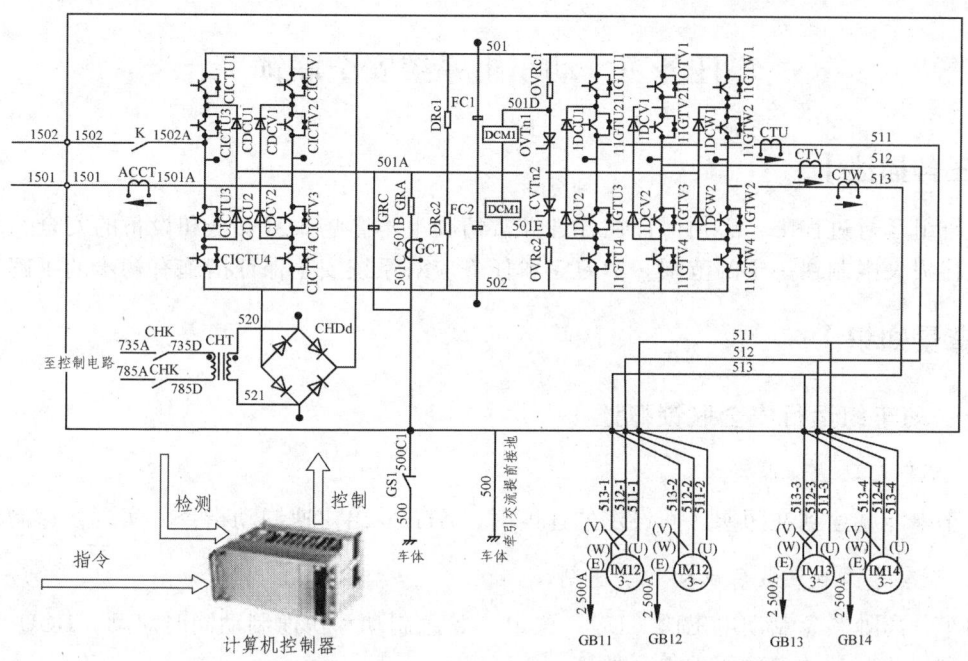

图 1-2-4　主电路计算机控制图

控制计算机除了具有通用计算机所具有的 CPU、存储器等外,重要的是要通过相关接口来解决信号的输入与输出问题,实现目标控制。

1．检　　测

计算机控制器要进行控制就必须通过各种传感器进行检测,形成闭环控制,达到最佳的控制精度;同时进行监测与保护。

检测环节主要包括:

(1) 单相交流电流检测:电流传感器 ACCT。

(2) 中间直流电压检测:DCPT1、DCPT2。

(3) 接地故障电流检测:GCT。

(4) 三相电流检测:CTU、CTV、CTW。

(5) 牵引电机转速检测:各台牵引电机轴上的转速传感器。

2．控　　制

计算机控制器对牵引变流器的脉冲整流器和牵引逆变器进行控制,当出现故障时迅速进行保护。

控制环节主要包括:

(1) 脉冲整流器控制:完成整流/再生的四象限变流控制。

(2) 牵引逆变器控制:完成变频变压的控制。

(3) 过压保护控制:直流电压过压时,触发晶闸管进行放电。

（4）过流、超压/欠压、接地保护控制：过电流、超电压/欠电压、接地时，进行封锁脉冲、停机保护。

任务三 动车组系统安全联锁

【任务描述】

动车组运行过程中，必须保证在各种异常情况下不影响人身安全和设备的安全，故障发生后能将损失限制在一定的范围。学习完本任务应对系统安全保证措施有初步的了解。

【背景知识】

一、动车组运行安全联锁概述

1．ATP 启动快速制动

列车未能减速到在闭塞区间设定的速度时，ATP 发出快速制动指令，实现快速制动。

2．列车分离启动紧急制动和快速制动

列车分离处紧急制动电磁阀（UV）失电，紧急制动和快速制动同时启动，BCU 将以紧急制动和快速制动的高位优先得到处理。

3．总风管管压降低启动紧急制动和快速制动

总风管用气压低于设定值 [（590±10）kPa] 时，UV 失电和 JTR 失电，在紧急制动发挥作用的同时，快速制动得到指令。

4．制动不足检测时启动紧急制动和快速制动

在检测到制动不足时，UV 失电和 JTR 失电，在紧急制动发挥作用的同时，快速制动得到指令。

5．自动过分相感应信号故障处理

过分相严重故障时，故障报警，手动通过分相区；预告信号故障时，由强迫断信号启动过分相；没有收到过分相恢复信号时，人工操作恢复分相前的状态。

6．门控制电路的安全控制

在关门状态下，速度达到 30 km/h 以上时，压紧电磁阀被励磁，按压气缸把门压紧保持气密；在开门状态下，只有速度低于 5 km/h 时，对应的开门安全继电器动作，才能完成开门动作。

二、高压回路联锁

1．接地保护系统

动车组的牵引变压器设有以下 3 种接地保护：

（1）一次侧接地时，通过一次侧电流检测继电器 ACOCR 动作，断开真空断路器 VCB，保护 VCB 下侧的设备（变压器 Mtr 和避雷器 Arr 等设备），VCB 以上的设备由变电所保护。

（2）二次侧接地时，通过二次侧电流继电器 GRR 动作，断开真空断路器 VCB。

（3）三次侧接地时，通过三次侧电流继电器 GRR3 动作，断开真空断路器 VCB。

2．高压设备箱的联锁装置

高压设备箱是地板下装牵引变压器一次设备的箱子，如图 1-3-1 所示，高压设备箱内有电缆头 CH、真空断路器 VCB 和避雷器 Arr。高压设备箱内部分高压设备即使断开 VCB 也得不到保护，所以要设置特别的高压联锁装置。

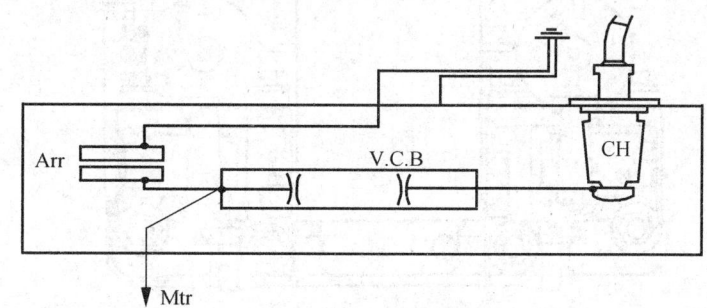

图 1-3-1　高压设备箱

3．高压设备箱的联锁

如表 1-3-1 所示，按 1~4 的顺序进行处理，可打开高压设备箱的底板。

表 1-3-1　高压设备联锁处理

顺序	场所	操作
1	操纵台	① 切断 VCB（真空接触器） ② 折叠受电弓 ③ 闭合 ECS（保护接地开关）
2	辅助空气压缩单元内钥匙箱	关闭受电弓升起用配管截断旋塞 关闭 ECS 切断用配管截断旋塞
3	辅助空气压缩单元内钥匙箱	如果满足顺序 1、2 的所有条件，则可以取出高压设备箱的钥匙 *取出钥匙时，无法关闭钥匙箱盖
4	高压设备箱	用钥匙可以打开高压设备箱的底板 *如果不关闭底板，则无法找出钥匙

要保证安全打开高压箱的底板开关，需同时满足两个条件：

（1）受电弓保持在下降状态。

（2）安全接地开关 EGS 在闭合状态。

要实现上述联锁关系，专门设计用于开启高压箱底板的钥匙箱，钥匙箱是辅助电动空气压缩机的组件。钥匙箱的结构如图 1-3-2 所示，有两个管道拧紧旋塞 EGSOCK 和 PANUCK。EGSOCK 是断开安全开关的拧紧旋塞；PANUCK 是升起受电弓的拧紧旋塞。机械上设计成只有关闭 EGSOCK（即 EGS 断开）和 PANUCK（即受电弓下降后）时才能打开端盖。要取出钥匙，还必须按下 KBMgS，如图 1-3-3 所示，只有 EGS 闭合时才能用钥匙。取出钥匙后钥匙箱的盖子无法关上。取出钥匙后可以打开高压箱的底板，高压箱的底板不关上钥匙不能取出。从上述联锁关系可以看到：只有经过一个完全逆过程才能放回钥匙，断开 EGS，升起受电弓，在高压箱有电时无法打开底板。

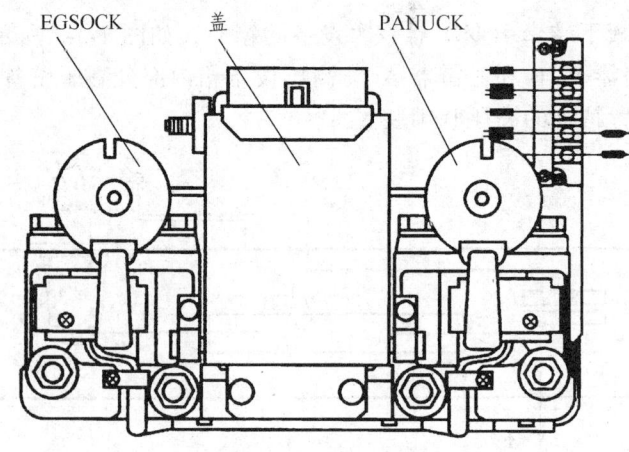

图 1-3-2　高压箱底板的钥匙箱

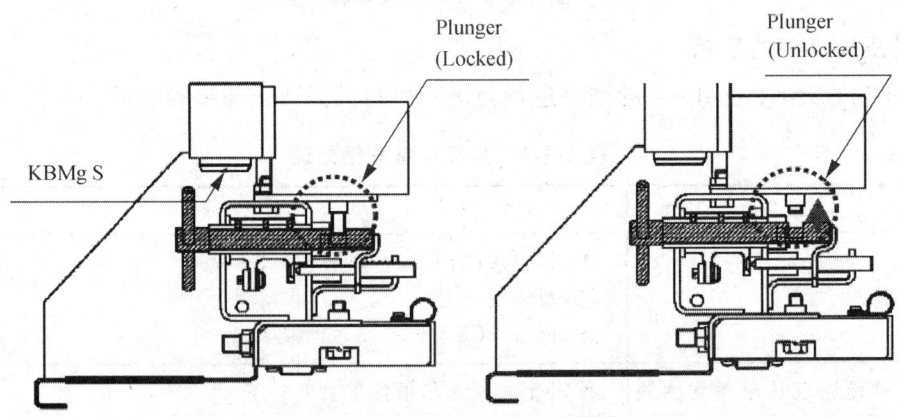

图 1-3-3　钥匙箱 KBMgS 联锁

一列车的钥匙箱和锁扣装置如图 1-3-4 所示，即有两个钥匙箱和两个高压箱。为了防止同一把钥匙使其他的锁扣开起底板导致危险，每辆车的钥匙不一样。

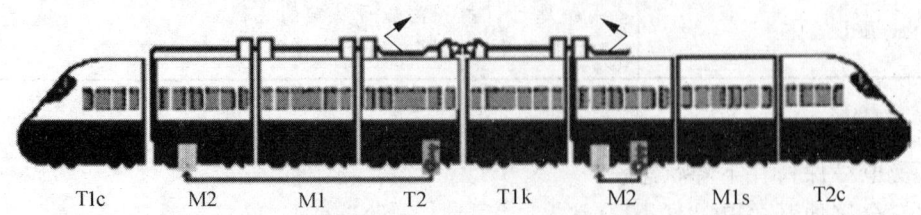

图 1-3-4　联锁钥匙箱与锁扣的位置

4．主电路保护

为了保证主电路的安全，动车组设有牵引变压器一次保护、牵引变压器保护、牵引变压器三次侧保护、牵引变压器的二次侧保护。主回路故障处理如表 1-3-2 所示。

表 1-3-2　主回路故障处理

故障种类	保护动作			显示			复位方法及步骤
	VCB 跳闸	K 断开	变流器不输出	故障指示灯	显示器画面		
					故障代码	其他显示画面	
变压器一次过电流	√	√	√	VCB	162	配电盘信息	先按复位开关 然后合 OCTN 再次合 VCB
变压器油泵停止运行	√	√	√	—	165	配电盘信息	合上油泵断路器
变压器绝缘油循环停止	—	√	√	电气设备	132	配电盘信息	状态解除后自动复位
变压器温度上升	—	√	√	电气设备	133	配电盘信息	状态解除后自动复位
变压器三次过电流	√	√	√	VCB	163	配电盘信息	再次接通 ACON 接通 VCB
变压器三次侧接地	√	√	√	VCB	164	配电盘信息	按下复位开关 再次合上 VCB
同步电源异常（过电压）	—	—	√	—	—	变流器（各车）	故障 1s 且状态解除后自动复位
同步电源异常（欠电压）	—	—	√	—	—	变流器（各车）	故障 1s 且状态解除后自动复位
同步电源异常（频率）	—	—	√	—	—	—	故障 1s 且状态解除后自动复位
变压器二次过电流 1	—	—	√	—	—	变流器（各车）	故障 1s 且状态解除后自动复位
变压器二次过电流 2	√	√	√	电气设备 VCB	141 005	变流器（各车） 配电盘信息	运转配电盘牵引变流器 1 断路器重新投入
直流过电压 1	—	—	√	—	—	—	故障 1s 且状态解除后自动复位
直流过电压 2	—	—	√	—	—	—	故障 1s 且状态解除后自动复位
直流过电压 3	—	√	√	—	004	变流器（各车）	操作复位开关

续表

故障种类	保护动作			显示			复位方法及步骤
	VCB 跳闸	K 断开	变流器不输出	故障指示灯	显示器画面		
					故障代码	其他显示画面	
直流欠电压 1	—	—	√	—	—	—	故障 1 s 且状态解除后自动复位
直流欠电压 2	—	√	√	—	—	变流器（各车）	故障 1 s 且状态解除后自动复位
直流电压异常	—	—	√	—	—	—	故障 1 s 且状态解除后自动复位
主电路器件异常	√	√	√	电气设备 VCB	141 005	变流器（各车）配电盘信息	运转配电盘牵引变流器 1 断路器重新投入
直流 100 V 异常	—	√	√	—	004	变流器（各车）	操作复位开关
控制电源异常	—	√	√	—	004	变流器（各车）	操作复位开关
闸控电源异常	—	√	√	—	004	变流器（各车）	操作复位开关
微机异常	—	√	√	电气设备	139	配电盘信息	操作复位开关
牵引电机过电流 1	—	—	√	—	004	变流器（各车）	故障 1 s 且状态解除后自动复位 在间隔 10 s 以内两次检测时，操作复位开关
牵引电机过电流 2	—	√	√	—	004	变流器（各车）	操作复位开关
牵引电机电流不平衡	—	√	√	—	004	变流器（各车）	操作复位开关，维持 3 s
脉冲发生器异常	—	√	√	—	004	变流器（各车）	操作复位开关
制动力过大	—	—	√	—	—	变流器（各车）	制动断开后复位
冷却装置温度过高	—	√	√	—	—	变流器（各车）	状态解除后自动复位
设备室内温度过高	—	√	√	—	—	变流器（各车）	状态解除后自动复位

续表

故障种类	保护动作			显示			复位方法及步骤
	VCB跳闸	K断开	变流器不输出	故障指示灯	显示器画面		
					故障代码	其他显示画面	
MM、CI 风机停止运行	—	√	√	电气设备	137 138 134	变流器（各车）配电盘信息	状态解除后自动复位（各风机断路器再次接通）
OVTh 误点弧	—	√	√	—	004	变流器（各车）	故障发生后 5 s 且待故障解除后自动复位；在间隔 30 s 以内三次检测时，K 断开、操作复位开关
充电不良	—	—	—	—	005	变流器（各车）	重新合上牵引变流器 1
主变压器二次侧接地 1	—	√	√	—	004	变流器（各车）	操作复位开关
主变压器二次侧接地 2	√	—	—	电气设备 VCB	142 004	变流器（各车）配电盘信息	再次接通 VCB 操作复位开关
再生制动失效	—	—	—	—	—	—	制动解除
牵引不工作	—	—	—	—	—	变流器（各车）	故障 1 s 且状态解除后自动复位

【自测练习】

1. 简述交流电磁接触器的结构特点。
2. 简述接地继电器的结构及工作原理。
3. 真空接触器有什么特点？
4. 请阐述 CRH2 型动车组线号的分类。
5. 试述设备记号命名方法。
6. 分析动车组控制电路的概念
7. 试述牵引、制动控制的工作原理并绘出车辆信息终端装置相关指令传递示意图。
8. 分析动车组控制系统的基本组成。
9. 动车组运行安全联锁包括哪些方面？

项目二　动车组牵引控制系统维护与检修

【项目描述】

本项目是对动车组牵引控制系统的整体认识学习。在动车组电气及控制系统实训基地或者动车组列车模拟仿真实训基地，以司机室、配电盘模型、多媒体教学课件为学习载体，让学生理解牵引传动系统的组成、工作原理，分析主电路的工作过程。通过对主控制器相关知识、牵引控制原理的学习，要求学生会分析牵引控制逻辑运行电路图；能按照动车组检修作业标准，检测主回路动作、检查维修主控制器；根据常见故障处理办法，排除故障。

学习过程中要求学生树立安全生产和质量意识，培养团队协作能力。

【知识目标】

（1）掌握电力变换基础知识；
（2）掌握牵引传动系统的组成、工作原理；
（3）掌握主控制器的工作原理；
（4）掌握设备远程控制的工作原理。

【能力目标】

（1）能分析主电路工作过程；
（2）能识读主控制器逻辑运行电路图；
（3）能根据检修作业标准对主回路进行绝缘测量，对主回路接触器动作测试；
（4）能根据检修作业标准检查主控制器，检测设备远程控制动作。

任务一　浅析牵引变流器

【任务描述】

本任务是对动车组牵引变流器相关知识的学习，以多媒体教学课件为载体，学习脉冲整流器和逆变器的工作原理，为分析动车组主电路工作过程及检修动车组牵引变流器打下基础。

【背景知识】

一、脉冲整流器工作原理

脉冲整流器是列车牵引传动系统电源侧变流器。脉冲整流器在牵引时作为整流器，将单相交流电转变成直流电,运行于第一象限;再生制动时作为逆变器,将直流电转变成单相交流电,运行于第四象限,因此亦称为四象限脉冲整流器。

1. 脉冲整流器的基本工作原理

图 2-1-1 为脉冲整流器电路原理图,由交流回路、功率开关桥路以及直流回路组成。其中交流回路包括变压器牵引绕组的输出电压 u_N、漏电感 L_N 和绕组电阻 R_N(R_N 很小,可以忽略不计);直流回路包括二次滤波环节 L_2、C_2 和中间支撑电容 C_d。其简化的等效电路如图 2-1-2 所示。

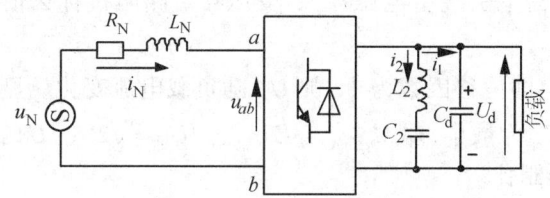 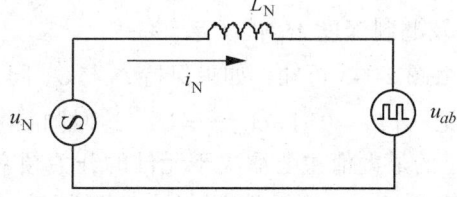

图 2-1-1 脉冲整流器模型电路　　　　图 2-1-2 脉冲整流器的简化等效电路

脉冲整流器的电压矢量平衡方程为

$$\dot{U}_N = j\omega L_N \dot{I}_N + \dot{U}_{ab} \tag{2-1-1}$$

式中　$\dot{U}_N$——二次侧牵引绕组电压相量;

$\dot{I}_N$——二次侧牵引绕组电流的基波相量;

$\dot{U}_{ab}$——调制电压的基波相量。

当二次侧牵引绕组电压 $\dot{U}_N$ 一定时,$\dot{I}_N$ 的幅值和相位仅由 $\dot{U}_{ab}$ 的幅值及其与 $\dot{U}_N$ 的相位差来决定。改变基波的幅值和相位,就可以使 $\dot{I}_N$ 与 $\dot{U}_N$ 同相位或反相位。在牵引工况下,$\dot{I}_N$ 与 $\dot{U}_N$ 的相位差为 0°,该工况下的矢量图如图 2-1-3(a)所示,此时 $\dot{U}_{ab}$ 滞后 $\dot{U}_N$;而对于再生制动工况,$\dot{I}_N$ 与 $\dot{U}_N$ 的相位差为 180°,该工况下的矢量图如图 2-1-3(b)所示,此时 $\dot{U}_{ab}$ 超前 $\dot{U}_N$,电机通过脉冲整流器向接触网反馈能量。

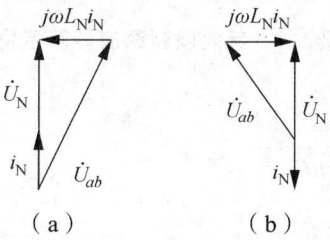

图 2-1-3 脉冲整流器简化基波矢量图

由图 2-1-3 可以得到

$$\left. \begin{array}{l} U_{ab} = U_d \cdot M_\alpha / \sqrt{2} \\ U_{ab}^2 = U_N^2 + (\omega L_N I_N)^2 \\ \omega L_N I_N = K U_N \end{array} \right\} \tag{2-1-2}$$

式中 U_d——直流侧电压；

M_α——变流器的调制深度，从系统工作的安全可靠性和电网的特性考虑，控制系统应保证 $0.8 \leq M_\alpha \leq 0.9$；

K——短路阻抗的标幺值，一般取 $0.3 \sim 0.35$。

由式（2-1-2）可得

$$U_d = U_N \cdot \sqrt{2(1+K^2)}/M_\alpha \tag{2-1-3}$$

式（2-1-3）表明了中间直流电压 U_d 与变压器牵引绕组电压 U_N、变压器短路阻抗标幺值 K 以及调制深度 M_α 的关系。

由图 2-1-3 可知，如果保持 $\dot{I}_N$ 与 $\dot{U}_N$ 同方向，即位移因数为 1，则 $\dot{U}_{ab}$ 随负载电流变化。显而易见，当 $\dot{I}_N = 0$ 时，$\dot{U}_{ab\min} = \dot{U}_N$，这时调制深度 M_α 为最小，即 $M_{\alpha\min} = \sqrt{2}U_{ab\min}/U_d = \sqrt{2}U_N/U_d$。而 M_α 的最大值主要取决于元件的开关频率及调制比。

在图 2-1-4 中，当调制比达到其最大值时，门极信号相邻两个开关点的间距须满足 $t_{de} \geq t_{on} + t_D$，其中 t_{on} 是为了复原吸收回路所需的最短时间；t_D 是保证一个器件开通之前另一个器件必须完全关断所需的最小时间，假定载波信号的幅值为 1，则由 $\triangle ABC \cong \triangle Ade$ 有

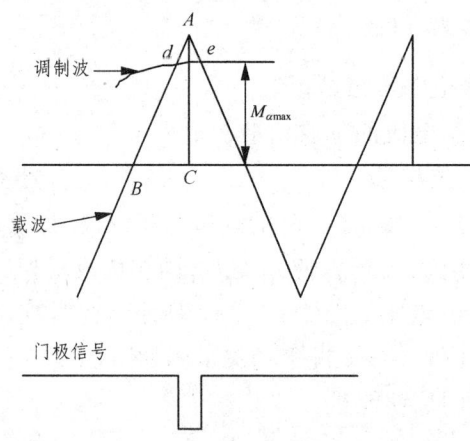

图 2-1-4 最大调制深度计算示意图

$$\frac{1 - M_{\alpha\min}}{1} = \frac{\frac{1}{2}(t_{on}+t_D)}{\overline{BC}}$$

$$M_{\alpha\max} = 1 - \frac{t_{on}+t_D}{2\overline{BC}} \tag{2-1-4}$$

假定对于高速列车，满足 $U_d = 3\,000\text{ V}$，$K = 0.3$，当 $M_{\alpha\max} = 0.9$ 时有

$$U_{ab\max} = U_d \cdot M_\alpha/\sqrt{2} = 3\,000 \times 0.9/\sqrt{2} = 1\,909.2 \text{ (V)}$$

$$U_{N\max} = U_d \cdot M_\alpha/\sqrt{2(1+K^2)} = 3\,000 \times 0.9/\sqrt{2(1+0.3^2)} = 1\,828.67 \text{ (V)}$$

考虑网压波动范围为 22.5 ~ 29 kV，如果上述最大值只有在网压为 29 kV 的工况下才允许

出现，而在系统设计时，变流器的输入电压通常对应于 25 kV 工况，因此折算到 25 kV 时的额定电压为

$$U_N = U_{N\max} \times \frac{25}{29} = 1\,576.44\ (\mathrm{V})\ ;\quad U_{ab} = U_{ab\max} \times \frac{25}{29} = 1\,645.85\ (\mathrm{V})$$

折算到 22.5 kV 时的额定电压为

$$U_N = U_{N\max} \times \frac{22.5}{29} = 1\,418.8\ (\mathrm{V})\ ;\quad U_{ab} = U_{ab\max} \times \frac{22.5}{29} = 1\,481.3\ (\mathrm{V})$$

2．两电平脉冲整流器

1）两电平脉冲整流器的工作原理

单相两电平结构的四象限脉冲整流器主电路如图 2-1-5 所示，L_N 和 R_N 分别为牵引绕组漏电感和电阻，开关管 T_1、T_2、T_3、T_4 组成一个全控桥电路，L_2 和 C_2 组成一个二次滤波器，C_d 为中间直流侧支撑电容。

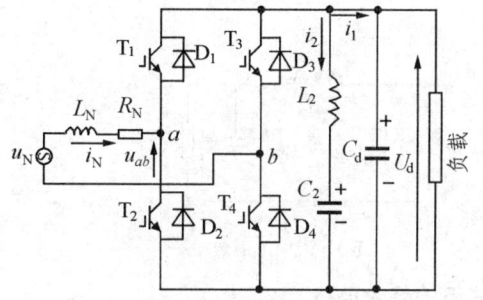 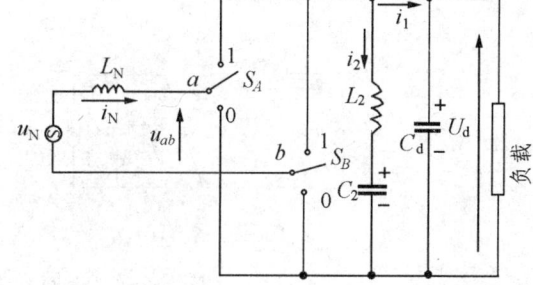

图 2-1-5　两电平限脉冲整流器主电路　　图 2-1-6　两电平脉冲整流器开关等效图

为了便于分析，定义理想开关函数 S_A 和 S_B 如式（2-1-5）和式（2-1-6）所示。采用理想开关函数并忽略牵引绕组电阻，则图 2-1-5 所示的两电平脉冲整流器主电路可以等效为图 2-1-6 所示的电路。

$$S_A = \begin{cases} 1 & T_1\ 导通 \\ 0 & T_2\ 导通 \end{cases} \tag{2-1-5}$$

$$S_B = \begin{cases} 1 & T_3\ 导通 \\ 0 & T_4\ 导通 \end{cases} \tag{2-1-6}$$

由于上桥臂与下桥臂不允许直通，则 S_i（$i=A,B$）与 S_i'（为下桥臂的开关函数）必须满足 $S_i' = 1 - S_i$。于是 u_{ab} 的取值有 U_d、0、$-U_d$ 3 种电平，有效的开关组合有 $2^2 = 4$ 种，即 $S_A S_B = 00$、01、10、11 四种逻辑，则 u_{ab} 可表示为

$$u_{ab} = (S_A - S_B) U_d \tag{2-1-7}$$

对应于 4 个开关的不同开闭状态，电路共有以下 3 种工作模式：

工作模式1：$S_A S_B = 00$ 或 11，即下桥臂开关或上桥臂开关全部导通，则此时 $u_{ab}=0$，电容 C_d 向负载供电，直流电压通过负载形成回路释放能量，直流电压下降。另外，牵引绕组两端电压 u_N 直接加在电感 L_N 上，对电感 L_N 充放电：当 $u_N>0$，D_1 与 T_3 导通或 T_2 与 D_4 导通，电感电流 i_N 上升，电感 L_N 储存能量；当 $u_N<0$，D_3 与 T_1 导通或 T_4 和 D_2 导通，电感电流 i_N 下降，电感 L_N 释放能量。在此过程中，有下式成立

$$u_N = L_N \frac{di_N}{dt}$$

工作模式2：$S_A S_B = 01$，其等效电路如图 2-1-7（a）所示，此时 $u_{ab}=-U_d$；T_1 和 T_4 同时关断，由 D_3 和 D_2 导通形成回路，$u_N<0$，电流流向与电流 i_N 的参考方向相反，并对电感充电储能，电感电流 i_N 上升，满足如下关系式

$$L_N \frac{di_N}{dt} = u_N + U_d$$

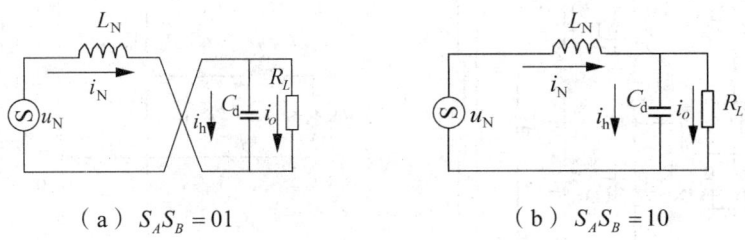

（a）$S_A S_B = 01$　　　　（b）$S_A S_B = 10$

图 2-1-7　不同开关模式下的等效电路

工作模式3：$S_A S_B = 10$，其等效电路如图 2-1-7（b）所示，此时 $u_{ab}=U_d$；T_3 和 T_2 同时关断，由 D_1 和 D_4 导通形成回路，$u_N>0$，储存在电感中的能量向负载 R_L 和电容 C_d 释放，电感电流 i_N 下降，一方面给电容充电，使得直流电压上升，保证直流电压稳定，同时高次谐波电流通过电容形成低阻抗回路；另一方面给负载提供恒定的电流，满足如下关系式

$$L_N \frac{di_N}{dt} = u_N - U_d$$

在任意时刻，处于整流状态的脉冲整流器都只能工作在3种模式中的一种，在不同的时间段，通过对上述3种开关模式的切换，实现直流侧负载电压的稳定和负载电流的双向流动。

2）两电平脉冲整流器的 PWM 控制原理

两电平脉冲整流器采用 SPWM 调制，其调制方式如图 2-1-8 所示。当 $u_a>u_{cb}$ 时，S_A 为 1，否则为 0。b 相与 a 相调制方式相同，但 u_b 与 u_a 相位相差 180°，u_{cb} 与 u_{ca} 相同。图 2-1-9 所示为两电平脉冲整流器 SPWM 调制波形。

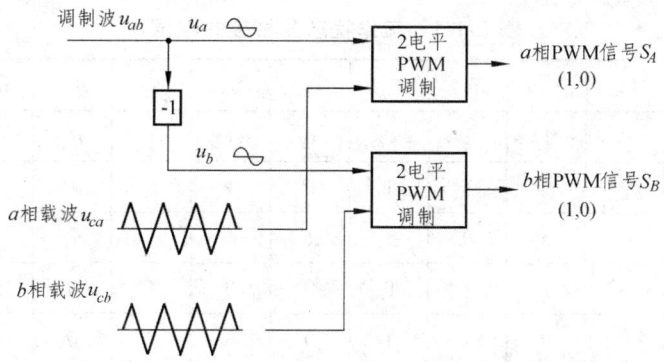

图 2-1-8　两电平脉冲整流器 SPWM 调制示意图

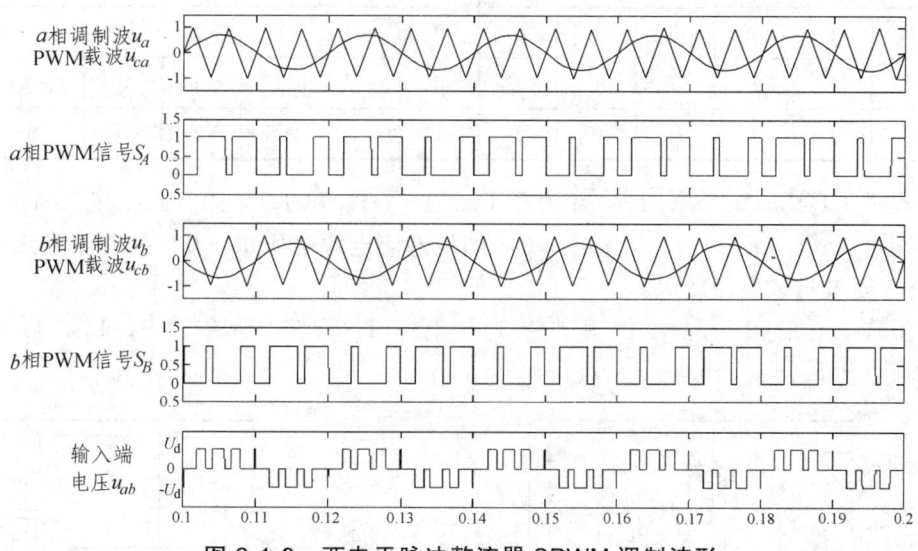

图 2-1-9　两电平脉冲整流器 SPWM 调制波形

3．三电平脉冲整流器

1）三电平脉冲整流器的工作原理

单相三电平脉冲整流器主电路如图 2-1-10 所示，图中 u_1 为直流侧支撑电容 C_1 上的电压，u_2 为直流侧支撑电容 C_2 上的电压。为了便于分析，定义理想开关函数 S_A 和 S_B 如式（2-1-8）、（2-1-9）所示。采用理想开关函数并忽略牵引绕组电阻，则图 2-1-10 所示的三电平脉冲整流器主电路可以等效为图 2-1-11 所示的电路。

$$S_A = \begin{cases} 1 & T_{a1}和T_{a2}导通 \\ 0 & T_{a2}和T_{a3}导通 \\ -1 & T_{a3}和T_{a4}导通 \end{cases} \qquad (2\text{-}1\text{-}8)$$

$$S_B = \begin{cases} 1 & T_{b1}和T_{b2}导通 \\ 0 & T_{b2}和T_{b3}导通 \\ -1 & T_{b3}和T_{b4}导通 \end{cases} \qquad (2\text{-}1\text{-}9)$$

显然，由 S_A 和 S_B 组成的电路共有 $3^2=9$ 种组合，对应主电路有 9 种工作模式。开关状态及相应的电压值如表 2-1-1 所示。

表 2-1-1 工作状态及相应的电压

T_{a1}	T_{a2}	T_{a3}	T_{a4}	T_{b1}	T_{b2}	T_{b3}	T_{b4}	S_A	S_B	u_{ao}	u_{bo}	u_{ab}	Mode
1	1	0	0	1	1	0	0	1	1	u_1	u_1	0	1
1	1	0	0	0	1	1	0	1	0	u_1	0	u_1	2
1	1	0	0	0	0	1	1	1	-1	u_1	$-u_2$	u_1+u_2	3
0	1	1	0	1	1	0	0	0	1	0	u_1	$-u_1$	4
0	1	1	0	0	1	1	0	0	0	0	0	0	5
0	1	1	0	0	0	1	1	0	-1	0	$-u_2$	u_2	6
0	0	1	1	1	1	0	0	-1	1	$-u_2$	u_1	$-u_1-u_2$	7
0	0	1	1	0	1	1	0	-1	0	$-u_2$	0	$-u_2$	8
0	0	1	1	0	0	1	1	-1	-1	$-u_2$	$-u_2$	0	9

工作模式 1（$S_A=1$，$S_B=1$）：开关管 T_{a1}，T_{a2}，T_{b1} 和 T_{b2} 导通，T_{a3}，T_{a4}，T_{b3} 和 T_{b4} 关断，网侧端电压 $u_{ao}=u_1$，$u_{bo}=u_1$，$u_{ab}=0$。如果网侧电源电压 $u_N>0$，则网侧电流 i_N 增大，电容 C_1 和 C_2 通过负载电流放电。

工作模式 2（$S_A=1$，$S_B=0$）：开关管 T_{a1}，T_{a2}，T_{b2} 和 T_{b3} 导通，T_{a3}，T_{a4}，T_{b1} 和 T_{b4} 关断，网侧端电压 $u_{ao}=u_1$，$u_{bo}=0$，$u_{ab}=u_1$。

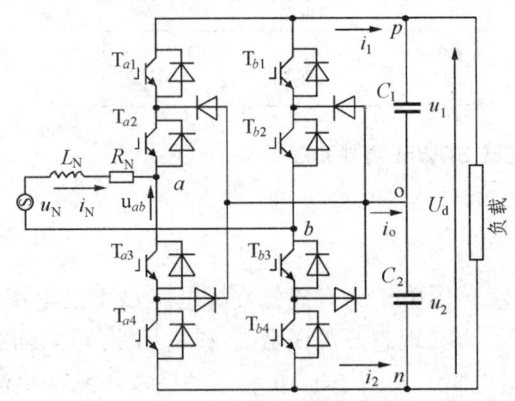
图 2-1-10 脉冲整流器主电路图

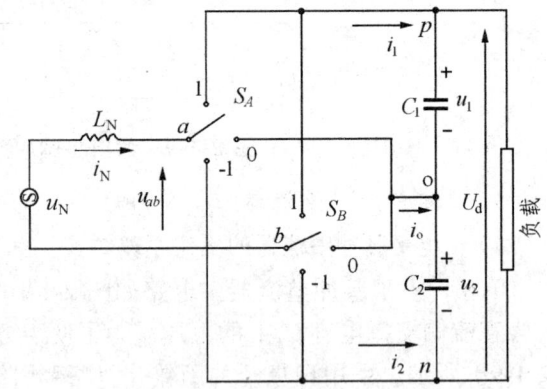
图 2-1-11 脉冲整流器开关等效电路图

工作模式 3（$S_A=1$，$S_B=-1$）：开关管 T_{a1}，T_{a2}，T_{b3} 和 T_{b4} 导通，T_{a3}，T_{a4}，T_{b1} 和 T_{b2} 关断，网侧端电压 $u_{ao}=u_1$，$u_{bo}=-u_2$，$u_{ab}=u_1+u_2$。正向网侧电流 i_N 减小，正向网侧电流对电容 C_1 和 C_2 充电。

工作模式 4（$S_A=0$，$S_B=1$）：开关管 T_{a2}，T_{a3}，T_{b1} 和 T_{b2} 导通，T_{a1}，T_{a4}，T_{b3} 和 T_{b4} 关断，网侧端电压 $u_{ao}=0$，$u_{bo}=u_1$，$u_{ab}=-u_1$。如果反向的电源电压 u_N 大于（或小于）直流侧电压 U_d 的一半，则网侧电流 i_N 减小（或增大），反向网侧电流对电容 C_1 进行充电，而电容 C_2 通过负载电流放电。

工作模式 5（$S_A=0$，$S_B=0$）：开关管 T_{a2}，T_{a3}，T_{b2} 和 T_{b3} 导通，T_{a1}，T_{a4}，T_{b1} 和 T_{b4}

关断，网侧端电压 $u_{ao}=0$，$u_{bo}=0$，$u_{ab}=0$。如果网侧电源电压 $u_N>0$，则正向网侧电流 i_N 增大，电容 C_1 和 C_2 通过负载电流放电。

工作模式 6（$S_A=0$，$S_B=-1$）：开关管 T_{a2}，T_{a3}，T_{b3} 和 T_{b4} 导通，T_{a1}，T_{a4}，T_{b1} 和 T_{b2} 关断，网侧端电压 $u_{ao}=0$，$u_{bo}=-u_2$，$u_{ab}=u_2$。如果正向电源电压 u_N 大于（或小于）直流侧电压 U_d 的一半，则网侧电流 i_N 增大（或减小），网侧电流对电容 C_2 进行充电，而电容 C_1 通过负载电流放电。

工作模式 7（$S_A=-1$，$S_B=1$）：开关管 T_{a3}，T_{a4}，T_{b1} 和 T_{b2} 导通，T_{a1}，T_{a2}，T_{b3} 和 T_{b4} 关断，网侧端电压 $u_{ao}=-u_2$，$u_{bo}=u_1$，$u_{ab}=-u_1-u_2$。反向网侧电流 i_N 减小，反向网侧电流对电容 C_1 和 C_2 进行充电。

工作模式 8（$S_A=-1$，$S_B=0$）：开关管 T_{a3}，T_{a4}，T_{b2} 和 T_{b3} 导通，T_{a1}，T_{a2}，T_{b1} 和 T_{b4} 关断，网侧端电压 $u_{ao}=-u_2$，$u_{bo}=0$，$u_{ab}=-u_2$。如果反向的电源电压 u_N 大于（或小于）直流侧电压 U_d 的一半，则网侧电流 i_N 减小（或增大）；反向网侧电流对电容 C_2 进行充电，而电容 C_1 通过负载电流放电。

工作模式 9（$S_A=-1$，$S_B=-1$）：开关管 T_{a3}，T_{a4}，T_{b3} 和 T_{b4} 导通，T_{a1}，T_{a2}，T_{b1} 和 T_{b2} 关断，网侧端电压 $u_{ao}=-u_2$，$u_{bo}=-u_2$，$u_{ab}=0$。如果网侧电源电压 $u_N>0$，则正向网侧电流 i_N 增大，电容 C_1 和 C_2 通过负载电流放电。

2）三电平脉冲整流器 PWM 控制原理

三电平脉冲整流器 PWM 调制方式为 SPWM，其理想相开关函数如式（2-1-10），其调制方式如图 2-1-12 所示。当 b 相调制波 u_b 与 a 相相差 180° 相位，其与 b 相载波 u_{cb} 之间的关系与上述关系相同，为减少高次谐波，b 相载波需要偏离 a 相载波 180° 相位。

$$\begin{cases} u_a > u_{ca}(正侧载波) > u_{ca}(负侧载波)\text{ 时, } S_A=1 \\ u_{ca}(正侧载波) > u_a > u_{ca}(负侧载波)\text{ 时, } S_A=0 \\ u_{ca}(正侧载波) > u_{ca}(负侧载波) > u_a \text{时, } S_A=-1 \end{cases} \quad (2\text{-}1\text{-}10)$$

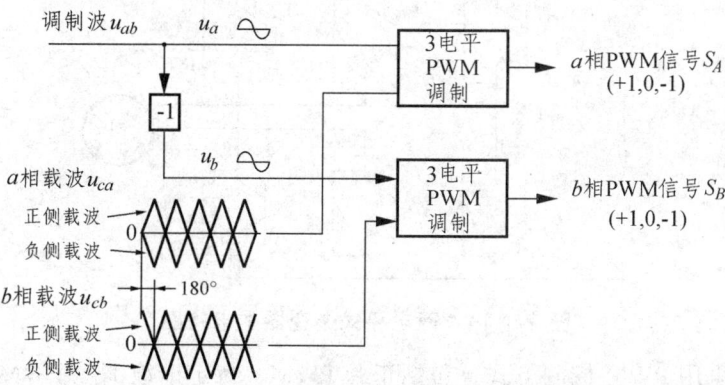

图 2-1-12 脉冲整流器 SPWM 调制方式

三电平脉冲整流器利用上述调制方式进行切换动作，得到的 PWM 调制和动作波形如图 2-1-13 所示，u_{ab} 是采用 U_d，$U_d/2$，0，$-U_d/2$，$-U_d$ 这 5 种电平来等效的正弦波。与两电平脉冲整流器相比，这样可以有效地减小网侧输入端电流 i_N 的谐波。

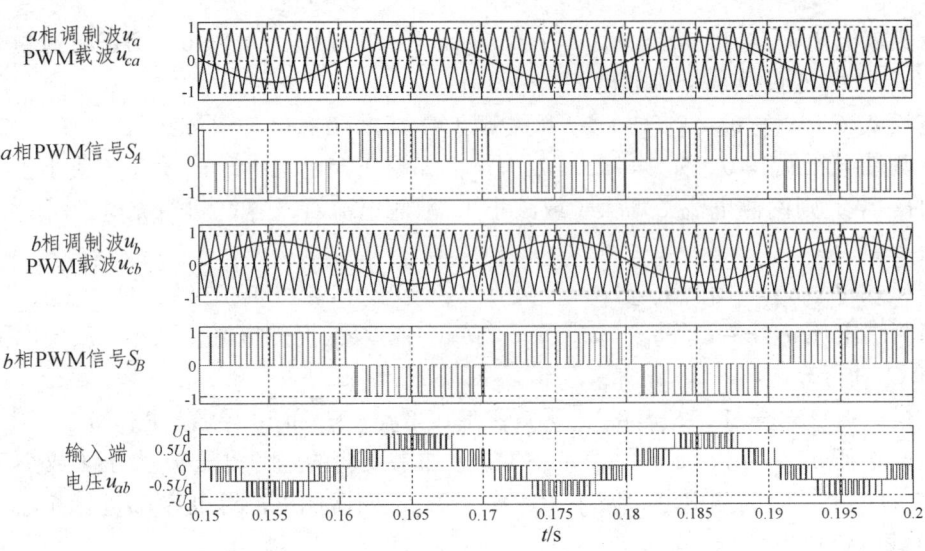

图 2-1-13 三电平脉冲整流器 PWM 调制动作波形

二、牵引逆变器工作原理

1．两电平牵引逆变器主电路

牵引逆变器可以分成电压源型和电流源型两种，为同步电机供电的大多采用电流源型逆变器，为异步电机供电的大多采用电压源型逆变器，我国高速列车全部采用电压源型逆变器。根据输出电平数的不同，电压源型牵引逆变器又可分为两电平和三电平两种。

两电平式逆变器主电路如图 2-1-14 所示，每时刻都有 3 个开关管导通，共有 $T_1T_2T_3$，$T_2T_3T_4$，$T_3T_4T_5$，$T_4T_5T_6$，$T_5T_6T_1$，$T_6T_1T_2$，$T_1T_3T_5$ 和 $T_2T_4T_6$ 导通 8 种工作状态，从而获得三相对称输出电压波形。

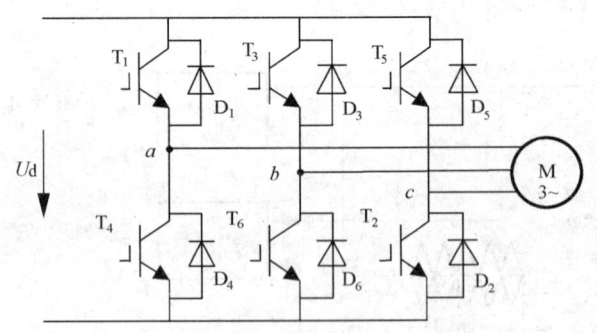

图 2-1-14 两电平式逆变器主电路图

牵引逆变器采用 PWM 控制方式，包括正弦 PWM、特定谐波消除 PWM、滞环电流控制 PWM 和空间矢量 PWM。空间矢量 PWM 是通过对电压矢量进行适当的切换控制，就可以用尽可能多的多边形磁通轨迹来接近理想的磁通圆形轨迹。轨迹越接近于圆，引起的电流、转矩波动越小，谐波损耗也会下降，电机运行性能也越好。

当逆变器向电动机供电时，可以利用空间矢量概念，建立逆变器开关模式及其输出电压与电动机磁链之间的关系，然后根据要跟踪的磁链空间矢量的运动轨迹，选择逆变器的开关模式，使逆变器输出适当波形的电压，这就是空间矢量 PWM 的基本原理。

在复平面建立电压空间矢量： $\vec{U}_s = \dfrac{2}{3}(u_{sa} + \vec{a}u_{sb} + \vec{a}^2 u_{sc})$ （2-1-11）

定子磁链空间矢量： $\vec{\Psi}_s = \dfrac{2}{3}(\psi_{sa} + \vec{a}\psi_{sb} + \vec{a}^2 \psi_{sc})$ （2-1-12）

转子磁链空间矢量： $\vec{\Psi}_r = \dfrac{2}{3}(\psi_{ra} + \vec{a}\psi_{rb} + \vec{a}^2 \psi_{rc})$ （2-1-13）

异步电动机定子电压空间矢量方程式为

$$\vec{U}_s = R_s \vec{I}_s + \dfrac{d\vec{\Psi}_s}{dt} \quad （2\text{-}1\text{-}14）$$

式中　$\vec{U}_s$——定子三相电压合成空间矢量；

$\vec{I}_s$——定子三相电流合成空间矢量；

$\vec{\Psi}_s$——定子三相磁链合成空间矢量。

当转速较高时，定子电阻压降较小，可忽略不计，则定子电压与磁链的近似关系为

$$\vec{U}_s \approx \dfrac{d\vec{\Psi}_s}{dt} \quad 或 \quad \vec{\Psi}_s \approx \int \vec{U}_s dt \quad （2\text{-}1\text{-}15）$$

在由三相平衡电压供电时，电机定子磁链空间矢量为

$$\vec{\Psi}_s = \Psi_{sm} e^{j\omega_s t} \quad （2\text{-}1\text{-}16）$$

式中　Ψ_{sm}——Ψ_s 的幅值；

ω_s——旋转角速度。

磁链矢量顶端的运动轨迹形成圆形的空间旋转磁场（一般简称为磁链圆）。由式（2-1-15）和式（2-1-16）可得

$$\vec{U}_s = \dfrac{d}{dt}(\Psi_{sm} e^{j\omega_s t}) = j\omega_s \Psi_{sm} e^{j\omega_s t} = \omega_s \Psi_{sm} e^{j(\omega_s t + \pi/2)} \quad （2\text{-}1\text{-}17）$$

由式（2-1-17）可见，当磁链幅值 Ψ_{sm} 一定时，$\vec{U}_s$ 的大小与 ω_s（或供电电压频率 f_s）成正比，其方向为磁链圆形轨迹的切线方向。当磁链矢量的空间旋转一周时，电压矢量也连续地沿磁链圆的切线方向运动 2π 弧度，其轨迹与磁链圆重合。这样，电机旋转磁场的形状问题就可转化为电压空间矢量运动形状问题。

为了便于分析，电力电子器件采用理想开关表示，定义开关函数为 S_i（i 为 A,B,C），

$S_A = \begin{cases} 1 & T_1 导通 \\ 0 & T_4 导通 \end{cases}$、$S_B = \begin{cases} 1 & T_3 导通 \\ 0 & T_6 导通 \end{cases}$、$S_C = \begin{cases} 1 & T_5 导通 \\ 0 & T_2 导通 \end{cases}$。

三相不同开关组合有 $2^3 = 8$ 种工作状态，当列车运行速度大于额定速度时就是采用这种方式。

对于每一个有效的工作状态，相电压都可用一个合成空间矢量表示，其幅值相等，只是相位不同而已。如以 $\vec{U}_{s_1}$、$\vec{U}_{s_2}$、$\cdots$、$\vec{U}_{s_6}$ 依次表示 100、110、$\cdots$、101 六个有效工作状态的

电压空间矢量。设逆变器的工作周期从100状态开始，其电压空间矢量$\vec{U}_{s_1}$与x轴同方向，它所存在的时间为$\pi/3$。在这段时间以后，工作状态转为110，电机的电压空间矢量为$\vec{U}_{s_2}$，它在空间上与$\vec{U}_{s_1}$相差$\pi/3$ rad。随着逆变器工作状态的不断切换，电机电压空间矢量的相位也作相应的变化。到一个周期，$\vec{U}_{s_6}$的顶端恰好与$\vec{U}_{s_1}$的尾端衔接，一个周期的6个电压空间矢量共转过2π rad，形成一个封闭的正六边形。至于111与000这两个工作状态，可分别冠以$\vec{U}_{s_7}$和$\vec{U}_{s_0}$，并称之为零矢量，它们的幅值为0，也无相位，可认为坐落在六边形的中心点上。

如前所述，这样一个由电压空间矢量运动所形成的正六边形轨迹可以看作是交流电机定子磁链矢量端点的运动轨迹。对于这个关系，可进一步说明如下。

设在逆变器工作的第一个$\pi/3$期间，电机的电压空间矢量为图2-1-15中的$\vec{U}_{s_1}$，此时定子磁链为$\vec{\Psi}_{s_1}$。逆变器进入第二个$\pi/3$期间，电压空间矢量变为$\vec{U}_{s_2}$，按式（2-1-15），可写作

$$\vec{U}_s \Delta t = \Delta \vec{\Psi}_s \qquad (2\text{-}1\text{-}18)$$

此处，$\vec{U}_s$是$\vec{U}_{s_1} \sim \vec{U}_{s_6}$的广义表示。就第二个工作期间而言，式（2-1-18）表明在$\Delta \vec{\Psi}_s$对应的$\pi/3$期间内，在$\vec{U}_{s_2}$的作用下，$\vec{\Psi}_{s_1}$产生增量$\Delta \vec{\Psi}_{s_1}$，其$|\vec{U}_{s_2}|\Delta t$方向与$\vec{U}_{s_2}$一致，最终形成图2-1-16所示的新的磁链矢量$\vec{\Psi}_{s_2} = \vec{\Psi}_{s_1} + \Delta \vec{\Psi}_{s_1}$，依此类推，可知磁链矢量的顶端运动轨迹也是一个正六边形。

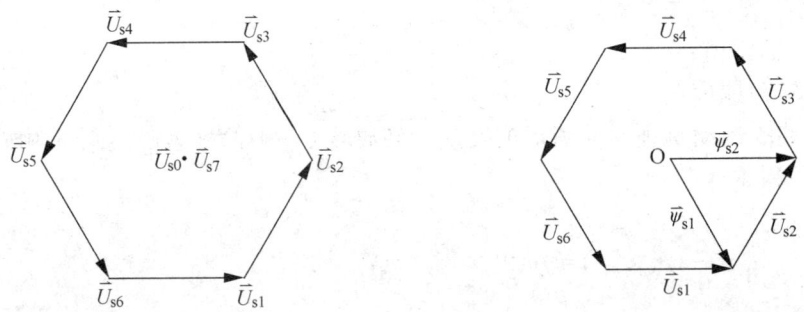

图2-1-15 三相电机的电压空间矢量　　图2-1-16 电压空间矢量与磁链矢量的关系

1）近似圆形旋转轨迹

常规六拍逆变器供电的异步电机只产生正六边形的旋转磁场，显然这不利于电机的匀速旋转。如果想获得更多边形或逼近圆形的旋转磁场，就必须有更多的逆变器开关状态，以形成更多的空间电压矢量。为此，必须对逆变器的控制模式进行改造。可以利用基本空间电压矢量的线性组合，以获得更多的与$\vec{U}_{s_0} \sim \vec{U}_{s_7}$相位不同的新的空间电压矢量，最终构成一组等幅、不同相的空间电压矢量，从而形成尽可能逼近圆形旋转磁场的磁链多边形。这样，在一个周期内，逆变器的开关状态会多次重复出现，逆变器的输出电压是一系列等幅不等宽的脉冲波，这就形成了空间电压矢量控制的PWM逆变器。12分频磁链轨迹图如图2-1-17所示，空间电压矢量扇区分布图如图2-1-18所示。

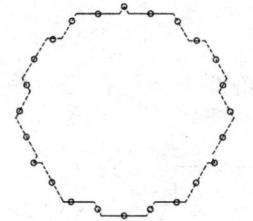
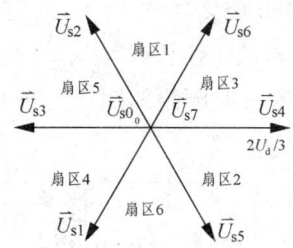

图 2-1-17　12 分频磁链轨迹图　　图 2-1-18　空间电压矢量扇区分布图

2）调制模式的应用

在大功率牵引领域，由于功率开关元件的开关频率有限，因而在整个调速范围内，须应用空间电压矢量脉宽调制策略构成多种调制方式，以满足控制要求。在低频启动区段，采用异步调制可充分利用开关器件允许的开关频率，使磁链轨迹逼近理想圆，转矩脉动小；在输出频率较高时，为了保证三相输出电压、电流间的对称性，消除寄生谐波，宜采用同步调制。

同步调制时，不同的矢量拟合方式将得到不同的多边形磁链轨迹和输出结果，所以应选择磁链对称高的矢量拟合方式，同步 11、5、3 分频及方波工况对应的磁链圆轨迹分别如图 2-1-19（a）(b)(c)(e) 所示。当逆变器由 3 分频工况直接进入方波工况时，输出电压的基波分量将突然增大，该增量加在电机定子漏抗上，使电机电流迅速增大。中间直流环节电压越高，电流增量越大，极易引起系统功率冲击，影响系统的正常工作，因此必须实现同步 3 分频和方波工况之间的平滑转换，以避免电压跳变和系统的功率冲击，折角调制就是一种很好的过渡方案，对应的磁链轨迹如图 2-1-19（d）所示。当传动系统工作在恒功阶段时，一般采用方波运行方式，对应为六边形磁链，如图 2-1-19（e）所示。

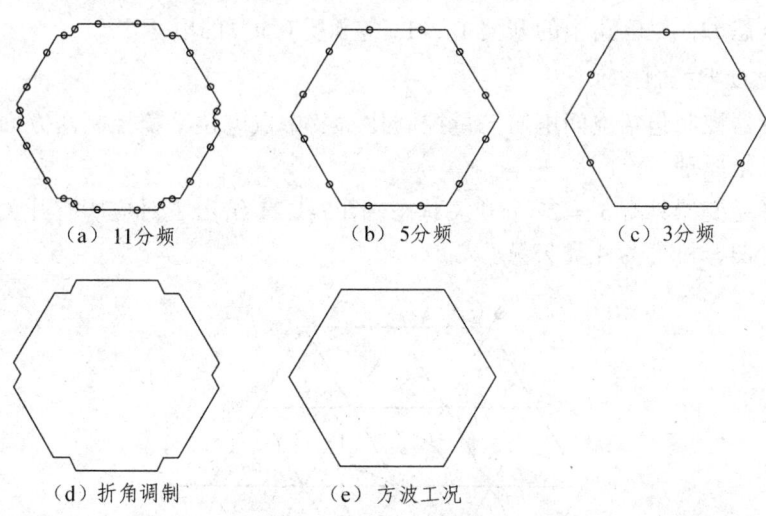

图 2-1-19　不同调制磁链轨迹

不同调制方法之间转换时，为保证空间电压矢量的连续性，转换时刻宜选择在前一扇区结束，后一扇区刚开始工作处。过渡过程必须保证逆变器输出电压不会发生幅值和相位的跳变。因此，应根据转换前后两种调制方法的不同，选择适当的矢量拟合方式进行过渡，这是整个控制过程很重要的一个问题。

2．三电平牵引逆变器

1）主电路结构及工作状态

三电平三相逆变器电路如图 2-1-20 所示。由于三相桥臂工作过程完全相同，因此以 a 相桥臂为例进行说明。

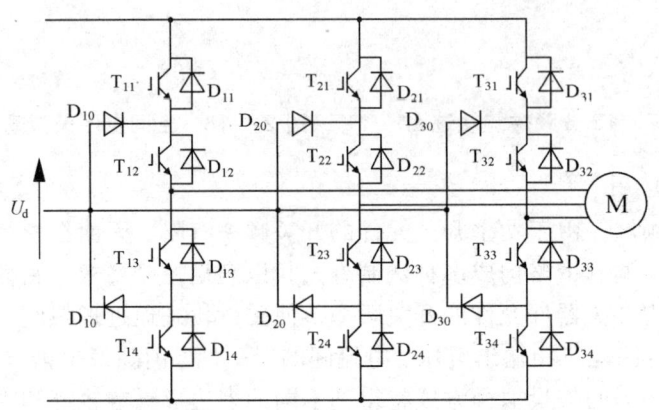

图 2-1-20　三电平式逆变器主电路原理图

两电平逆变器中相电压为 $+0.5U_d$、$-0.5U_d$，三电平逆变器中相电压为 $+0.5U_d$、0 和 $-0.5U_d$。两电平逆变器中线电压为 $+U_d$、0 和 $-U_d$，三电平逆变器中线电压为 $+U_d$、$+0.5U_d$、0、$-0.5U_d$ 和 $-U_d$。

忽略中点电位的偏移，可以看到每一个开关器件所承受的电压均为 $0.5U_d$。

当上桥臂开关器件导通时，即状态 P，下桥臂的开关 T_{13}、T_{14} 各承受 $0.5U_d$ 的电压；当下桥臂开关器件导通时，即状态 N，上桥臂的开关 T_{11}、T_{12} 各承受 $0.5U_d$ 的电压；当辅助开关器件导通时，即状态 O，主电路中的开关 T_{11}、T_{14} 各承受 $0.5U_d$ 的电压。

2）三电平逆变器控制技术

三电平逆变器控制包括空间电压矢量控制技术及中点电位平衡控制两方面。

（1）空间矢量原理。

三相三电平逆变器具有 $3^3 = 27$ 个开关状态。图 2-1-21 给出了对应所有开关状态的三电平逆变器空间矢量图，可分为 4 类矢量。

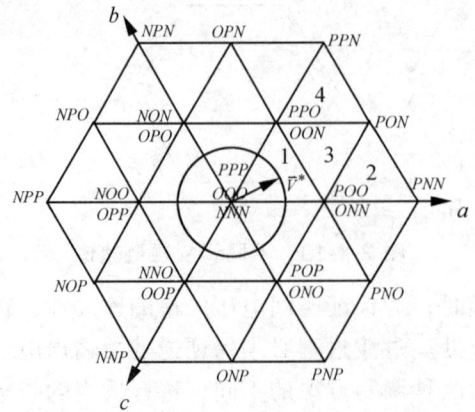

图 2-1-21　三电平逆变器空间矢量图

为了便于分析和控制，将 27 个开关状态分为 4 类矢量，即大六边形的顶角状态（PNN、PPN、NPN、NPP、NNP 和 PNP）对应为大开关矢量；外六边形各边的中点对应 6 个空间矢量为中开关矢量；内六边形的每一个空间矢量对应着两种可能的开关状态，称为小开关矢量。还有 3 种可能的零状态（OOO、PPP、NNN），分别对应于辅助器件的全导通，上臂器件的全导通，以及下臂器件的全导通，称为零开关矢量。

图 2-1-21 中同时给出了一个旋转的指令电压矢量 $\vec{V}^*$（区域 1），在欠调制区工作时，这个矢量应该在大六边形之内。在任一瞬间，这个矢量都在一个三角形内，用这个三角形 3 个顶点的开关状态来选择生成相应的 PWM 波。当 $\vec{V}^*$ 位于区域 1 时，所选择的状态可能是（OOO、PPP、NNN、PPO、OON、POO 和 ONN）。图 2-1-22 给出了相应的对称 PWM 波形。其状态顺序为 NNN、ONN、OON、OOO、POO、PPO、PPP、PPP、PPO、POO、OOO、OON、ONN、NNN。

当 $\vec{V}^*$ 位于区域 2 时，所在三角形顶点状态为（POO、ONN、PNN、PON），图 2-1-23 给出了相应的对称 PWM 波形，其状态顺序为 ONN、PNN、PON、POO、POO、PON、PNN 和 ONN。

当 $\vec{V}^*$ 位于区域 3 时，所在三角形顶点状态为（ONN、OON、PON、POO、PPO），图 2-1-24 给出了相应的对称 PWM 波形，其状态顺序为 ONN、OON、PON、POO、PPO、PPO、POO、PON、OON 和 ONN。

当 $\vec{V}^*$ 位于区域 4 时，所在三角形顶点状态为（OON、PON、PPN、PPO），图 2-1-25 给出了相应的对称 PWM 波形，其状态顺序为 OON、PON、PPN、PPO、PPO、PPN、PON 和 ONN。

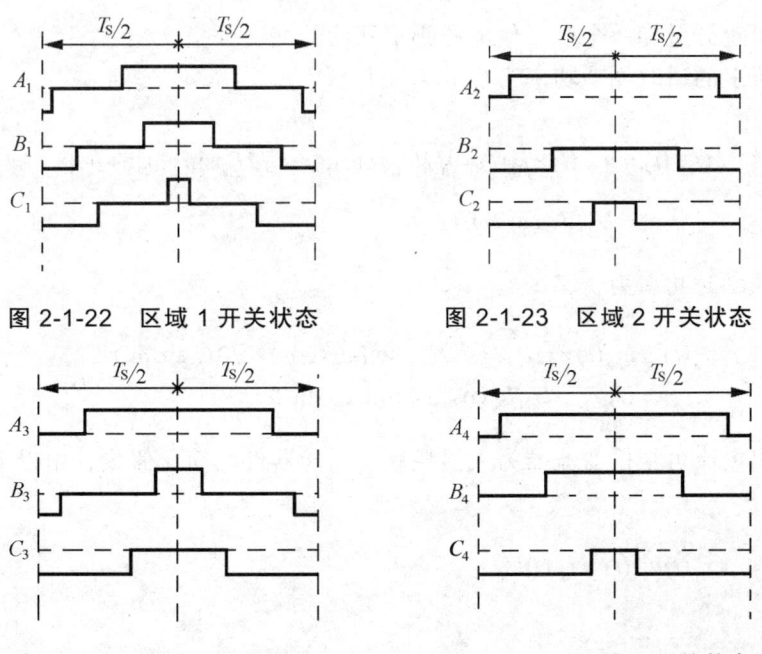

图 2-1-22　区域 1 开关状态　　　图 2-1-23　区域 2 开关状态

图 2-1-24　区域 3 开关状态　　　图 2-1-25　区域 4 开关状态

在区域 1 中输出 PWM 波形含有零状态，区域 2、3、4 中，不包含有任何零状态。在所有 PWM 模式中，开关状态改变一次只能带来 $0.5U_d$ 的变化。

（2）中点电压控制。

三电平逆变器中间电位平衡的控制问题是非常重要的，若中点电位偏移，在输出电压中会产生附加的畸变。如果正电流从中点流出，则上端的电容器处于充电状态，而下端的电容器处于放电状态，从而降低 0 点的电位。反之，当电流流入中点时，0 点的电位会增加。在大六边形顶角状态下（*PNN*、*PPN*、*NPN*、*NPP*、*NNP* 和 *PNP*）以及零状态下（*OOO*、*NNN*、*PPP*），没有中点电流，不会产生中点电位的偏移；而在其他状态时，中点电位可以通过调节不同开关工作状态的时间间隔来加以控制。

三、中间直流环节工作原理

在交-直-交变流器中，中间直流回路属于储能环节，是入端脉冲整流器和负载端逆变器之间的联结纽带。在电压型脉冲整流器中，其组成部分包括：相应于 2 倍电网频率的串联谐振电路；支撑电容器和过压限制电路。

1. 二次串联谐振电路

由于脉冲整流器输出的电流含有大量的高次谐波，其中二次谐波对系统的性能影响最大。二次串联谐振电路的作用就是消除二次谐波，下面首先分析二次谐波产生的机理。

交流电源提供的瞬时功率为

$$\begin{aligned}P_N(t) &= u_N(t) \times i_N(t) = \sqrt{2}U_N \sin\omega_N t \times \sqrt{2}I_N \sin\omega_N t \\ &= U_N I_N - U_N I_N \cos 2\omega_N t\end{aligned} \quad (2\text{-}1\text{-}19)$$

其中包含一个恒定分量和一个以 2 倍电源频率脉动的交变分量。

变压器漏抗上的瞬时无功功率为

$$\begin{aligned}Q_{LN}(t) &= u_{LN}(t) \times i_N(t) = \sqrt{2}U_{LN} \sin\omega_N t \times \sqrt{2}I_N \sin\left(\omega_N t + \frac{\pi}{2}\right) \\ &= U_{LN} I_N \sin 2\omega_N t\end{aligned} \quad (2\text{-}1\text{-}20)$$

变流器输入瞬时功率为

$$\begin{aligned}P_s(t) &= u_{ab}(t) \times i_N(t) = \sqrt{2}U_{LN} \sin(\omega_N t - \varphi) \times \sqrt{2}I_N \sin\omega_N t \\ &= U_N I_N - U_N I_N \cos 2\omega_N t - U_{LN} I_N \sin 2\omega_N t\end{aligned} \quad (2\text{-}1\text{-}21)$$

变流器输出电流可根据变流器为无损耗和无储能器件的简化假设，由以下功率平衡关系求得

$$i_N(t) u_{ab}(t) = i_{dc}(t) U_d$$

则

$$i_{dc} = \frac{\sqrt{2}U_{ab} \sin(\omega_N t - \varphi) \times \sqrt{2}I_N \sin\omega_N t}{U_d} = \frac{U_{ab} I_N}{U_d}[\cos\varphi - \cos(2\omega_N t - \varphi)] \quad (2\text{-}1\text{-}22)$$

从式（2-1-22）可知，变流器的输出电流包含直流和 2 倍于供电频率的交流两个重要的分量，一个交流分量和其中一个直流分量 $U_{ab}I_N\cos\varphi/U_d$ 流入负载，幅值为 $U_{ab}I_N/U_d$ 的二次谐波电流分量从串联谐振电路流过，而串联谐振电路吸收漏抗产生无功功率，因而可以降低电源瞬时功率的脉动分量。

2．支撑电容器

在电压源型变流器中，支撑电容器作为储能器可以支撑中间回路电压并使其保持稳定。支撑电容 C_d 值的大小直接决定着中间直流环节的工作性质，因此，合理选择 C_d 的值十分重要。

由于中间回路与两端变流器之间存在着复杂的能量交换过程，迄今还没有简单实用的方法来选择合适的支撑电容器 C_d 的值。但可以通过系统仿真，并按照以下准则来判定经验取值的正确性。这些准则包括：

（1）中间回路直流电压保持稳定，峰-峰波动值不超过规定的允许值。
（2）中间回路直流电流是连续的，没有间断，其峰-峰波动值不超过规定的许可值。
（3）中间回路的损耗应保持最小。
（4）所选择的电容器的参数不会影响整个系统的稳定性。
（5）应当成功地抑制逆变器和电机中发生的暂态过程，保持系统稳定。
（6）防止高频电流可能引起对通信和信号系统的电磁干扰。

四、牵引变流器在动车组中的应用

目前，在高速牵引技术领域，两电平和三电平牵引变流器技术方案都得到了应用，如 CRH1 和 CRH5 型动车组采用两电平变流器结构；CRH2 型动车组采用三电平结构。图 2-1-26 为 CRH2 型动车组主传动系统电路图。

CRH2 型动车组变流器主电路采用两主管串联与中点带钳位二极管的方案，功率开关采用 IPM 智能功率模块，容量为 3 300 V/1 200 A。

整流部分采用单相三电平 PWM 脉冲整流器，可以实现变流器单位功率因数运行，能量双向传递。具有以下优点：每一个功率器件所承受的关断电压仅为直流侧电压的一半，在相同的情况下，直流电压可以提高一倍，容量也可以提高一倍；在同样的开关频率及控制方式下，输出电压或电流的谐波大大小于两电平变流器，因此它的总谐波失真 THD 也远小于两电平变流器；三电平变流器输入侧的电流波形即使在开关频率很低时也能保证一定的正弦度，这在减小对通信信号的谐波干扰和充分利用电网的传输功率方面都有很大意义。

中间电路主要由均压电阻、支撑电容器和过压保护电路构成，目的是获得直流恒压。中间直流环节不设二次谐振滤波装置，从而减轻了牵引变流器和牵引变压器的质量。

逆变器部分采用三电平拓扑结构，与两电平逆变器相比，端电压波形包含较少的谐波分量。在一个周期内，两电平逆变器电路只有 8 种状态，而三电平有 27 种。因此有利于减小相邻两种电路状态间转换时引起的电压和电流波动，从而有利于降低损耗，提高电动机和系统效率，减少转矩脉动。

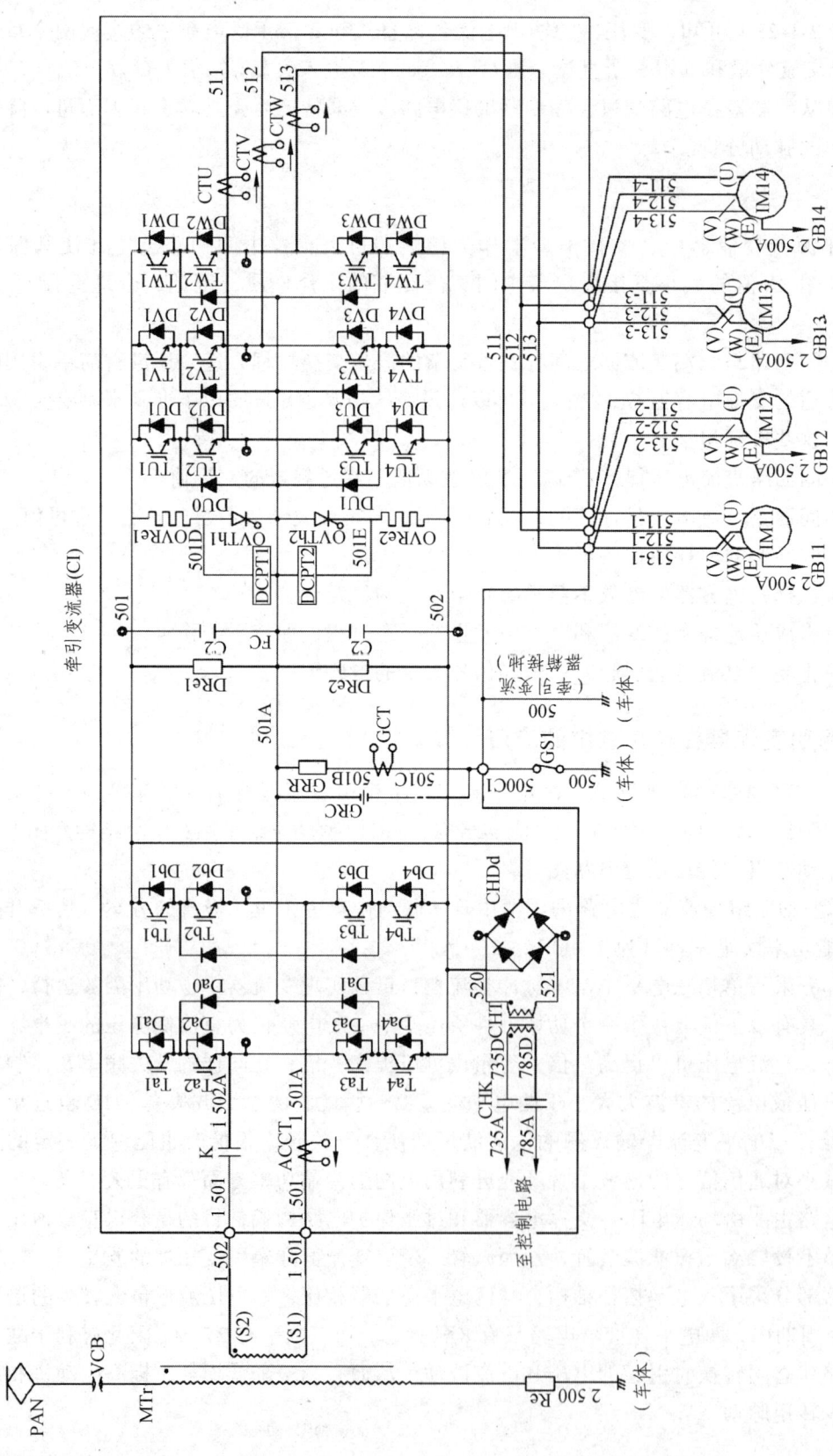

图 2-1-26 CRH2 型动车组主传动系统电路图

脉冲整流器中 IPM 器件的开关频率为 1 250 Hz,牵引逆变器的最大开关频率为 1 000 Hz,为了保证牵引逆变器具有良好的输出电压特性,变频传动过程中逆变器的开关模式为低频阶段采用异步调制,最大程度减少输出电压的谐波含量;然后转为分段同步调制阶段,使输出电压的波形对称性较好,最后在牵引传动的高速范围内(恒功阶段)一般采用方波电压输出,最大可能地利用变流器的容量。

任务二　认识牵引传动系统的组成

【任务描述】

以多媒体教学课件为载体,使学生掌握 CRH2/CRH380B 型动车组牵引传动系统的组成、工作原理、牵引控制原理。学习完本任务,应会分析主电路工作过程。

【背景知识】

CRH2 型动车组牵引系统主要由受电弓、牵引变压器、牵引变流器及牵引电机组成。受电弓通过电网接入 25 kV 的高压交流电,输送给牵引变压器,降压成 1 500 V 的交流电。降压后的交流电再输入牵引变流器,通过一系列的处理,变成电压和频率均可控制的三相交流电,输送给牵引电机,通过电机的转动而牵引整个列车。

一、牵引传动系统组成

牵引电路系统以 M1 车、M2 车为 1 个单元。电源由接触网通过受电弓从单相交流 25 kV、50 Hz 的接触网电压来获得,通过 VCB 与牵引变压器的 1 次侧绕组连接。牵引电路开闭由 VCB 来实施。牵引变压器 2 次绕组侧设有 2 个线圈,分别接入 1 台牵引变流器,1 次侧的电压为 25 kV 时,2 次侧绕组电压则为 1 500 V。牵引变压器 3 次绕组和辅助变流器连接,给辅助设备提供电源。

牵引电路的基本单元装置由 1 台牵引变压器、2 台主变流装置、8 台牵引电机构成。由 1 台主变流装置控制 4 台牵引电机,在牵引时向牵引电机提供电力、在制动时进行电力再生控制。此外,还具有保护功能。一个动力单元牵引系统的组成如图 2-2-1 所示。

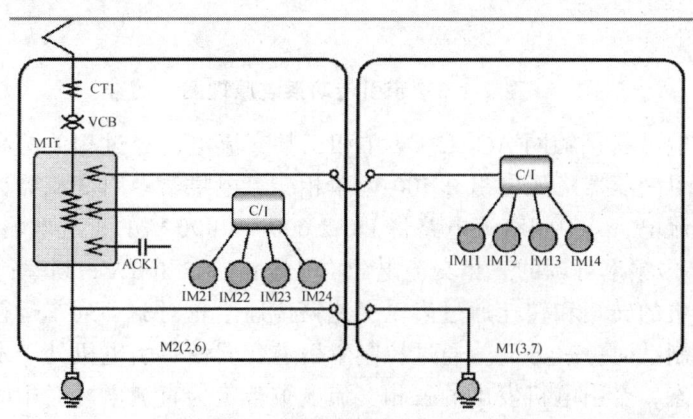

图 2-2-1　牵引传动系统组成框图

整列车牵引系统框图如图 2-2-2 所示，由 4 号车或者 6 号车的受电弓进行的受电，通过车顶上的特高压导线，经由 VCB 后被送到 2 号车或者 6 号车的主变压器。车顶上安装有保护接地装置（EGS），运行中，需要紧急让变电所区间内的所有车辆停车时，让其动作，使架线接地短路。EGS 的操作必须按照中国铁路总公司的规定执行。

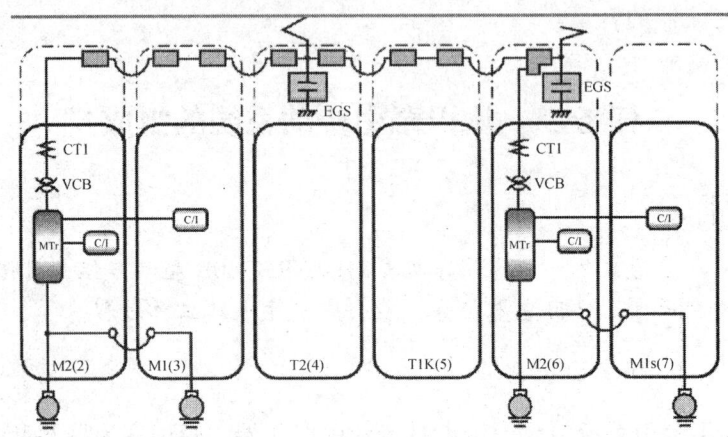

图 2-2-2　整列车牵引系统组成框图

二、牵引传动系统原理

牵引传动系统原理如图 2-2-3 所示。

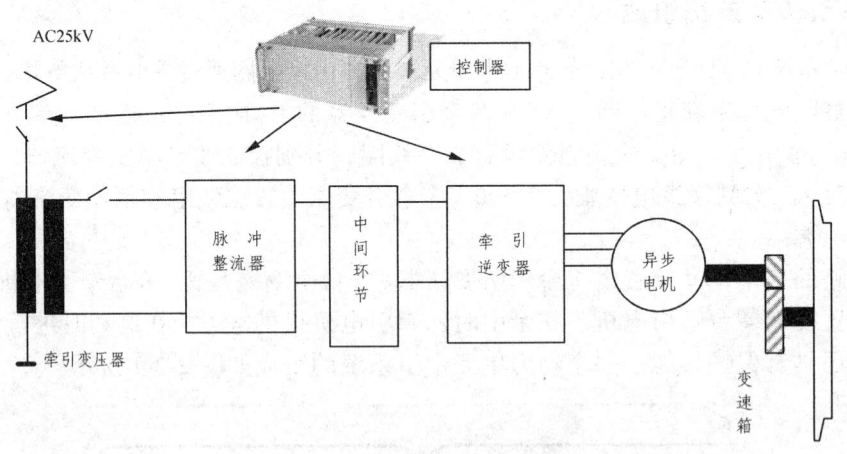

图 2-2-3　牵引传动系统原理图

牵引工况：受电弓将接触网 AC 25 kV 单相工频交流电，经过相关的高压电气设备传输给牵引变压器，牵引变压器降压输出 1 500 V 单相交流电供给牵引变流器，脉冲整流器将单相交流电变换成直流电，经中间直流电路将 DC 2 600～3 000 V 的直流电输出给牵引逆变器，牵引逆变器输出电压/频率可调的三相交流电源（电压：0～2 300 V；频率：0～220 Hz）驱动牵引电机，牵引电机的转矩和转速通过齿轮变速箱传递给轮对驱动列车运行。

再生制动：电制动时，一方面，通过控制牵引逆变器使牵引电机处于发电状态，牵引逆变器工作于整流状态，牵引电机发出的三相交流电被整定为直流电并对中间直流环节进行充电，使中间直流环节电压上升；另一方面，脉冲整流器工作于逆变状态，中间直流回路直流电源被逆变为单相交流电，该交流电通过真空断路器、受电弓等高压设备反馈给接触网，从而实现能量再生。

三、牵引传动系统主电路

车辆编组如图 2-2-4 所示。

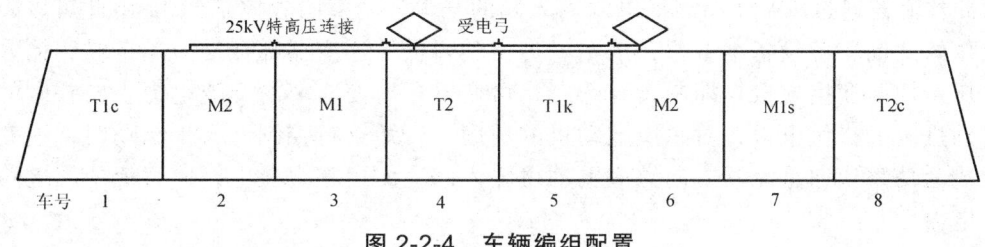

图 2-2-4　车辆编组配置

受电弓从接触网接受 25 kV、50 Hz 单相交流电，通过真空断路器（VCB）连接到牵引变压器原边绕组，主电路开断由 VCB 控制。牵引变压器设置两组牵引绕组，牵引绕组输出电压为单相交流 1 500 V，50 Hz。每辆动车配置 1 台牵引变流器，牵引变流器除了在牵引时驱动牵引电机、制动时进行电制动外，还具备相应的故障保护功能。牵引传动系统主电路简图如图 2-2-5 所示。

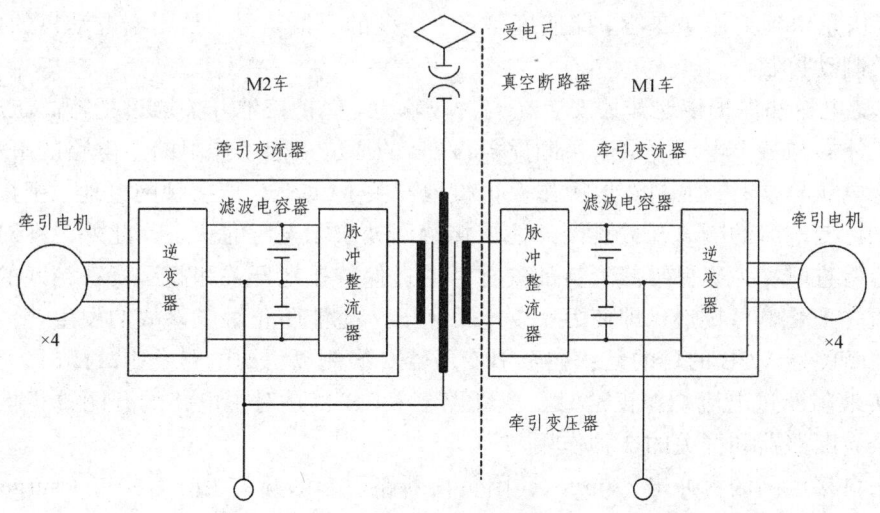

图 2-2-5　主电路简图

电源是 25 kV、50 Hz 单相交流电，使用搭载在 4 号车、6 号车的受电弓的其中一个（2 个受电弓中的 1 个通常处在下降状态）从接触网上受电，2 号车与 6 号车之间用 25 kV 特高压电缆贯通连接。M2 车上搭载有牵引变压器，通过特别高压（特高）电缆而贯通连接在各车的 25 kV 特高电源，经由各车的特高压接头、主断路器 VCB，连接到牵引变压器原边绕组上。牵引变压器（MTr）的低压侧由 3 个绕组构成，其中 2 个绕组是向电车驱动电路（牵引变流器）提供电力的 2 次绕组，剩下的是向电车的照明、空调等辅助电路、控制电路、通信电路等提供电力的 3 次绕组。其中 2 次绕组中的 1 个绕组与 M2 车的牵引变流器连接，另 1 个绕组经由 M1 车与 M2 车间的连接器连接到 M1 车的牵引变流器。

牵引变流器除了向动力运行时的牵引电机提供电力、从制动时的电动机向接触网进行再生电力的控制之外，还拥有保护机能。牵引变流器由把单相交流电力变换成中间直流电力的脉冲整流器部和把变换的直流中间电力变换成可变电压可变频率的3相交流电的逆变器部，及吸收中间直流电力之电压谐波、获得直流恒压的直流平滑电路（滤波电容器）部构成。此外，在中间直流电路上设置由电阻和半导体开关构成的过电压保护电路。

脉冲整流器通过PWM控制把电源输入侧的基本波功率因数控制到1。由此可以降低接触网电压的变动，使设备小型化，消费电力得到降低。逆变器部在动力运行时，输入直流中间电压，把此变换成根据控制指令的三相可变电压可变频率的交流电力，向并联的4台感应电动机统一提供电力，对感应电动机的速度、转矩进行控制。再生制动时，逆变器机能性地成为功率换向整流器，向感应电动机输入感应的三相交流电，向直流中间电路侧输出直流电力。

为了控制感应电动机的速度及扭矩，逆变器采用矢量控制方式进行控制。通过矢量控制，与电动机的扭矩有关的电流成分（转矩电流）及与电动机的磁场发生有关的电流成分（励磁电流）被分别独立控制，从而在瞬态和稳态下均可获得最大转矩/电流，效率较高，且更好地利用了驱动系统的电流能力。

牵引电机在M1、M2各车的各转向架上各搭载2台。电动机上使用三相鼠笼式感应电动机，在反驱动一侧安装有速度传感器。速度传感器检测牵引电机的速度（旋转数）即电车速度，把速度信息送到上述逆变器。此速度信息（速度的反馈信号）是用于电动机的速度控制、扭矩控制及制动控制。

另外，受电弓和保护接地开关安装在同一车辆上。保护接地开关通过把特高压电源接地，来防止对车体施加特高电压。由于主断路器VCB的原因引起不能阻断主电路的事故电流时，或在接触网电压异常时，强制性地操作保护接地开关（EGS），把接触网接地、把接地电流流向接触网，让变电所的隔离开关跳闸，能使接触网处于无电压的状态。此外，在对高压设备箱内部进行检查时，为确保维修人员的安全，通过保护接地开关和高压设备箱间的联动的锁定装置，预先把受电弓接地，即使万一受电弓上升，也能防止触电事故的发生。

安装主断路器VCB的目的是：在牵引变压器2次侧以后的电路发生故障时，能够迅速、安全、确实地阻断过电流。在正常时，主断路器VCB也是对主电路的开闭进行操作的一种开关，它兼有断路器和开关的2种作用。

由于来自接触网的雷冲击（surge），因负荷断路引起的开关（时）冲击（surge/浪涌）由与牵引变压器并联的交流避雷器（Arr）进行分路、限制到由交流避雷器的电压限制特性决定的电压值，由此，防止把高电压加在各设备上。

变流器（CT1）插入在25 kV（特高压）的输入侧。交流过电流继电器（ACOCR）连接到变流器2次侧，经由变流器，监视25 kV电路的电流，当变流器电流超过交流过电流继电器的设定值时，能够发出让VCB跳闸的跳闸信号。

接地装置安装在M1、M2车的驱动轴齿轮装置的非车轮一侧。经由接地装置，把牵引变压器的回流线电流直接流到车轴，以防止因回流线电流流到转向架轴承而引起的轴承损伤。

牵引变压器接地线被连接到M2车与各驱动轴相对应的中转端子板上。此外，M1车经由M1车与M2车之间的连接器，与M2车相同，连接到与各驱动轴对应的中转端子板，从那里连接到各轴的接地刷上。

四、牵引传动系统控制策略

CRH2牵引传动系统控制策略分为脉冲整流器控制、逆变器控制和牵引电机控制3个部分。

脉冲整流器控制策略：牵引变压器牵引绕组输出的 AC 1 500 V、50 Hz 电流输入脉冲整流器。脉冲整流器由单相三点式 PWM 变流器、交流接触器 K 组成。采用无触点控制装置，从而实现了输出直流电压 2 600～3 000 V 定压控制、牵引变压器原边单位功率因数的控制以及无触点控制装置保护。再生制动时接收支撑电容器输出的直流 3 000 V 电压，向牵引变压器供应 AC 1 500 V、50 Hz 电流。

逆变器控制策略：逆变侧采用了 VVVF 的控制方式，整流器输入给支撑电容器的直流电压，依据无接点控制装置控制信号，输出变频变压的三相交流电对 4 台并联的电机进行速度、力矩控制。再生制动时牵引电机发出三相交流电，经整流后向支撑电容器输出直流电压。

牵引电机控制采用矢量控制方式，独立控制力矩电流和励磁电流，以使力矩控制高精度化、反应高速化，提高电流控制性能。

列车牵引控制系统的主要控制目标是：① 网侧功率因数接近于1，电流畸变小；② 在网压波动时中间直流电压保持恒定；③ 在负载或供电电压波动时具有快速响应的动态性能，保持良好的稳态运行能力；④ 起动平稳，谐波转矩小，起动力矩恒定；⑤ 在宽广的速度范围内实现恒功率控制。目前，高速列车牵引控制常采用的控制策略有脉冲整流器瞬态直接电流控制；牵引逆变器–异步电机驱动系统磁场定向矢量控制和直接转矩控制。

任务三　CRH380B型动车组牵引控制系统介绍

【任务描述】

以多媒体教学课件为载体，使学生掌握 CRH2 型动车组牵引传动系统的组成、工作原理、牵引控制原理。学习完本任务，应会分析主电路工作过程。

【背景知识】

一、概　述

CRH3/CRH380B 型动车组牵引系统主要由受电弓、牵引变压器、牵引变流器及牵引电机组成。受电弓通过电网接入 25 kV 的高压交流电，输送给牵引变压器，降压成 1 500 V 的交流电。降压后的交流电再输入牵引变流器，通过一系列的处理，变成电压和频率均可控制的三相交流电，输送给牵引电机，通过电机的转动而牵引整个列车。

二、高压供电

1. 受电弓

接触网提供 AC 25kV 电压的交流电，由受电弓受流。CRH380B 型动车组每列车配备 2

台受电弓，通过车顶高压电缆连接一个高压系统的两个牵引单元，正常运行过程中每个高压系统只需要升起一个受电弓受流即可。

2．真空断路器

每个独立的高压系统配置了两个主断路器（见图 2-3-1），分别安装在 02、07 车顶端部位置。主断路器不但用来开关牵引单元的运行电流，也可以用来中断故障情况下的过流以及短路电流。为了维护和检修高压设备在主断路器安装了双极接地开关，接地开关将主断路器两端与工作接地连接，接地开关具有防止短路的功能。

图 2-3-1　真空断路器

3．接地开关

一旦接地开关接通，就可以通过闸刀将牵引装置和接地电路连接在一起实现接地。接地开关由上部外壳和下部外壳组成（见图 2-3-2）。上部外壳通过 4 个 M10 螺栓安装在牵引车辆车顶上，其中包含一根轴，两把可移动闸刀安装在轴的末端。下部外壳安装在车顶下方，其中包含一根控制杆，用于手动操作接地开关，将两把闸刀从平衡位置移动到主断路器的相关接地触点处。

图 2-3-2　接地开关

4. 避雷器

动车组每个变压器车设置有 2 个避雷器（见图 2-3-3）：一个避雷器安装在每个受电弓的右后方用于保护列车以及后段的电气系统，防止过压通过接触线进入列车（如，闪电过压）。另一个避雷器位于变压器原边的前端，用于防止主变压器中不能承受的开关产生的电压。

图 2-3-3　避雷器

5. 电压、电流互感器

网端检测装置由电流互感器、电压互感器构成。电压互感器用于测量和监视电网接触线的电压（见图 2-3-4）。电流互感器被接到每一个主断路器下口，用于测量动车组的电流（见图 2-3-5）。另外两个互感器用于监测主变压器。这两个互感器用来测量牵引单元的线电流以及回流电流。

图 2-3-4　电压互感器

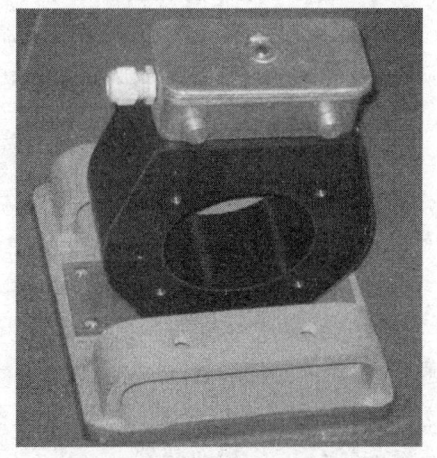

图 2-3-5　电流互感器

6. 高压隔离开关

动车组全列共 2 个车顶隔离开关，位于变压器车顶，在正常情况下处于闭合状态，当发生故障时隔离开关断开将车顶电缆隔离。如果一个牵引单元的主电路系统出现故障，列车控制系统可隔离车顶线路，从而使另一个牵引单元可操作。

7．高压跳线

车顶高压线必须越过车之间的连接部分，这由车端的支持绝缘子及支持绝缘子跨接电缆实现（见图2-3-6）。跨接电缆的设计适用于车体之间的最大相对运动。复绕设计能够满足车体间的最大相对运动。每单个绕组的尺寸能够满足最大运行电流要求。如果一个绕组断了，电流会被另一个绕组保持，而且通过目测就很容易检查。

图 2-3-6　高压跳线

8．牵引变压器

CRH380B型动车组牵引变压器位于动车组TC02/TC07车下设备舱中，变压器及冷却单元集成在一个框架内。变压器为单相变压器，主变压器将25 kV/50 Hz的一次电压降至供4个牵引绕组使用的1 850 V/50 Hz的二次电压，它的次级绕组为牵引变流器提供电能。

三、牵引系统

牵引系统主要为动车组提供牵引动力，主要设备包括牵引变流器、过压限制电阻器、牵引电机、牵引电机冷却风机。牵引系统原理图如图2-3-7所示。

CRH380B型动车组中装有4个完全相同且互相独立的动力单元。每一个动力单元有一个带牵引控制单元的牵引变流器，以及4个并联的牵引电动机。每一个牵引变流器基本上由2个4象限斩波器（4QC），带谐振电路的中间电压电路，1个制动斩波器BC以及1个脉冲宽度调制逆变（PWMI）牵引变流器的输入线路接触器组成，由列车控制单元TCU控制两组四象限斩波器（4QC）、一组逆变器、一组牵引控制装置、冷却系统及中间直流环节，每一组逆变器控制4台牵引电机。变流器的主要功能是将牵引变压器输出的1AC 1 850 V/50 Hz，经四象限整流得到3 200~3 600 V的中间直流电压，再经逆变器输出电压、频率可调的三相交流电压为牵引电机供电。

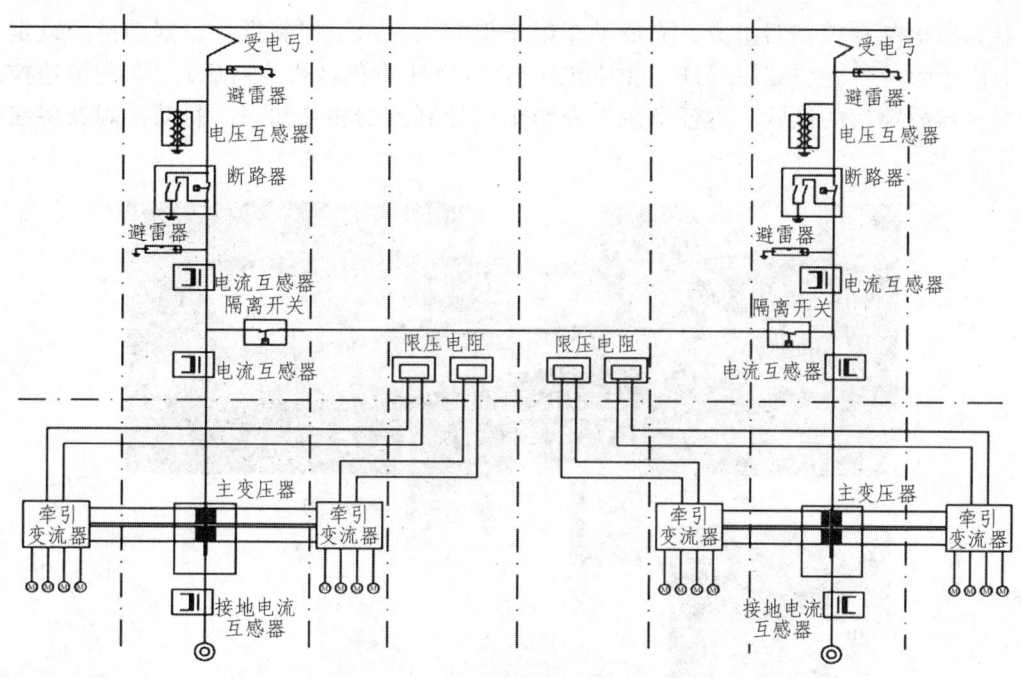

图 2-3-7　牵引系统原理图

动车组设 4 个电压限制器。每一个动力单元含一个电压限制器。电压限制器位于 04/05 中间车的端部。车顶上限压电阻器是用来防止牵引变流器过电压。在变流器发生故障的情况下，限压电阻器能确保限定的、安全放电的中间电路。当电制动所产生的能量不能被弓网吸收时，过压限制电阻器会及时地将这些能量转换成热能。

动车组有 16 个牵引电机，这些电机被安装在下列动力转向架上：01 车、03 车、06 车、08 车，为四极三相异步牵引电机。采用强迫风冷却，采用温度监测方式以保护牵引电机过热。采用机械力传递系统将牵引电机的驱动力矩传递到轮对。这套系统主要由轴向、径向都具有柔性的联轴节以及轮对上的齿轮传动装置组成。联轴节的设计可以补偿在驱动过程中电机与车轮间的相对运动。

任务四　主控制器维护与检修

【任务描述】

在列车模拟仿真实训基地，以主控制器模型、多媒体教学课件为学习载体，让学生掌握主控制器的功能、牵引指令传递原理，会分析牵引逻辑指令图，并按照检修作业标准，检查与维护主控制器，会对主回路及主回路接触器动作进行测试。

【背景知识】

一、概　述

司机控制器在司机室内，T1c-1 或 T2c-8 内各有一套。司机控制器由方向控制器、牵引控制器和司机制动控制器组成，完成动车组牵引方向、牵引控制指令、制动指令设定，如图 2-4-1 所示。司机控制器在司机室内同时配合恒速开关和启动试验开关，实现恒速控制指令和变流器故障后的试验。本任务主要介绍牵引控制器的相关知识，制动控制器将在项目三中介绍。

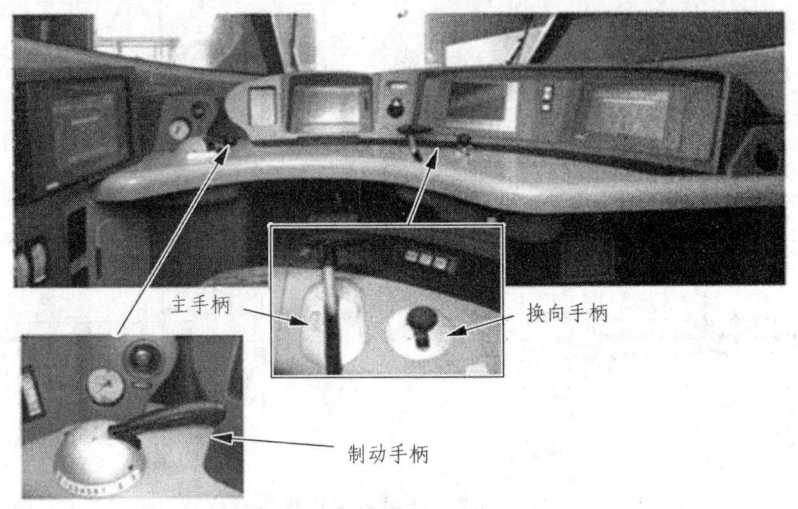

图 2-4-1　司机控制器在司机室的布置

动车组牵引控制的指令主要包括：前进、后进、牵引、级位等指令，司机通过主控制器（主手柄和换向手柄）进行操作。牵引控制指令的传递原理框图如图 2-4-2 所示。主控制器的前进（4 线）或后进（5 线）、牵引指令（9 线）及 1～10 级位指令（11、12、13、15、17、19 线）的各指令线被输入到车辆信息控制的中央装置，通过控制传送向牵引变流器传输指令，进行牵引运行控制。为保证控制电路按照指令正确动作，控制过程中必须满足一定的逻辑条件。

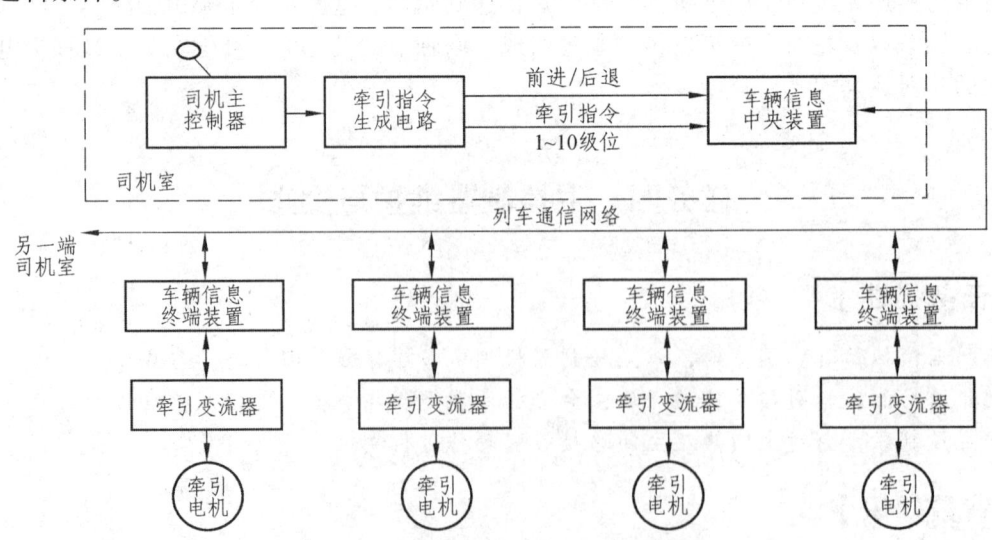

图 2-4-2　牵引控制器指令传递示意图

二、牵引控制器原理

1．方向控制器

方向控制器又称方向手柄，如图 2-4-3 所示，方向手柄有 3 个位置："前"位、"切"位、"后"位。"前"位时，向前继电器得电动作；"后"位时，向后继电器得电动作；"切"位时，两个继电器均不动作。方向控制器控制生成牵引方向（向前或向后）指令条件和牵引指令继电器条件。

说明：所有的控制电源来自 DC 100 V 辅助电源 103 线，本节图中 103-1，103-2，103-3 分别表示与 103 线关联的第 1~3 个支路。

换向开关前位置时，换向开关前 R 就励磁（前进模式）。

换向开关后位置时，换向开关后 R 就励磁（后进模式）。

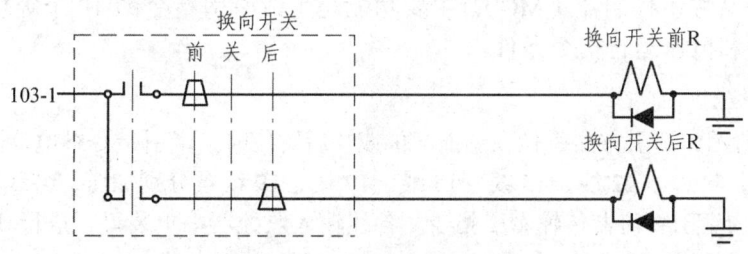

图 2-4-3　方向控制器控制

1）方向指令生成条件

如图 2-4-4 和图 2-4-5 所示，在主控制继电器 MCR 励磁时，方向手柄在"前"位时，线 4 加压，向监控器传递向前指令；方向手柄在"后"位时，线 5 加压，向监控中央装置传递向后指令。

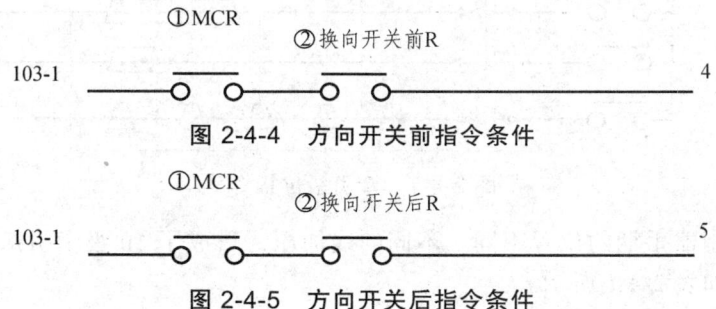

图 2-4-4　方向开关前指令条件

图 2-4-5　方向开关后指令条件

2）牵引指令 R 生成条件

如图 2-4-6 所示，在其他条件满足时，方向控制手柄离开"切"位。

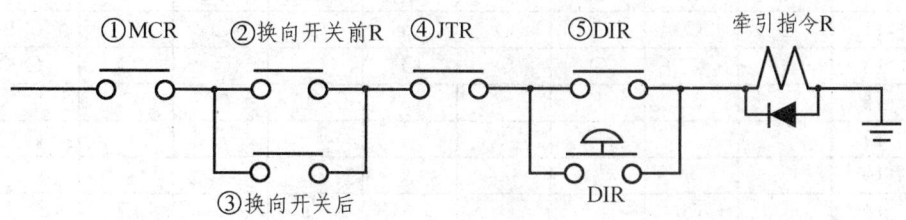

图 2-4-6　牵引指令 R 条件

在"前"位或"后"位时,换向开关前 R 或后 R 得电,对应的常开接点闭合,牵引指令 R 得电动作。牵引指令 R 动作后,牵引指令才能发出。由此可见,方向手柄在"关"位时,是发不出牵引指令的。牵引指令 R 得电条件还有:

(1)操作端:MCR 励磁。
(2)换向手柄离开"切"位:换向开关前 R 或换向开关后 R 进行励磁。
(3)没有快速制动和紧急制动:JTR 励磁。
(4)侧拉门在关闭状态或关门联锁开关为 ON:DIR 励磁或 DIRS ON。

上述条件同时满足时,牵引指令继电器才能得电。这些条件说明,只有在安全条件下,方向控制器的操作才能生成牵引指令 R 动作条件。

2. 牵引控制器

牵引控制器又称主控制器(MC),主要功能是生成牵引指令的 10 个级位指令,同时生成牵引指令条件和恒速运行指令条件。

1)牵引指令级位

如图 2-4-7 所示,牵引方向手柄在"前"位或"后"位时,牵引指令继电器 R 得电动作,操作牵引控制器时,11 线、12 线、13 线、15 线、17 线、19 线被分别加压,各线输入至监控中央装置,通过网络向牵引变流器传输牵引指令。各线输入监控器中央装置,进行动力运行控制。

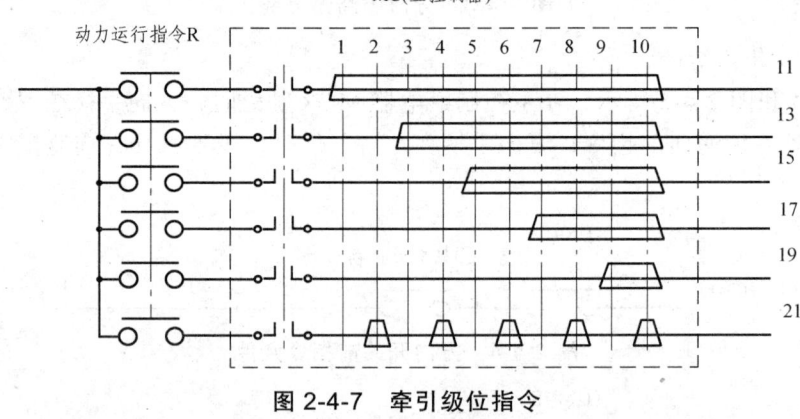

图 2-4-7 牵引级位指令

根据牵引控制器手柄的位置不同,不同的线加压,形成了 10 级牵引指令,级位与各线加压的对应关系如表 2-4-1 所示。

表 2-4-1 牵引控制器级位与指令线对应

		主控制器级位指令									
		1	2	3	4	5	6	7	8	9	10
加压线	11	○	○	○	○	○	○	○	○	○	○
	13			○	○	○	○	○	○	○	○
	15					○	○	○	○	○	○
	17							○	○	○	○
	19									○	○
	12		○		○		○		○		○

注:○ =「加压」,空白处 =「无加压」。

2）牵引指令条件

牵引指令条件是要通知监控中央装置，发出牵引控制指令。

把 MC 处在「切」位置、MC 切 R 进行励磁。由此 MCPR 可以励磁，能使牵引指令条件（9 线）有效。逻辑关系如图 2-4-8 所示。

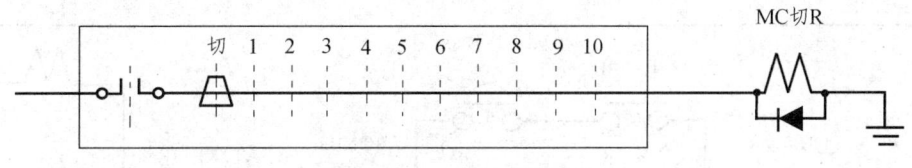

图 2-4-8　MC 切 R 条件

MCPR 条件如下，逻辑关系图如图 2-4-9 所示。

满足以下条件，MCPR 励磁。

＜条件＞①∧②（∧表示 and，∨表示 or）：

① 牵引指令 R 励磁：参见图 2-4-6。

② MC 断开 R 励磁：（MC 空挡状态）参见图 2-4-8。

※MCPR 一旦励磁，动力运行指令 R 直到非励磁为止，一直自我保持。

MCPR 得到励磁后，主控制器指令通过 9 线，可以输入监控器。

图 2-4-8 中 MC 处在「切」（空挡）位置，MC 切 R 进行励磁。MC 切 R 常开接点闭合，在方向手柄不在"关"位时，主控手柄接通继电器 MCPR 得电，并且在主控制器其他级位运行时通过辅助触点保持状态不变。图 2-4-9 中 MCPR 常开触点闭合，在其他条件满足时，9 线得电，同时继电器 PR 的点闭合。9 线连向监控中央装置，表示牵引指令有效，PR 通过触点信号连至制动控制器表明牵引指令有效。

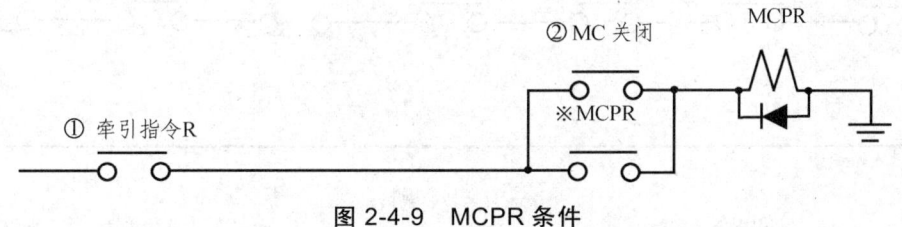

图 2-4-9　MCPR 条件

在①~⑩项中如果满足以下条件，牵引指令线（9 线）进行加压及 PR 励磁。PR 的接点信号输入到制动装置，使制动装置识别牵引运行模式，如图 2-4-10 所示。

＜条件＞ ①∧②∧③∧④∧｛（⑤∧⑥）∨⑦｝∧⑧∧⑨：

① 牵引指令 R 励磁：参照图 2-4-7。

② MC 级位为 1~10。

③ MCPR 励磁：参照图 2-4-9。

④ B 运非 R 励磁。

⑤ B7 非 R 励磁。

⑥ 起动试验 SW 为 ON。

⑦ B1 非 R 为非励磁。

⑧ NBR 励磁：放缓 ATP 常用制动。

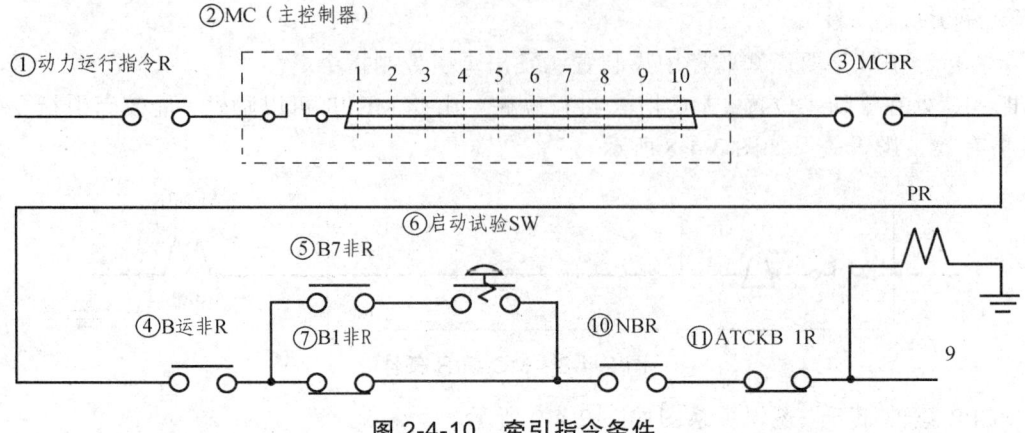

图 2-4-10 牵引指令条件

⑨ ATCKB1R 为非励磁：ATP 缓和制动 B1。

上述条件同时满足时，牵引指令有效。上述条件说明，一旦有制动指令，不管来自制动手柄还是 ATP，牵引指令条件不能生成。因此制动比牵引有更高的优先级，从而保证行车的安全。

3）定速开关电路（定速行驶）

定速控制指令的输出条件是：在 ATPCOS 正常位置［ATP 有效、没有 Cut out（切断）］、LKJCOS 正常位置［已有信号设备有效、没有 Cut out（切断）］、动力运行 2 挡位以上的基本条件下，通过操作司机台的定速开关（定速 SW），定速继电器（CSR）得到励磁（见图 2-4-11）、CSR 的 NO 接点处在关闭状态，输入到车辆信息控制的中央装置（23 线）。

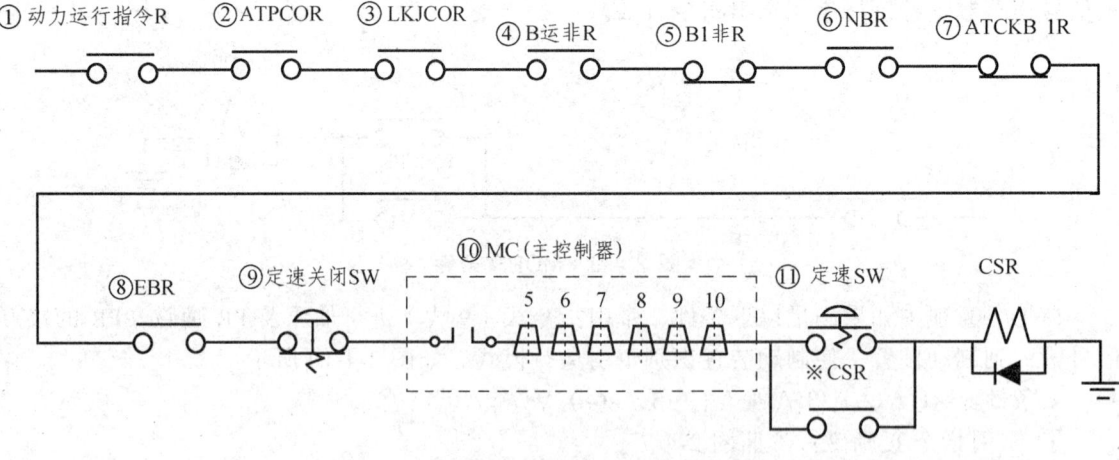

图 2-4-11 CSR 励磁条件

在①~⑪的项目中，如果满足以下条件，CSR 励磁。

<条件> ①∧②∧③∧④∧⑤∧⑥∧⑦∧⑧∧⑨∧⑩∧⑪：

① 牵引指令 R 励磁。

② ATPCOR 为励磁：ATP 正常。

③ LKJCOR 为励磁：LKJ 正常。

④ B 运非 R 励磁。

⑤ B1 非 R 为非励磁。
⑥ NBR 励磁：缓解 ATP 常用制动。
⑦ ATCKB1R 为非励磁。
⑧ EBR 励磁：缓解 ATP 非常制动。
⑨ 定速关闭 SW 为 OFF。
⑩ MC 挡固定在 5～10 中的任意一个。
⑪ 定速 SW 为 ON。

注：定速 SW 变为 ON 时，当 CSR 被励磁后，即使定速 SW 被开放也进行自我保持。

4）定速控制条件（23 线）

在①、②的项目中，如果满足以下条件，定速控制条件（见图 2-4-12）（23 线）被加压（定速控制指令）。

＜条件＞ ①∧②：
① 牵引动力运行指令 R 励磁。
② CSR 励磁。

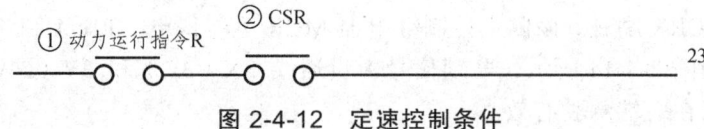

图 2-4-12　定速控制条件

5）启动试验开关电路

此电路的目的是：在处理牵引变流器的故障等以后，不行驶也能判断是否良好。通过制动设定器在 7 级位以上的条件下操作启动试验开关，使 9 线（动力运行指令）得到加压。

3. 与控制相关的其他电路

前面介绍了司机控制器操作及直接相关牵引控制电路，为了便于对系统的理解，与司机控制器相关的一些控制电路也在此予以说明。

1）主控制继电器 MCR

主控制继电器决定司机的操作是否有效，每端司机室内有一个主控制继电器，只有在主控制继电器闭合时，其操作才有效。当在动车组其中一端司机室进行主控操作时，通过联锁控制，另一端司机室的操作无效。主控制器继电器的操作和联锁如图 2-4-13 和图 2-4-14 所示。

以下是主控制继电器的控制条件，在如下条件下，主控制继电器 MCR 闭合：
① 制动控制器不在拔取位：B 运非 R 励磁。
② MCRR 非励磁：相反侧先头车的 MCR 非励磁。
③ MXR 非励磁：与其他编组没有连挂。

T1c-1 车主控制器继电器 MCR 以 3 线（103 线）作为电源，在制动设定器手柄位置（运转～快速）位（制动设定器手柄没有拔下、有效）使"B 运非 R"接点闭合及主控制器辅助继电器 MCRR 常闭接点 NC 闭合（另一侧司机台的主控制器非有效）的条件下动作。

为了保证只能在一侧的司机室驾驶，即在 T1c-1 车驾驶时，T2c-8 车操作无效（反之亦然），MCR 和 MCRR 进行联锁控制。

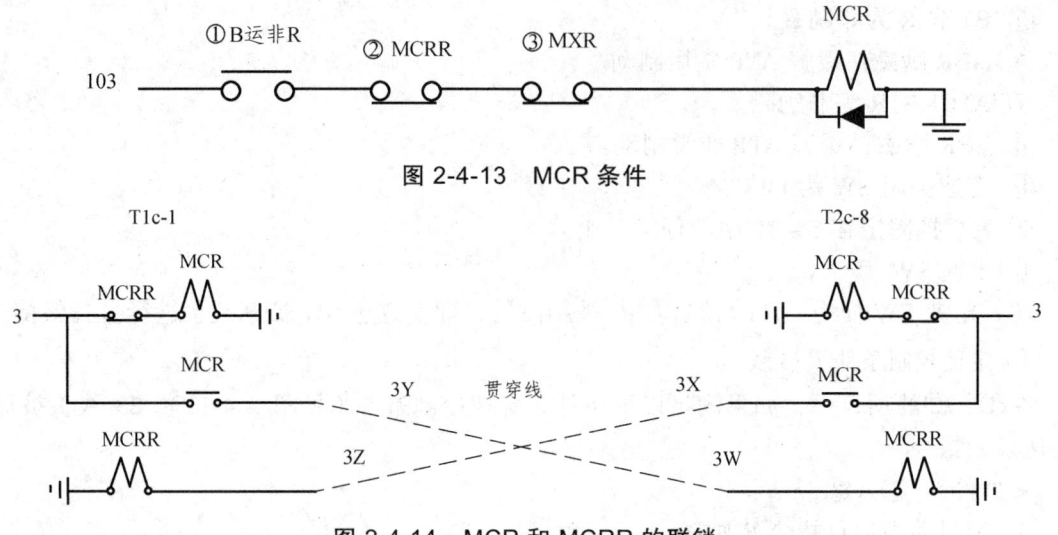

图 2-4-13　MCR 条件

图 2-4-14　MCR 和 MCRR 的联锁

主控制器辅助继电器 MCRR 受控于另一端司机室的主控制继电器的状态，另一侧主控制继电器合上时，MCRR 励磁，该侧主控制继电器 MCR 不能得电。T1c-1 和 T2c-8 车的主控制继电器联锁关系如图 2-4-14 所示，联锁信号由贯通线 3X（3Z）和 3Y（3W）传递。这种联锁关系使司机只能在一端驾驶有效。

如果与其他编组有连挂关系时，连挂处的主控制继电器不能得电动作，也就是中间司机不能是操作端。

2）非常启动电路

非常启动电路是由非常启动 SW 盘及非常用蓄电池箱构成。在车载蓄电池耗完电而不能靠自身来升起受电弓、无法投入 VCB 时，将非常用蓄电池箱连接到非常启动 SW 盘，通过操作每个 SW 或者 NFB，从而形成能够进行车辆加压的电路。

通过非常启动 SW 盘操作的处理顺序：

① 启动小型压缩机。

② 升起受电弓。

③ 投入 VCB、ACK1。

④ 启动 APU。

（1）启动小型压缩机。

非常用电源（104D 线）不经过用于驱动辅助空气压缩机的接触器（ACMK），依靠投入设置在非常启动 SW 盘的[非常用小型压缩机启动断路器 N]直接连接到辅助空气压缩机（ACM），启动小型压缩机（见图 2-4-15）。

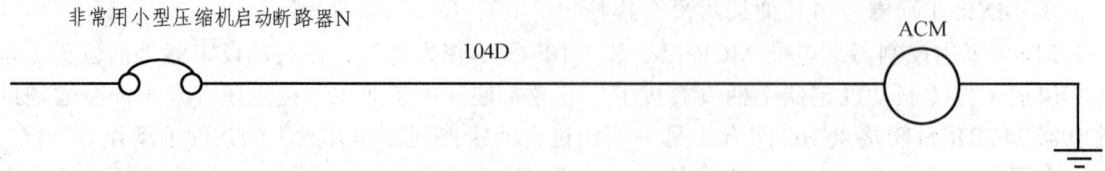

图 2-4-15　小型压缩机启动条件

（2）升起受电弓。

当 PanUR 处于非励磁状态时（无法输出升起受电弓指令），非常用电源（106A 线）依靠投入设置在非常启动 SW 盘的[非常用受电弓升起 SW]，将受电弓提升电磁阀（PanUV）励磁（见图 2-4-16）。

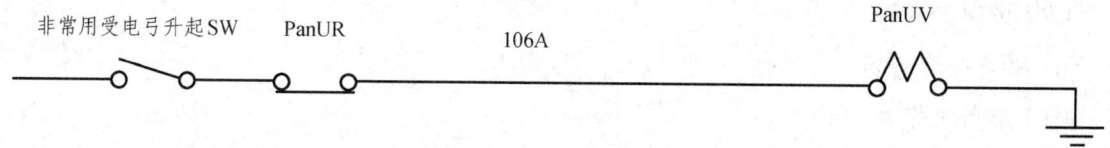

图 2-4-16　升弓励磁条件

（3）投入 VCB、ACK1。

依靠投入设置在非常启动 SW 盘的[非常用 VCB、ACK 投入 SW]，通过 7G 线给（VCB-M）供电，通过 91C 线给辅助绕组用接触器 1（ACK1）供电，以投入 VCB、ACK1。在从受电弓通过接触网来供电的状态下，通过投入 VCB、ACK1，加压到 704、754 线之间的主变压器辅助（3 次）绕组的单相 400 V、50 Hz，进而贯穿到后半部的 4 辆车（见图 2-4-17）。

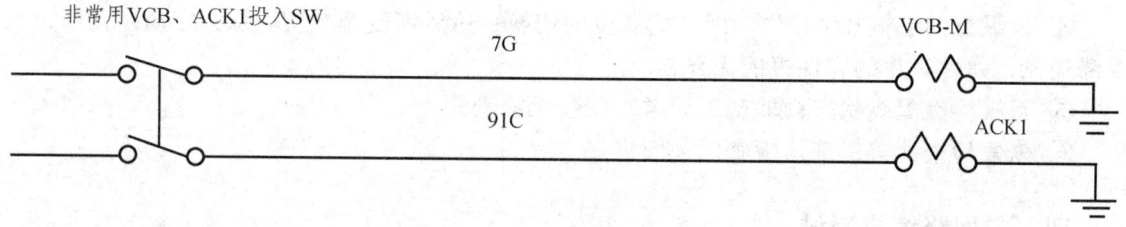

图 2-4-17　VCB、ACK1

（4）启动 APU。

若投入设置在非常启动 SW 盘的[非常用 APU 启动 SW]，将给 113 及 114C 线进行供电。在确立电压（加压 101 线）后，用于辅助整流装置直流电接触器的继电器（ARfKR）被加压，然后整流装置直流电接触器（ARfK）将启动。此时从主变压器的辅助（3 次）绕组通过 704、754 线，若将单相、400 V、50 Hz 的电源输入到辅助电源装置，将通过辅助整流器从辅助电源装置向 103 线提供 DC 100 V 电源。

三、主控制器检查与维护

1. 安全防护及注意事项

（1）司机室操纵台检查必须在无电条件下进行。

（2）作业人员应按规定穿戴劳保用品。

（3）蓄电池电压须保持在 87 V 以上，防止电压过低。

2. 作业工具准备

（1）五件套工具。

（2）主控钥匙。

（3）司机室钥匙。

（4）干抹布。

（5）刷子。

（6）头灯。

（7）检修服。

（8）安全帽。

（9）劳保手套。

3．作业检修过程

（1）准备工作。

① 确认接触网断电。

② 确认 VCB 断开，受电弓降下。

（2）主手柄检查。

① 目视检查主手柄外观，外观及安装状态无异常。

② 打开下部检查孔盖。

③ 操纵牵引手柄自"切"位逐级提至 10N 位，然后逐级返回"切"位；应动作良好，无卡滞、脱挡现象，弹性簧片的弹性机能无异常。

④ 操纵方向手柄在"前""切""后"位间切换，然后恢复至"切"位；应动作良好，无卡滞现象，弹性簧片的弹性机能无异常。

⑤ 目视检查配线状态；外观无异常、安装无松动。

⑥ 恢复检查孔盖；确认检查门关闭良好。

四、主回路绝缘测试

1．安全注意事项

（1）绝缘测量必须在无电条件下进行。

（2）作业人员应按规定穿戴劳保用品。

（3）检测完毕后，恢复配电柜各开关。

（4）加热设备在使用前必须进行绝缘测量。

2．作业工具准备

（1）100 V 兆欧表（1个）。

（2）500 V 兆欧表（1个）。

（3）干抹布（1个）。

（4）绝缘棒（1个）。

（5）配电柜钥匙（1个）。

（6）安全帽（2顶）

（7）手套（2副）。

3．检修过程

（1）准备工作。

① 确认受电弓降下、VCB 断开。

② 确认已经合 EGS，进行了放电。

③ 拔出主控钥匙，并将"止动牌"放置于两端司机室。

（2）主回路测量（02、03、06、07）。

① 断开 07 车运行配电盘「牵引变流器 1」。

② 断开服务配电盘主回路接地开关。

③ 用干抹布擦拭接地开关上的浮尘（目视确认无明显浮尘）。

④ 测量 07 车 501C～大地间阻值。

⑤ 用 500 V 兆欧表测量 7 车主回路 501C 与大地之间的绝缘性能（确认 501C～大地间阻值≥0.2 MΩ）。

⑥ 恢复各空气开关及接地开关——检查确认各开关处于正常位。

⑦ 测量其他车厢 501C～大地间阻值。

（3）测量 200A～大地间、200J～大地间的绝缘性能（第一单元）。

① 断 00 车负载。

司机室配电盘：「司机室加热器 1」「司机室加热器 2」「电加热玻璃」「风笛加热器」。

运行配电盘：「保温 1」。

服务配电盘：「空调排水 1」「空调排水 2」「换气通风机控制 1」「换气通风机控制 2」「目的地显示器」「车号显示器（侧面）」。

垃圾箱上方配电盘：「水泵加热器」「水泵」「保温 4」。

② 断 07 车负载。

运行配电盘：「保温 1」「保温 2」。

服务配电盘：「空调排水 1」「空调排水 2」「换气通风机控制 1」「换气通风机控制 2」「目的地显示器」「车号显示器（侧面）」「收音机接收装置」「乘务员室风扇」。

污物配电盘：「座式厕所 1 排气扇」「座式厕所 2 排气扇」「污物箱加热器」「满水传感器」「自动洗面台」「便器加热器」「水泵加热器」「水泵」「自动洗手器」「温水器 1」。

③ 断 06 车负载。

运行配电盘：「保温 1」「保温 2」。

服务配电盘：「空调排水 1」「空调排水 2」「换气通风机控制 1」「换气通风机控制 2」「目的地显示器」「车号显示器（侧面）」「空气清洁机」。

接触器配电盘：「保温 4」「水泵加热器」「水泵」。

④ 断 05 车负载。

运行配电盘：「保温 1」「保温 2」。

服务配电盘：「空调排水 1」「空调排水 2」「换气通风机控制 1」「换气通风机控制 2」「目的地显示器」「车号显示器（侧面）」。

污物配电盘：「座式厕所 1 排气扇」「座式厕所 2 排气扇」「污物箱加热器」「满水传感器」「自动洗面台」「便器加热器」「水泵加热器」「水泵」「自动洗手器」「温水器 1」「温水器 2」。

⑤ 拔出 00 车服务配电盘下部接地开关 200 A——目视确认接地开关处于断开位置。

⑥ 使用绝缘棒，断开 00 车服务配电盘上部大型接地开关 200A，200J——目视确认各接地开关处于断开位。

⑦ 用干抹布擦拭接地开关上的浮尘。

⑧ 用 100 V 兆欧表测量 200 A～大地间、200J～大地间的绝缘性能——确认 200A～大地间、200J～大地间阻值≥0.1 MΩ。

⑨ 恢复各空气开关及接地开关——检查确认各开关处于正常位，绝缘棒放置到位。

（4）测量第二单元：200A～大地间、200J～大地间的绝缘性能（方法同第一单元）。

（5）测量加热器回路 200P1～大地间的绝缘性能（全列）。

① 测量 00 车。

② 断开运行配电盘「保温 1」——目视确认处于断开位。

③ 拔出服务配电盘下部的接地开关 200P1。

④ 用 100 V 兆欧表测量 200P1～大地间的绝缘值——目视确认 200P1～大地间阻值≥0.1 MΩ。

⑤ 恢复各空开及接地开关——目视确认各开关处于正常位。

⑥ 测量其他车厢 200P1～大地间的绝缘值。

（6）驾驶室绝缘测量 200S1～大地间（00、01 车）。

① 断开司机室加热器 1、司机室加热器 2、司机室接地开关 200S——目视确认接地开关处于断开位。

② 用 100 V 兆欧表测量 200S1～大地间阻值——确认 200S～大地间的电阻值≥0.1 MΩ。

③ 恢复各开关——目视确认各开关处于正常位。

五、主回路接触器动作测试

1．安全防护及注意事项

（1）蓄电池电压须保持在 87 V 以上。

（2）重联动车组须解编分别检查。

（3）作业人员应按规定穿戴劳保用品。

2．作业工具准备

（1）主控钥匙。

（2）基本工具。

（3）IC 卡。

（4）检修服。

（5）安全帽。

（6）劳保手套。

3．检修作业过程

（1）准备工作。

① 确认 VCB 断开，受电弓降下。

② 确认司机室配电盘、各车辆运行配电盘等的回路断路器（NFB）及开关位置；各配电盘回路断路器及开关处于正常位置。

③ 将司机室通过台处设备箱中的 ATP 和 LKJ 的模式切换开关打到隔离位置。确认 ATP 和 LKJ 模式切换开关打到隔离位。

④ 右旋司机室背面配电盘上的蜂鸣器切断开关；目视确认开关位置正确。

⑤ ①号作业人员在 0 号车操作、②号作业人员在 1 号车操作。

（2）主回路接触器动作试验（1 号车）。

① 将主控钥匙插入制动器，右旋解锁后，将制动手柄移至「快速」位置，按下「紧急复位」键；全列紧急制动缓解，紧急制动显示灯灭。

② 闭合「空挡」开关，制动手柄移至「运行」位，闭合「关门联锁」开关（DIRS）。

③ 调出司机模式下的牵引变流器信息画面。

④ 将换向手柄 RV 移至「前进」位，显示器 K「断」画面→K「合」画面。

⑤ 将主手柄 MC 移至「1N」位；显示器依旧为 K「合」画面。

⑥ 将制动手柄由「运行」→「B1」位。

a. 显示器为 K「合」状态；

b. 显示器上电机电流·电压有数据显示；

c. 显示器上电机再生制动力有数据显示。

⑦ 将制动手柄由「B1」→「运行」位。

a. 显示器为 K「合」画面；

b. 显示器上电机电流·电压有数据显示；

c. 显示器上电机再生制动力数据为"0"。

⑧ 将主手柄 MC 由「1N」→「切」位置。

a. 确认显示器为 K「合」画面；

b. 显示器上电机电流·电压有数据为"0"。

⑨ 将制动手柄由「运行」→「B1」位。

a. 显示器为 K「合」画面；

b. 显示器上电机电流·电压有数据显示；

c. 显示器上电机再生制动力有数据显示。

⑩ 将制动手柄由「B1」→「运行」位。

a. 显示器为 K「合」画面；

b. 显示器上电机电流·电压有数据为"0"；

c. 显示器上电机再生制动力数据为"0"。

⑪ 将换向手柄 RV 移至「关」位；确认显示器从 K「合」画面→K「断」画面。

⑫ 将「空挡」开关、「关门联锁」开关（DIRS）还原至「常位」。

⑬ 将制动手柄移至「拔取」位置，将钥匙左旋拔出。

任务五　牵引控制原理分析

【任务描述】

以多媒体教学课件为学习载体，让学生掌握对牵引系统的主要设备受电弓、真空断路器、变压器及变流器的管理及控制，能查除受电弓、真空断路器控制电路出现的故障，为以后从事动车组检修工作打下基础。

【背景知识】

一、受电弓的管理

受电弓设置在 T2-4 车、M2-6 车上，但是受电弓的供电是从 T2-4 车或 M2-6 车一侧的受电弓进行的，即只能单弓升起。因此当受电弓上升联锁装置继电器（PanIR）选择一侧的受电弓时，将不能输入另一侧受电弓的上升指令。受电弓的升降指令能够通过设置在司机台的操作开关或者监控器的显示器发出。

1．MCR 和 MCRR 的联锁装置

T1c-1 车、T2c-8 车的主控制器继电器 MCR 与主控制器辅助继电器 MCRR 的联锁关系参照运行指令逻辑部分。

若对 T2c-8 车 MCRR 进行了励磁，贯穿线 110 线（紧急接地开关 EGS 条件），111 线（VCB 条件）从 T2c-8 车 MCRR 接点被加压（DC 100 V），VCB 辅助继电器（VCBRR）、接地保护开关继电器（EGSR）各线圈被励磁，各继电器的接点是关闭的状态。

2．升起受电弓的指令

在 EGSR、VCBRR 被励磁的状态下，操作升起受电弓开关（PanUS）后，升起受电弓的指令通过切换开关（PanCGS）选择 106X 线（M2-6 车）或者 106Y 线（T2-4 车）被加压。106 线被加压后，受电弓上升指令继电器 PanUR 被励磁，PanUR 的 a 接点闭合，如果没有输入降下受电弓的指令（PanDWR 非励磁），受电弓上升电磁阀 PanUV 被励磁，受电弓上升。

由监控器显示器输入升起受电弓的指令，单元指令继电器（URO1）或（URO4）切换到监控器终端装置一侧，对该单元的 PanUR 进行励磁。

3．降下受电弓的指令

按下降下受电弓开关（PanDS），受电弓下降指令 107 线被加压，同时 VCB 断开指令 8 线被加压（参照辅助回路连接）。107 线被加压，降下受电弓继电器（PanDWR）被励磁，其常闭接点断开 PanUV 的励磁；同时并联的降弓辅助继电器（PanDWAR）也励磁，其常闭接点断开 PanUR 的励磁，保证受电弓可靠降下。

由监控器显示器输入降下受电弓的指令，切断受电弓指令继电器（PanCOR）被励磁，由此 PanDWR 工作。

4．T2-4 车和 M2-6 车上的联锁装置

T2-4 车、M2-6 车的受电弓互锁继电器（PanIR），受电弓上升指令继电器（PanUR）的联锁关系如下：若对 T2-4 车输入受电弓的上升指令后，通过 106G 线、M2-6 车的 PanIR 被励磁。由于 M2-6 车的 PanIR 被励磁，M2-6 车的 PanIR 的 b 接点是打开的状态，因此 PanUR 不能被励磁。若 M2-6 车被输入上升指令的情况下，按照同样的逻辑，T2-4 车的 PanUR 不能被励磁，这样来保证单弓升起。

二、真空断路器控制电路

正常工作时，真空断路器 VCB 接通或断开 25 kV 高压电路与牵引变压器的连接；故障时

通过 VCB 能够快速、安全、可靠地切断电流，保护电路和保证列车安全。它兼有断路器和开关的 2 种作用。

1. VCB 投入控制

VCB 投入是在确认 T2-4 或 M2-6 号车的受电弓升起后，操作 VCB 投入开关（VCBCS），VCB 投入指令的 7 线得电，VCBCR1 励磁。各车的 VCB 要投入，其保护装置都没有动作，此时 VCBOR2 得电励磁。在 VCBCR1 和 VCBOR2 都励磁后，在 M1 车和 M2 车的牵引变流器的接触器（KRR）在断开状态，主变压器的油泵断路器 NFB（MTOPMN）投入，VCB-M 得电励磁，VCB 投入。

1）VCB 投入控制命令

如图 2-5-1 所示，在主控继电器 MCR 得电励磁时，VCB 投入开关（VCBCS）闭合，或者由信息控制终端装置发出的自动过分相合 VCB 指令，SVCBCR 闭合，VCB 的投入指令线 7 得电加压。

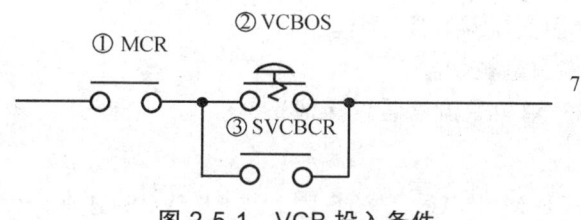

图 2-5-1　VCB 投入条件

2）VCBCR1 条件

如图 2-5-2 所示，在 MCR 励磁，VCBCS 闭合，同时信息显示器没有发出单元选择指令，UR0*非励磁时，VCBCR1 励磁。

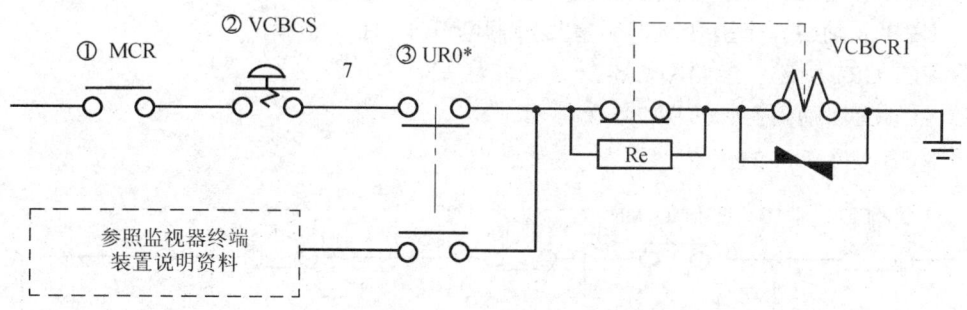

图 2-5-2　VCBCR1 条件

3）VCBOR2 条件

如图 2-5-3 所示，VCBOR2 得电有联锁条件和系统正常条件两类，所有条件满足时 VCBOR2 得电励磁。即下列条件中①∧②∧③∧④∧⑤∧⑥∧（⑦∨⑧）∧⑨∧（⑩∨⑪）∧⑫有效时，VCBOR2 闭合。

（1）ACMGVR 励磁：辅助气压正常。

（2）VCBOR1 非励磁：无 VCB 断开指令。

（3）VCBCOR 非励磁：监视器显示器没有发出断开 VCB 的指令。

（4）ACOCRR 非励磁：不是 1 次（原边）过电流。

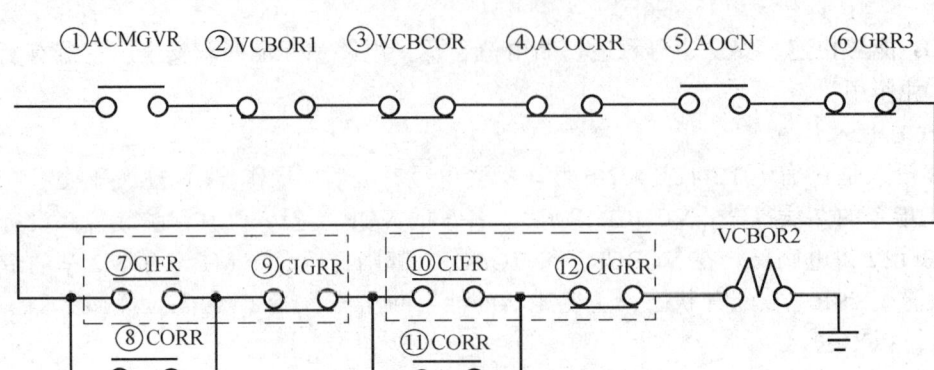

图 2-5-3　VCBOR2 条件

（5）AOCN 励磁：3 次过电流。
（6）GRR3 非励磁：3 次电路没有接地。
（7）CIFR 励磁：牵引变流器装置正常。
（8）CORR 励磁：牵引电机切除。
（9）CIGRR 非励磁：牵引变流器装置接地正常。

4）VCB-M 条件

如图 2-5-4 所示，VCB-M 得电后，VCB 闭合动作。VCB-M 在条件：①∧{（②∧③∧④∧⑤）∨⑦}∧⑥有效时闭合。

（1）OCTN（变压器过电流 NFB）非励磁。
（2）MTOPMN 励磁：牵引变压器油泵断路器投入。
（3）KRR 非励磁：牵引变流器装置接触器断开（M2 车）。
（4）KRR 非励磁：牵引变流器装置接触器断开（M1 车）。
（5）VCBCR1 励磁：参照图 2-5-2。
（6）VCBOR2 励磁：参照图 2-5-3。
（7）VCB 处于 ON 的位置。

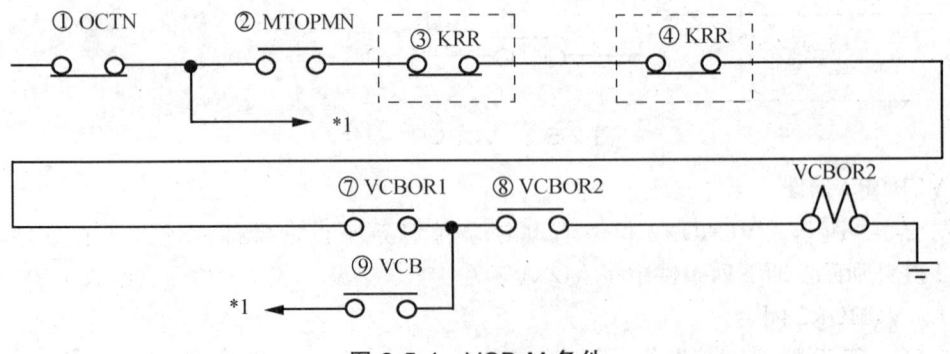

图 2-5-4　VCB-M 条件

2．VCB 断开控制

断开 VCB 有 3 种情况。正常操作时，闭合操纵台上的 VCB 断开开关（VCBOS），或过分相断 VCB 命令，对应的触点闭合，VCB 断路指令的 8 线被加压，VCB 断开继电器 1

（VCBOR1）工作。VCBOR1得电后，图2-5-3中的VCBOR2失电，图2-5-4中的VCBOR2触点断开，VCB-M失电，编组的所有VCB都断开。在电路出现故障时，图2-5-3和图2-5-4中的故障继电器动作，VCBOR2条件不满足，VCB-M失电，VCB断开，为了防止在VCB没有断开而降下受电弓时引起拉弧，在操作降下受电弓开关（PanDS）时，8线得电，使VCB-M失压后，VCB断开。

1）VCB断开指令条件

如图2-5-5所示，在断路器分断开关VCBOS或者过电分相装置发出的断开VCB命令后，SVCBOR闭合，VCB断开指令（8线）被加压，VCBOR1被励磁。

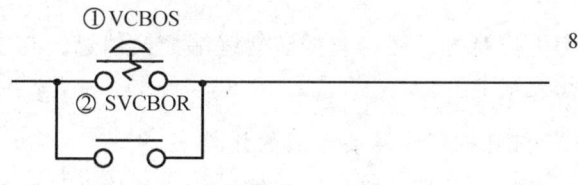

图2-5-5　VCB的断开命令

2）异常时VCB断开

图2-5-3中，由以下的任一动作造成VCBOR2的无电压，该单元的VCB断开。

① ACMGVR（小型空气压缩机调压器用继电器）：OFF（辅助气压的低下）。
② VCBCOR（VCB开放继电器）：ON（由设备远程控制的断开）。
③ ACOCCR（交流电流辅助继电器）：ON［1次（原边）过电流检测］。
④ AOCN（辅助电路过电流NFB）：OFF（3次过电流检测）。
⑤ GRR3（第3级电路接地继电器）：ON（3次电路接地检测）。
⑥ CIFR（牵引变流器故障检测继电器）：OFF（牵引变流电路故障检测）。
⑦ GRR（初级电路接地继电器）：ON（初级电路接地检测）。

三、变压器控制

与牵引变压器相关的控制，主要有1次、2次、3次侧保护及变压器温度和油泵的保护，对应的保护开关动作，并分断主断路器，这些信息还会传入终端装置。

1．1次电路交流过电流，3次电路接地异常

当检测到1次电路交流过电流（ACOCR）、3次电路接地异常（GRR3）时，VCB跳闸，牵引变流器1次侧电源接触器（K）断开。此外此信息还会输入终端装置。

2．牵引变压器异常，通风机停止

当检测到牵引变压器温度异常（MTThRR）、牵引变压器油压泵异常（MTOFRR）时，牵引变压器异常信息输入到牵引变流器。此外，当牵引变流器送风机（CIBM）、牵引电机送风机（MMBM）及送风机的电源切断（BMK）时，通风机停止的信息输入到牵引变流器。当输入牵引变压器异常、通风机停止的信息时，断开脉冲整流器和逆变器gate-off及牵引变流器1次侧电源接触器（K）。这些信息也输入到终端装置。

3．牵引变压器 2 次过流（ACCT）

通过 ACCT 检测出牵引变压器 2 次电流。当检测到牵引变压器 2 次过电流时，通过电流值把脉冲整流器·逆变器 gate-off 或脉冲整流器·逆变器 gate-off、牵引变流器 1 次侧电源接触器（K）断开。

4．牵引变压器 2 次接地（GCT）

GCT 检测牵引变压器 2 次侧接地电流。根据设定值，OVTH on、脉冲整流器·逆变器 gate-off 及牵引变流器 1 次侧电源接触器（K）断开。

四、牵引变流器控制

牵引控制器除完成牵引控制外，还与监控装置终端交换信息，与主断路器控制接口交换信息，控制滤波电容的预充电。

1．牵引变流器和车辆信息控制终端装置间的接口

牵引变流器和终端装置间的数据传送通过光缆进行，传送和接收控制指令信息及故障信号等。除了使用光缆传送的控制指令信息之外，作为备份，使用硬导线把下述信号输入到牵引变流器：
- 前进（4 线）
- 后退（5 线）
- 复位（6 线）
- 牵引级位 A（9A 线）
- 牵引级位 B（9B 线）

另外，使用硬导线，把下列故障、状态信号等从牵引变流器输入到终端装置：
- 控制装置正常诊断用继电器（WDTR）
- 牵引变流器故障检测用继电器（CIFR2）
- 牵引变流器接地检测用继电器（CIGRR2）
- 牵引变流器控制电源用继电器（DCR）
- 主电路电流检测装置用继电器（CDR2）

2．牵引变流器和制动控制装置间的接口

从牵引变流器向制动控制装置传送的信号：再生反馈；再生有效信号。

从制动控制装置向牵引变流器传送的信号：再生制动模式。

牵引变流器根据来自制动控制装置的再生制动模式信号，控制电气制动。牵引变流器根据逆变器的输出电流和牵引电机的转速，计算制动转矩，作为再生反馈信号向制动控制装置传送。制动控制装置操作必要的制动力，当电气制动的制动力不足时，用空气制动加以补足。

通过牵引变流器对电制动力的不足进行检测，如检测出电制动力不足时，则 UBCDR（再生有效信号）接点处在打开的状态，向空气制动转移。

3．有关牵引变流器和真空断路器 VCB 电路间的接口

1）VCB 投入的条件

为防止 VCB 投入时对牵引变流器的冲击电流，牵引变流器 1 次侧电源接触器（K）先不

投入，投入继电器（KRR）消磁状态。VCB 投入状态输入到牵引变流器后，能够先进行滤波电容器预备充电（CHK），牵引变流器 1 次侧电源接触器（K）再投入。

2）VCB 断开的条件

在 VCB 处在投入的状态，当牵引变流器发生故障，故障检测用继电器（CIFR1）消磁；或牵引变流器接地发生异常，接地检测用继电器（CIGRR1）励磁时，就会断开 VCB。

3）滤波电容器预备充电

为防止牵引变流器 1 次侧电源投入用接触器（K）投入时的过大冲击电流，在 K 投入前对滤波电容器进行充电。开始充电的时机是从终端装置输入换向器（reverser）投入信号的时候。以下表示从充电开始到 K 投入为止的流程。

- 换向器（reverser）投入
- 输出充电用接触器（CHK）投入
- 滤波电容器充电
- 充电用接触器（CHK）断开
- K 投入

4）故障保护动作

（1）1 次电路交流过电流，3 次电路接地异常。

当检测到 1 次电路交流过电流（ACOCR）、3 次电路接地异常（GR3）时，VCB 跳闸，牵引变流器 1 次侧电源接触器（K）断开。此外，此信息（ACOCRR1、GRR3-1）还会输入终端装置。

（2）牵引变压器异常，通风机停止。

当检测到牵引变压器温度异常（MTThRR）、牵引变压器油压泵异常（MTOFRR）时，牵引变压器异常信息输入到牵引变流器。

当牵引变流器送风机（CIBM）、牵引电机送风机（MMBM）及送风机的电源切断（BMK）时，通风机停止的信息输入到牵引变流器。

当输入以上信息时，脉冲整流器-逆变器门极封锁（gate-off）及牵引变流器 1 次侧电源接触器（K）断开。

这些信息也输入到终端装置。

（3）ACCT。

通过 ACCT 检测出牵引变压器 2 次电流。当检测到牵引变压器 2 次过电流时，通过电流值把脉冲整流器·逆变器门极封锁（gate-off）及牵引变流器 1 次侧电源接触器（K）断开。

（4）CTU、CTV、CTW。

检测牵引电机的 U、V、W 三相电流。一旦检测到过电流或电流不平衡时，就会把脉冲整流器·逆变器的门极封锁（gate-off）及牵引变流器 1 次侧电源接触器（K）断开。

非过电流的情况则是：当电流值为设定值以下时，脉冲整流器·逆变器的门极开通（gate-on）。

（5）GCT。

检测牵引变压器 2 次侧接地电流。根据设定值，OVTH on，脉冲整流器·逆变器门极封锁（gate-off）及牵引变流器 1 次侧电源接触器（K）断开。

（6）过电压抑制可控硅单元（OVTH 单元）。

OVTH 单元由可控硅、缓冲器（snubber）电阻器（OVRe1、OVRe2）、缓冲器电容（FC）、栅级驱动基板、直流电压检测器（DCPT1、DCPT2）等构成。

当检测到滤波电容器的过电压时，在控制电源关断（Off）时，可控硅为导通（ON），让滤波电容器具有放电的机能。

DCPT 组装在 OVTH 单元内，对直流电压进行检测。当检测到 OVTH false firing（误点弧）、直流过电压、直流低电压、电压异常等时，根据条件，脉冲整流器·逆变器门极封锁（gate-off）、牵引变流器 1 次侧电源接触器（K）等断开。

（7）冷却单元、机械室内过温度。

分别检测脉冲整流器 U、V 相温度（THCU、THCV），逆变器 U、V、W 相温度（THIU、THIV、THIW）、机械室内温度（CITHR1～5），当检测到过温度时，采取脉冲整流器·逆变器门极封锁（gate-off）、牵引变流器 1 次侧电源接触器（K）断开的保护措施。

五、再生制动控制

牵引变流器向制动控制器传输的信号有：① 再生反馈；② 再生有效信号。

牵引变流器向制动控制装置传输再生反馈和再生有效信号，同时制动控制装置转向牵引变流器传输再生制动模式。牵引变流器根据从来自制动控制装置的再生制动模式信号，控制电气制动。牵引变流器根据逆变器的输出电流和牵引电机的转速，计算制动转矩，作为再生反馈信号向制动控制装置传输。制动控制装置操作必须有足够的制动力，当电气制动的制动力不足时，用空气制动加以补足。

此外，使用牵引变流器对电制动力的不足进行检测。如检测出电制动力不足时，则 UBCDR（再生有效信号）接点处在打开的状态，向空气制动转移。UBCDR 接点处在打开状态，在制动控制装置侧，速度在 160 km/h 以上时，制动控制用压力开关 BCS2（检测压力、低压）为 OFF，或是速度在 160 km/h 以下时，制动控制用压力开关 BCS1（检测压力、高压）为 OFF 时，如果制动不足检测用定时继电器 UBTR 处在 OFF 的话，UV（紧急制动阀）的励磁断开，紧急制动动作。

任务六　设备远程控制与测试

【任务描述】

在动车组列车模拟仿真实训基地，以多媒体教学课件为学习载体，让学生掌握设备远程控制电路的工作原理，并能按照检修标准，进行远程设备切除测试。

【背景知识】

一、设备远程控制电路

在设置于驾驶台的监视显示器上设定的指令，通过车辆信息传送线（光纤）传送到各车的监视器终端装置上,由监视器终端装置对相关的继电器加压。设备远程开放项目如表 2-6-1 所示。

表 2-6-1 设备远程开放项目

线 号	指 令	T1c-1	M2-2	M1-3	T2-4	T1k-5	M2-6	M1s-7	Tc2-8
80M/81M	降下受电弓/升起受电弓				○		○		
82M/83M	VCB 断开/VCB 投入	○					○		
84M/85M	电源感应/电源感应复位		○				○		
86M/87M	压缩机开放复位/压缩机开放		○		○			○	
88M/89M/90M	M2 开放/复位/M1 开放		○	○			○	○	
71M~74M	单元选择	○	○	○	○		○	○	

1. 单元选择条件

根据监视器终端装置的加压指令,UR0*(设备命令继电器)励磁(见图 2-6-1)。(* = 1 ~ 4:单元编号)

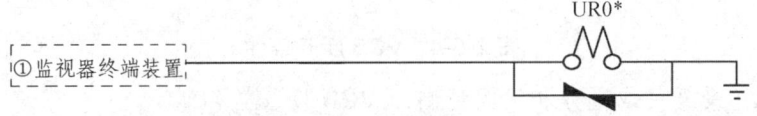

图 2-6-1 选择条件

2. PanCOR / PanCOR-R(受电弓切断/复位)条件

满足下面的条件时,PanCOR / PanCOR-R(2P191566、2P191567)励磁(见图 2-6-2)。

<条件> ①∧②:

① 监视器终端装置发出的加压指令。

② UR0*励磁:参照图 2-6-1。

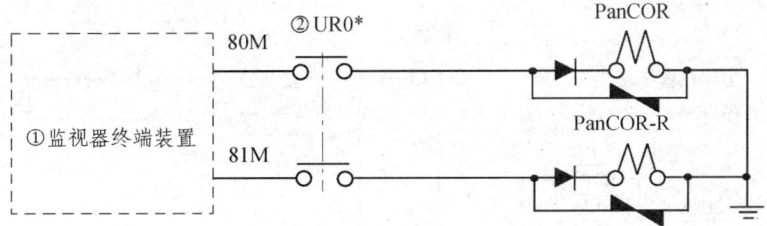

图 2-6-2 受电弓切断/复位条件

3. VCBCOR / VCBCOR-R(受监视器终端装置控制的 VCB 切断/复位)条件

满足以下条件时,VCBCOR / VCBCOR-R 励磁(见图 2-6-3)。

<条件> ①∧②:

① 监视器终端装置发出的加压指令。

② UR0*励磁:参照图 2-6-1。

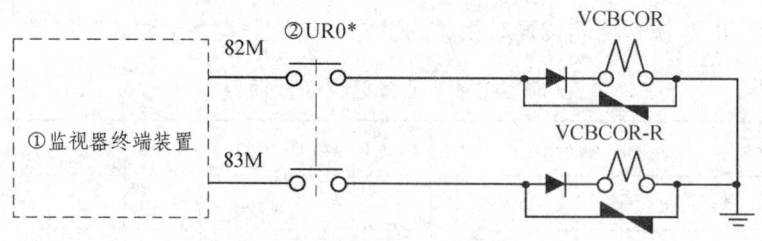

图 2-6-3　VCB 切断/复位条件

4．VCBOR1（受开关或降下受电弓指令控制的 VCB 断开）条件

满足以下条件时，VCBOR1 励磁。

＜条件＞①∨②∨③：

① 将 VCBOS 开关置于 ON。

② VCBOAR 励磁：PanDAR 励磁（监视装置发出降下受电弓的指令）（见图 2-6-4）。

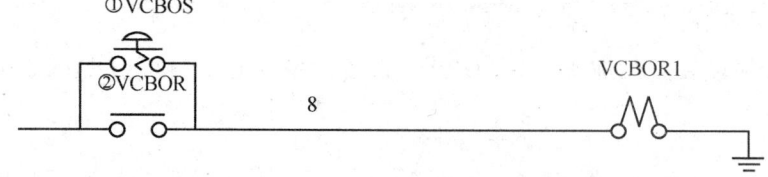

图 2-6-4　VCB 断开条件

5．VCBCR（受开关或过分相区间控制的 VCB 投入）条件

满足以下条件时，VCBCR 励磁（见图 2-6-5）。

＜条件＞（①∧②）∨{②∧③∧（④∨⑤）}：

① 监视器终端装置发出的加压指令。

② UR0*励磁。

③ MCR 励磁。

④ VCBCS 开关（2P192183-2D、8D）置于 ON（闭合）。

⑤ SVCBCR 励磁：不是过分相区间。

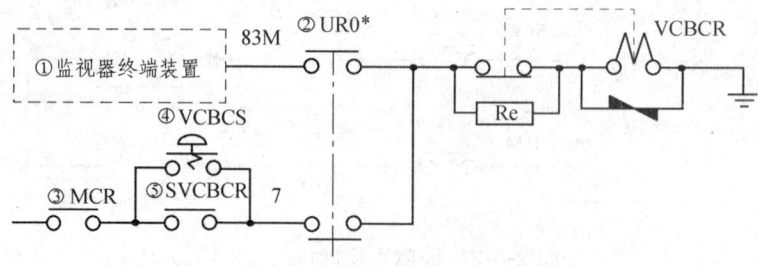

图 2-6-5　VCB 投入条件

6．MTCOR／MTCOR-R（主变压器三次侧切断/复位）条件

满足以下条件时，MTCOR/MTCOR-R 励磁（见图 2-6-6）。

＜条件＞①∧②∧③：

① 监视器终端装置发出的加压指令。

② UR0*励磁。

③ VCB 处于闭合状态：只在 MTCOR 一侧。

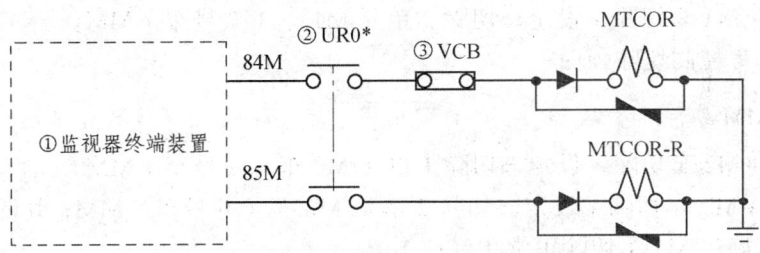

图 2-6-6 主变压器三次侧切断/复位条件

7．CMCOR / CMCOR-R（压缩机电机切断/复位）条件

满足以下条件时，CMCOR / CMCOR-R 励磁（见图 2-6-7）。

<条件> ①∧②：

① 监视器终端装置发出的加压指令。

② UR0*励磁：参照图 2-6-1。

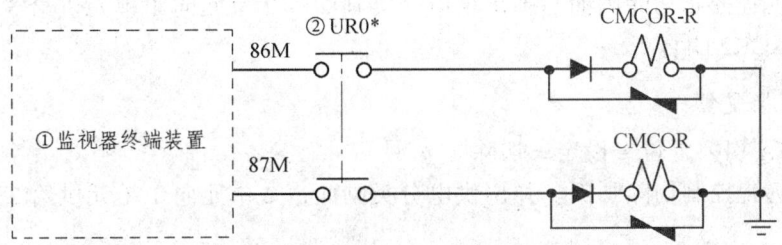

图 2-6-7 压缩机电机切断/复位条件

8．MMCOR / MMCOR-R（牵引电机切断/复位）条件

满足下列条件时，MMCOR / MMCOR-R 励磁（见图 2-6-8）。

<条件> ①∧②：

① 监视器终端装置发出的加压指令（# = 88：M2 断开，90：M1 断开）。

② UR0*励磁：参照图 2-6-1。

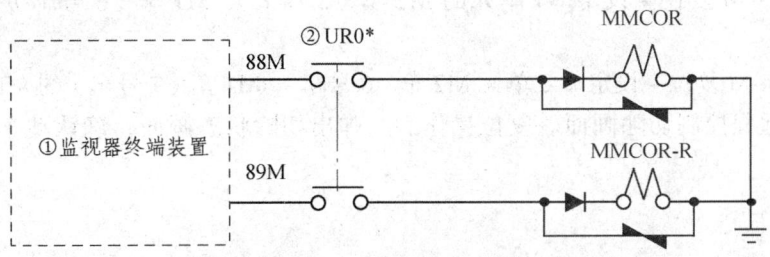

图 2-6-8 牵引电机切断/复位条件

二、远程控制切除动作试验（1 号车）

1．准备作业

在 MON 上操作司机菜单→远程控制切除。

2．M1 车 MM 切除

（1）按 1U + M1 车切除 + 设定⇒切除 1 单元 M1 车（3 号车）MM。

（2）按 2U + M1 车切除 + 设定⇒切除 2 单元 M1 车（7 号车）MM。

（3）返回远程控制切除画面。

3．M2 车 MM 切除

（1）按 1U + M2 车切除 + 设定⇒切除 1 单元 M2 车（2 号车）MM。

（2）按 2U + M2 车切除 + 设定⇒切除 2 单元 M2 车（6 号车）MM；切除操作后，弹出切除状态画面，确认 M2 车切除正常（红色）。

4．VCB 切除

按 1U + VCB 断 + 设定⇒切除 1 单元的 M2 车（2 号车）VCB；返回远程控制切除画面，切除操作后，弹出切除状态画面，VCB 切除状态为红色。

5．电源切换

（1）按 1U + 电源切换 + 设定。

（2）返回远程控制切除画面。弹出供电分类画面，2 单元向 1 单元供给 3 次电源，电源切换已成功（ACK2 闭合）。

6．电源切换复位

（1）按 1U + 切换复位 + 设定⇒切除。

（2）返回远程控制切除画面。弹出供电分类画面，2 单元向 1 单元供给 3 次电源已切除（ACK2 断开）。

7．VCB 闭合

（1）按 1U + VCB 合 + 设定 1 单元的 M2 车（2 号车）VCB 再次闭合。

（2）返回远程控制切除画面。复位操作后，弹出切除状态画面，VCB 已被复位（VCB 为白色）。

8．MM 切除复位

（1）按 1U + M 复位 + 设定⇒1 单元的 M2 车（2 号车）、M1 车（3 号车）的 MM 切除已复位。

（2）按 2U + M 复位 + 设定⇒2 单元 M2 车（6 号车）、M1 车（7 号车）的 MM 切除已复位。

（3）返回远程控制切除画面。复位操作后，弹出切除状态画面，确认动车已恢复（状态显示为白色）。

9．受电弓折叠

（1）按 2U + 受电弓折叠 + 设定。

（2）②号作业人员通知①号作业人员车外检查确认 6 车受电弓已降下。

10．受电弓升起

（1）按 2U + 受电弓升起 + 设定。

（2）②号作业人员通知①号作业人员车外检查确认 6 车受电弓已升起。

11. VCBCS 投入

按下 VCB 合开关，确认全车 VCB 已闭合。

12. 压缩机切除

（1）按 1U + M 压缩机切除 + 设定⇒1 单元（3 号车）的空气压缩机再次投入运行。

（2）返回远程控制切除画面。切除操作后，弹出切除状态画面，确认压缩机已切除。

13. 压缩机切除复位

按 1U + M 车压缩机切除复位 + 设定⇒1 单元（3 号车）的空气压缩机再次投入运行；切除复位操作后，弹出切除状态画面，确认动压缩机已复位。

任务七　故障案例分析

【任务描述】

以多媒体教学课件为学习载体，针对 CRH2 型动车组常见故障类型，分析故障原因及故障处理办法。

【背景知识】

一、故障类型

故障名称及对应的代码如表 2-7-1 所示。

表 2-7-1　故障代码

故障名称	代码	运行	乘务员	备　注
牵引变流器 传输不良	002	○		
牵引变流器 故障1	004	○		可复位的保护动作
牵引变流器 故障2	005	○		无法复位的保护动作
牵引变流器通风机 停止	134	○		CIBMN
牵引电机通风机1 停止	137	○		MMBMN1
牵引电机通风机2 停止	138	○		MMBMN2
牵引变流器 微机故障	139	○		WDTR
牵引变流器 故障	141	○		CIFR2
主电路接地	142	○		GRR2
主变压器一次侧 过电流	162	○		ACOCR2
主变压器二次侧 过电流	163	○		AOCN
主变压器三次侧接地	164	○		GRR3
主变压器油泵停止	165	○		MTOPMN
受电弓上升位置异常	194	○		
分相区信号处理装置 重故障	682	○		
LKJ装置 传输不良	911	○		

二、故障处理过程举例

1. 牵引变流器传输不良（002）

名称	牵引变流器 传输不良（002）
现象	动车无法牵引和再生制动
车种	CRH2-200，CRH2-300，CRH2-200长座，CRH2-200长卧
原因	光缆信号传输不良
行车	继续运行

步骤	处理过程
1	当MON监视屏主菜单页面闪现【故障发生】提示，并伴有声音报警时，触按左下方【故障详情】，☏通知随车机械师
2	MON监视屏切换至〖牵引变流器 传输不良（002）〗故障信息页面
3	通过MON监视屏 光传输状态页面，确认故障车位置
4	远程切除相应M车；☏通知随车机械师

续表

步骤	处理过程
5	行动：立即到×号车运行配电盘，断开再投入牵引变流器 1 NFB（CICN1）； 结果：处理完毕，📞通知司机确认
6	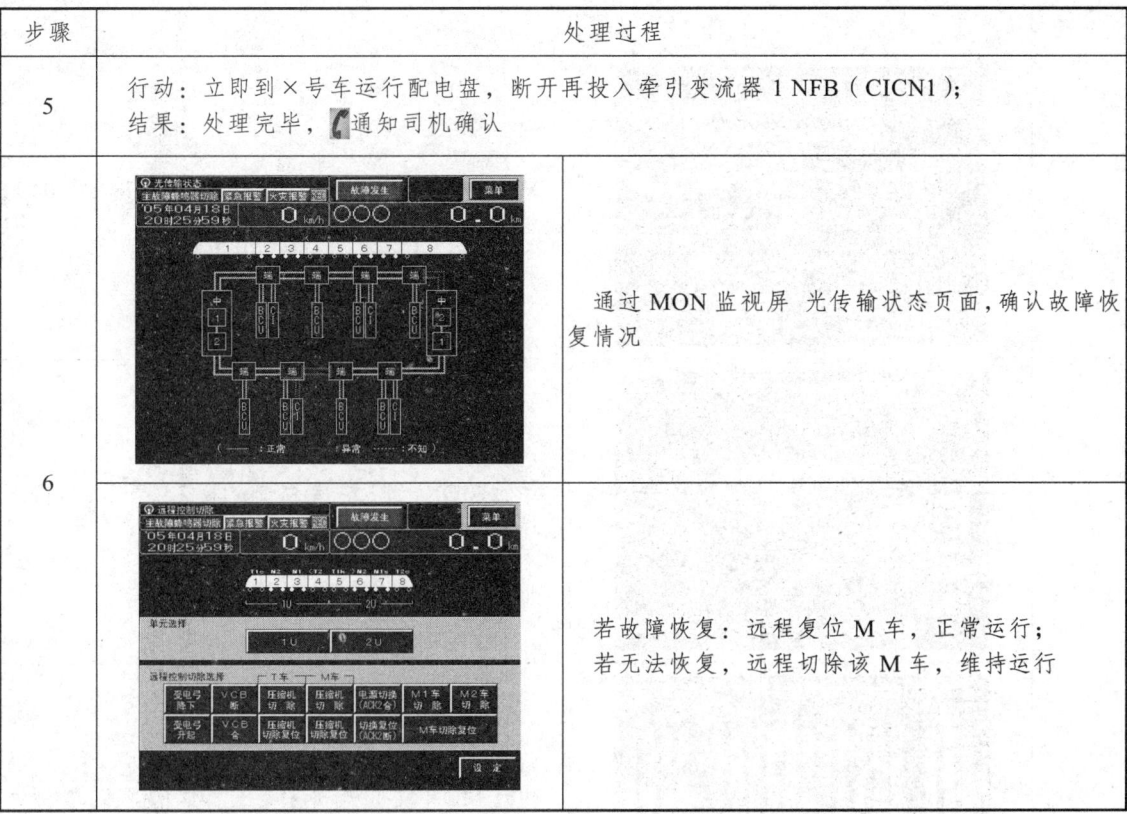 通过 MON 监视屏 光传输状态页面，确认故障恢复情况 若故障恢复：远程复位 M 车，正常运行； 若无法恢复，远程切除该 M 车，维持运行

2．牵引变流器故障 1（004）

名称	牵引变流器 故障 1（004）
现象	K 断开，此动车无法牵引和再生制动
车种	CRH2-200，CRH2-300，CRH2-200 长座，CRH2-200 长卧
原因	直流过电压；控制电源异常；牵引电机过电流；牵引电机电流不平衡；PG 异常；主变压器二次侧接地
行车	继续运行
步骤	处理过程
1	当 MON 监视屏主菜单页面闪现【故障发生】提示，并伴有声音报警时，触按左下方【故障详情】，📞通知随车机械师

续表

步骤		处理过程
2	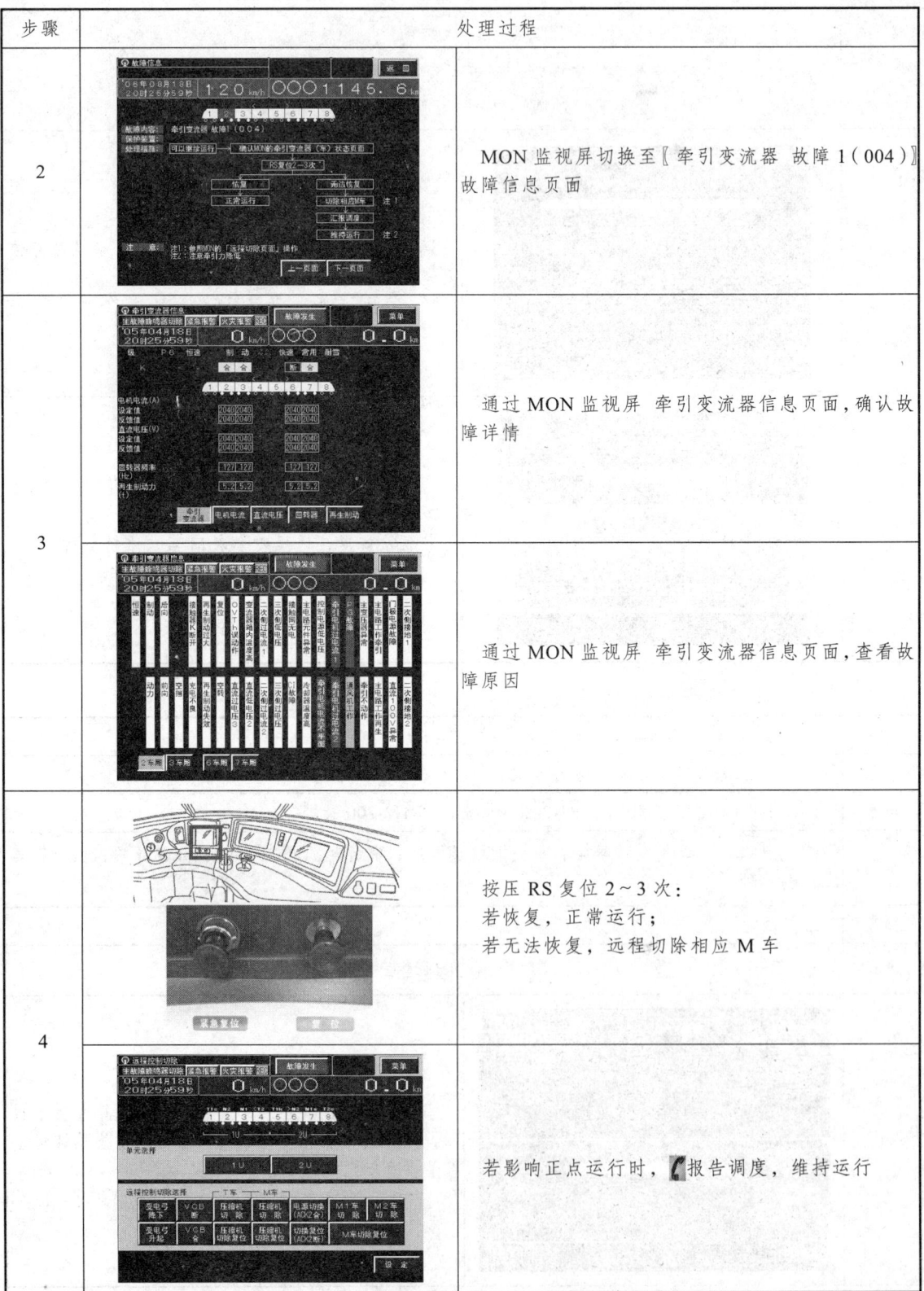	MON 监视屏切换至〖牵引变流器 故障1（004）〗故障信息页面
3		通过 MON 监视屏 牵引变流器信息页面，确认故障详情
		通过 MON 监视屏 牵引变流器信息页面，查看故障原因
4		按压 RS 复位 2~3 次： 若恢复，正常运行； 若无法恢复，远程切除相应 M 车
		若影响正点运行时，报告调度，维持运行

3. 牵引变流器故障2（005）

名称	牵引变流器 故障2（005）
现象	VCB 或 K 断开。VCB 断开时，司机操纵台故障显示灯"VCB"灯点亮，且故障未处理前不允许再次闭合 VCB（若故障仅为二次侧过电流 2 时，可切除故障 M 车后，投入 VCB）牵引和再生制动力降低
车种	CRH2-200，CRH2-300，CRH2-200 长座，CRH2-200 长卧
原因	牵引变压器二次侧过电流 2；主电路器件异常；牵引变流器中间电路充电不良
行车	继续运行

步骤		处理过程
1		当 MON 监视屏主菜单页面闪现【故障发生】提示，并伴有声音报警时，触按左下方【故障详情】，☏通知随车机械师
2		MON 监视屏切换至〖牵引变流器 故障2（005）〗故障信息页面
3		通过 MON 监视屏 牵引变流器（车）页面，确认原因
4		当故障为二次侧过电流 2 时，切除故障 M 车后，再投入 VCB： 若故障恢复，继续运行； 若故障未恢复，影响正点运行时，☏报告调度，维持运行
5		其他故障，远程切除相应 M 车。若故障未恢复，影响正点运行时，☏报告调度，维持运行

4. 牵引变流器通风机停止（134）

名称	牵引变流器 通风机停止（134）
现象	司机操纵台故障显示灯"电气设备"灯点亮，此动车无法牵引及再生制动
车种	CRH2-200，CRH2-300，CRH2-200长座，CRH2-200长卧
原因	牵引变流器主送风机（CIBM1）故障或其辅助送风机（CIBM2、CIBM3）故障；继电器CIBMR故障
行车	继续运行
步骤	处理过程
1	当MON监视屏主菜单页面闪现【故障发生】提示，并伴有声音报警时，触按左下方【故障详情】，通知随车机械师
2	MON监视屏切换至〖牵引变流器通风机停止（134）〗故障信息页面
3	通过MON监视屏远程切除故障M车，维持运行

5. 牵引电机通风机停止

名称	牵引电机通风机1停止（137） 牵引电机通风机2停止（138）
现象	司机操纵台故障显示灯"电气设备"灯点亮，为防止牵引电机温度过高，相应CI的接触器K断开，此动车无法牵引及再生制动

续表

车种	CRH2-200，CRH2-300，CRH2-200 长座，CRH2-200 长卧
原因	牵引电机用通风机 1 或通风机 2 故障；继电器 MMBMNR1、MMBMNR2 故障
行车	继续运行
步骤	处理过程
1	当 MON 监视屏主菜单页面闪现【故障发生】提示，并伴有声音报警时，触按左下方【故障详情】，通知随车机械师
2	MON 监视屏切换至〖牵引电机 通风机停止（137）〗故障信息页面
3	通过 MON 监视屏远程切除故障 M 车，维持运行

6. 牵引变流器微机故障（139）

名称	牵引变流器 微机故障（139）
现象	司机操纵台故障显示灯"电气设备"灯点亮，此动车 CI 无法控制
车种	CRH2-200，CRH2-300，CRH2-200 长座，CRH2-200 长卧
原因	无触点控制装置异常
行车	继续运行

续表

步骤		处理过程
1	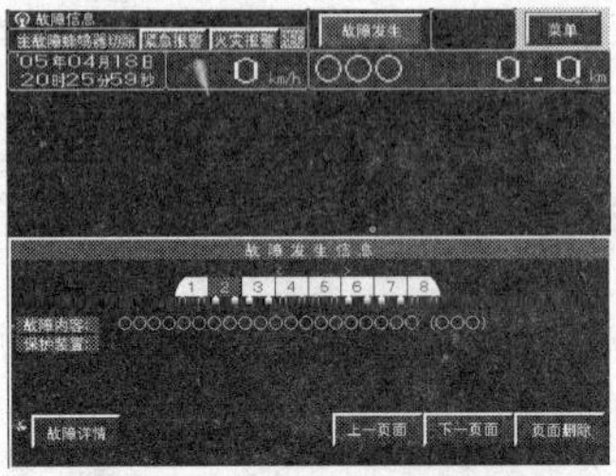	当MON监视屏主菜单页面闪现【故障发生】提示，并伴有声音报警时，触按左下方【故障详情】，📞通知随车机械师
2	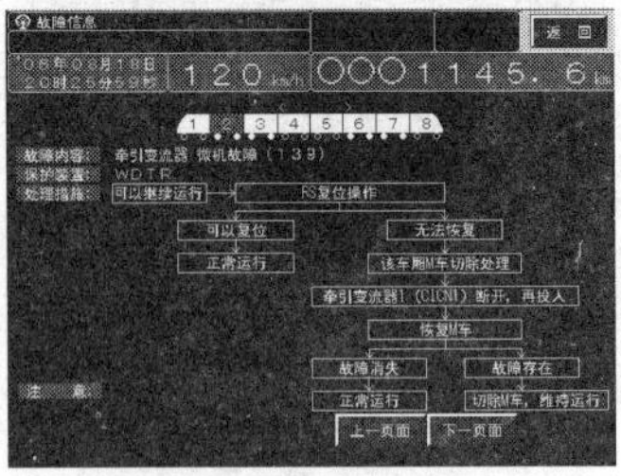	MON监视屏切换至〖牵引变流器 微机故障139〗故障信息页面
3	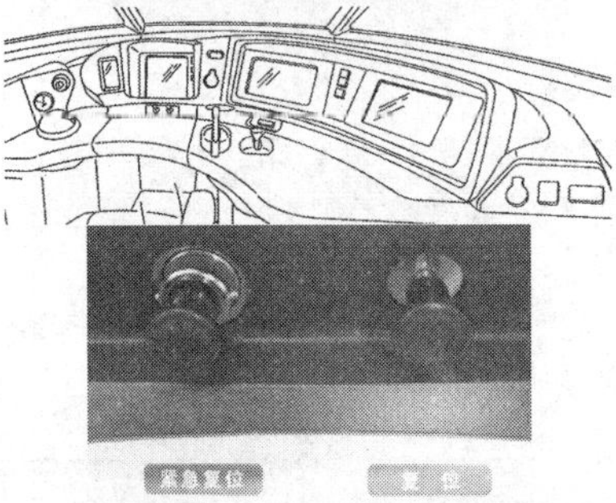	进行按压〖复位〗操作，若可以复位，正常运行
4	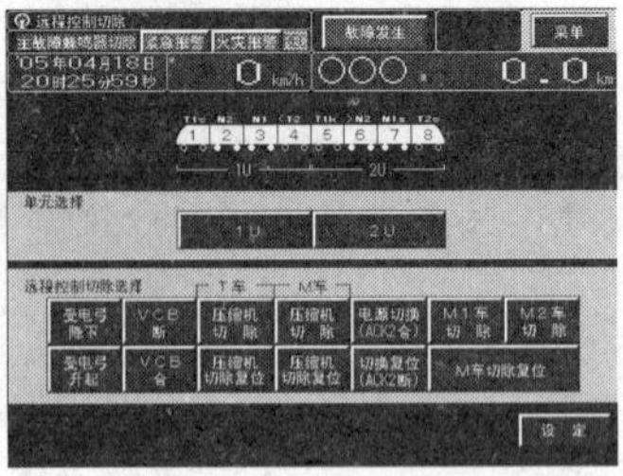	若无法恢复，通过MON监视屏切除故障M车。📞通知随车机械师：×号车〖牵引变流器 微机故障139〗
5	行动：立即到×号车对运行配电盘内牵引变流器1 NFB（CICN1）断开再投入； 结果：处理完毕，📞通知司机确认	
6	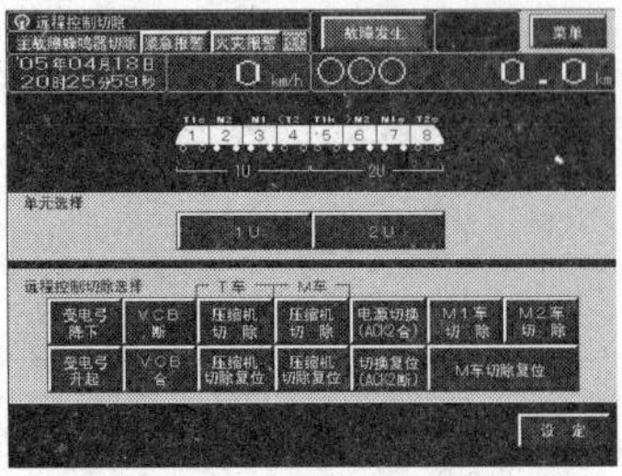	在MON远程恢复M动车： 若故障恢复，正常运行； 若故障仍在，切除该动车，维持运行

7. 牵引变流器故障（141）

名称	牵引变流器 故障（141）
现象	故障单元 VCB 断开
车种	CRH2-200，CRH2-300，CRH2-200 长座，CRH2-200 长卧
原因	牵引变压器二次侧过电流 2；主电路器件异常
行动	继续运行
步骤	处理过程
1	当 MON 监视屏主菜单页面闪现【故障发生】提示，并伴有声音报警时，触按左下方【故障详情】，通知随车机械师
2	MON 监视屏切换至〖牵引变流器 故障（141）〗故障信息页面
3	确认 MON 监视屏牵引变流器信息页面，查看故障原因
4	通过 MON 远程切除该 M 车；再投入 VCB，继续运行

8. 主电路接地（142）

名称	主电路接地（142）
现象	司机操纵台故障显示灯"VCB""电气设备"灯点亮
车种	CRH2-200，CRH2-300，CRH2-200长座，CRH2-200长卧
原因	牵引变压器二次侧接地
行车	继续运行

步骤	处理过程	
1		当MON监视屏主菜单页面闪现【故障发生】提示，并伴有声音报警时，触按左下方【故障详情】，通知随车机械师
2		MON监视屏切换至〖主电路接地（142）〗故障信息页面
3		进行按压〖复位〗操作；投入VCB
4		通过MON页面，确认故障恢复情况。若故障恢复，正常运行

续表

步骤	处理过程
5	若VCB无法投入： 通过MON监视屏远程切除相应动力单元； 通过MON监视屏远程闭合ACK2（扩展供电）； 确认ACK1断开，ACK2合上； 维持运行
6	📞报告调度

9. 主变压器一次侧过电流（162）

名称	主变压器一次侧过电流（162）
现象	相应动力单元VCB跳闸，司机室操纵台故障显示灯"VCB"灯点亮，相应动力单元CI停机
车种	CRH2-200，CRH2-300，CRH2-200长座，CRH2-200长卧
原因	ACOCR1，ACOCR2动作
行车	继续运行

步骤	处理过程
1	当MON监视屏主菜单页面闪现【故障发生】提示，并伴有声音报警时，触按左下方【故障详情】，📞通知随车机械师
2	MON监视屏切换至【主变压器一次侧过电流162】故障信息页面
3	通过MON监视屏远程切除相应动力单元； 通过MON监视屏远程闭合ACK2（扩展供电）； 维持运行
4	📞报告调度

10. 主变压器三次侧接地（164）

名称	主变压器三次侧接地（164）
现象	相应动力单元 VCB 跳闸，司机室操纵台故障显示灯"VCB"灯点亮，相应动力单元 CI 停机
车种	CRH2-200，CRH2-300，CRH2-200 长座，CRH2-200 长卧
原因	三次电路电缆或相关设备（APU、空调、换气装置等）接地
行车	继续运行
步骤	处理过程
1	当 MON 监视屏主菜单页面闪现【故障发生】提示，并伴有声音报警时，触按左下方【故障详情】，📞通知随车机械师
2	MON 监视屏切换至【主变压器三次侧接地 164】故障信息页面。确认主变压器三次侧接地，VCB 跳闸。 按压操纵台 RS 复位，重新投入 VCB； 如果故障恢复，正常运行； 如果无法投入时，📞通知随车机械师
3	行动：立即到故障单元车运行配电盘、服务配电盘，断开辅助电源装置控制 NFB（APUCN），司机室制冷 NFB，各车的空调电源 1、2 及供排气装置 NFB； 结果：处理完毕，📞通知司机确认
4	故障复位，重新投入 VCB； 如果 VCB 能够投入，随车机械师依次闭合辅助电源装置控制 NFB（APUCN），司机室制冷 NFB，空调电源 1、2 及供排气装置 NFB； 若在闭合上述断路器过程中再次出现三次侧接地故障，司机📞通知随车机械师，随车机械师断开相应断路器并📞通知司机； 司机重新故障复位及闭合 VCB，随车机械师继续对未完成的断路器进行闭合操作，直至全部断路器闭合操作完毕； 若 VCB 始终不能投入，司机切除该故障单元 VCB；通过 MON 监视屏闭合 BKK。按压【BKK 投入】键，再按压【设定】键； 维持运行； 司机📞报告调度

【自测练习】

1. 分析牵引传动系统的组成。
2. 分析 CRH2 型动车组主电路结构。
3. 试画图分析牵引控制的工作过程。
4. 分析方向控制器的逻辑运行指令电路的工作原理。
5. 分析牵引控制器逻辑运行指令电路的工作原理。
6. 分析主控制器继电器 MCR 的逻辑运行条件。
7. 请绘出主控制器继电器联锁控制电路并分析其工作过程。
8. 试分析真空断路器 VCB 控制电路的工作原理。
9. 分析牵引变流器与再生制动的控制过程。
10. 简述 CRH380B 型动车组牵引传动系统有哪些主要部件构成。
11. 简述 CRH2 型动车组牵引控制系统常见故障及故障处理方法。

项目三 动车组制动控制系统维护与检修

【项目描述】

本项目是对动车组制动控制系统的整体认识学习。通过学习制动控制系统的组成、制动方式的分类、制动控制原理等相关知识,要求学生会分析制动控制逻辑运行电路图,能按照动车组检修作业标准,查除故障。

学习过程中要求学生树立安全生产和质量意识,培养学生团队协作能力。

【知识目标】

(1) 掌握制动控制系统的组成及功能;
(2) 掌握常用制动、快速制动、紧急制动工作过程;
(3) 掌握制动控制电路工作原理。

【能力目标】

(1) 能识读制动控制逻辑运行电路图;
(2) 能分析各种制动方式下的工作过程;
(3) 树立安全生产和质量意识,培养学生团队协作能力。

任务一 认识动车组制动控制系统的组成

【任务描述】

以多媒体教学课件为学习载体,介绍动车组制动控制系统的基本组成、制动方式及功能。学习完本任务应掌握制动控制装置在列车上的布置,并会绘制和分析制动指令传递原理图。

【背景知识】

一、动车组制动控制系统的组成

CRH2型动车组制动系统采用复合制动模式,即再生制动+电气指令式空气制动。电气指令式空气制动是微机控制的直通式电空制动。制动控制系统包括:制动信号发生装置、制动信号传输装置、制动控制装置。制动信号发生装置即司机制动控制器,位于1、8号(T1c、T2c)车司机室操纵控制台。制动信号传输装置借助于列车信息控制系统,包括中央装置、车辆终端装置,采集与传输制动指令,同时接收制动状态指令。制动控制装置作为接受制动指令、实现制动力控制的集中控制设备吊装在每辆车的地板下，内部集成了制动控制单元（BCU）、空气阀类组件、风缸等。

制动控制设备主要构成及分布情况见表3-1-1。

表 3-1-1 制动控制设备主要构成及分布情况

编组情况 设备分布		1 T1c	2 M2	3 M1	4 T2	5 T1k	6 M2	7 M1s	8 T2c
	司机制动控制器	√							√
制动指令传输装置	指令传输中央处理装置	√							√
	指令传输网络	列车信息控制网络							
	传输终端装置	√	√	√	√	√	√	√	√
制动控制装置		√	√	√	√	√	√	√	√
基础制动装置		√	√	√	√	√	√	√	√

图 3-1-1 以一辆车的制动控制装置为例表示了从制动指令产生到基础制动装置的组成框图。

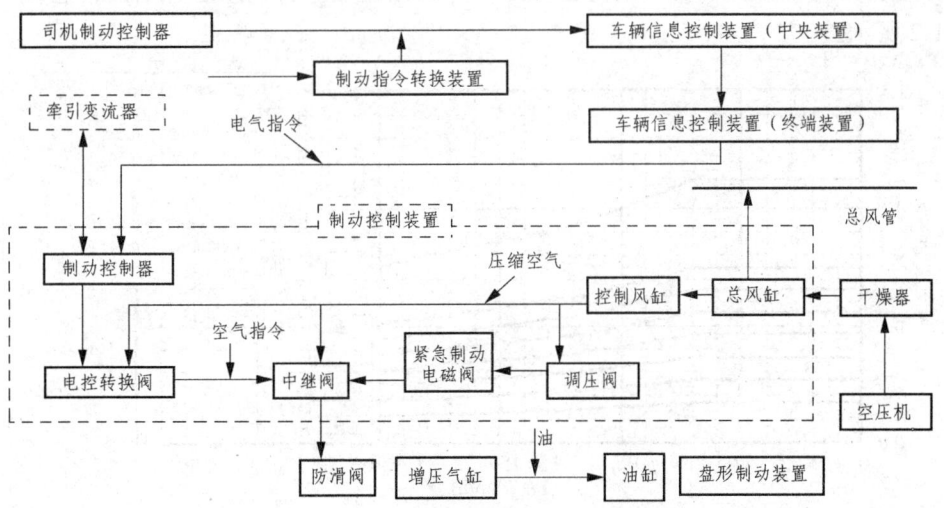

图 3-1-1 制动指令传递原理组成框图

再生制动和空气制动转换动作的发生，是由微机根据所产生的制动力的多少决定的。如果再生制动力不足，便以空气制动来补充。

同时，两个头车司机室内各安装一台制动指令转换装置，该装置可将连挂机车的列车管空气压力变化信号转换成电信号，用作在被救援时实施制动。

二、动车组制动控制系统的功能

动车组制动指令方式采用手动制动方式及由 ATP/LKJ 控制的自动制动方式并用。动作方式采用电气再生制动方式与电气指令式空气制动方式并用的电-空协调制动的控制模式，对应速度-黏着曲线模式进行制动力控制，还具有滑行检测机能及应载荷机能。优先采用电制动，当电制动力不足时，补充空气制动。根据指令类型的不同，制动控制可分为常用制动、快速制动、紧急制动、辅助制动和耐雪制动5种模式。对应的控制线如下：

（1）常用制动（61~67线、10线加压）。

（2）快速制动（152线不加压、10线加压）。

（3）紧急制动（153线、154线不加压）。

（4）辅助制动（411、461线之间加压）。

（5）耐雪制动（157线加压）。

CRH2制动系统具有常用制动、快速制动、紧急制动、辅助制动及耐雪制动功能。

1．常用制动

常用制动级位设1~7级（记以1N~7N），以1M1T为单元对动车再生制动力和空气制动力（包括动车和拖车的）进行协调控制，拖车空气制动延迟投入。

CRH2制动系统采用数字指令式，由61~67号线共7根制动指令线组成，共可形成7级常用制动。制动系统会自动进行延迟充气控制。延迟时，将M车上产生的再生制动力多余的部分转移到T车上去，维持编组列车上所需要的制动力。常用制动还具有空重车载荷调整功能，按需要改变制动力，使动车组能够保持一定的减速度。各制动级位下的减速度特性曲线如图3-1-2所示。

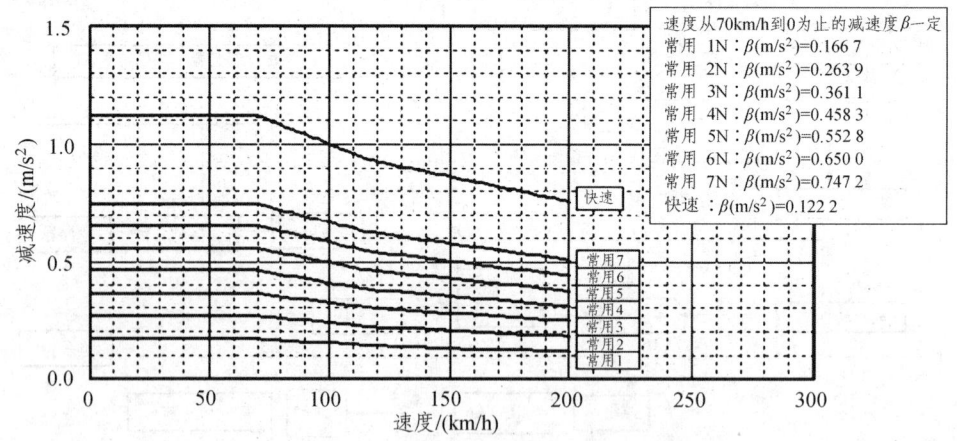

图3-1-2　制动级位下的减速度特性曲线

2．快速制动

快速制动采用与常用制动相同的复合制动模式，并具有常用最大制动（7级）1.5倍的制动力，操作制动手柄或未能减速到在闭塞区间设定的速度时，根据ATP或LKJ2000发出的指令起作用。

3．紧急制动

按安全回路失电而启动的制动模式进行设置，下列任何一种情况均可导致全回路失电而引起紧急制动指令的产生：

(1) 总风压力下降到规定值以下。
(2) 列车分离。
(3) 检测到制动力不足。
(4) 操作紧急制动按钮,使紧急电磁阀失电。
(5) 换端操纵,手柄置于(钥匙)拔取位。

以上的紧急制动使各车按不同速度范围产生纯空气制动作用,在列车速度处于160~200 km/h 范围内采用相对较低的减速度;在 160 km/h 以下速度范围内采用相对较高的减速度;紧急制动不具有空重车载荷调整功能。

4. 辅助制动

在制动装置异常、制动指令线路断线及传输异常时可启用电气指令式的辅助制动,能产生相当于 3 级、5 级、7 级常用制动及快速制动的空气制动。

操作司机控制台上的辅助制动模式发生器(SBT)开关和头车配电盘内辅助制动模式发生器(ASBT)开关可以产生辅助制动。但辅助制动与列车速度的快慢无关,即所发出的制动力的大小也不随列车速度和列车重量的改变而改变,只发出预定的制动力。这一点与常用制动、快速制动不同。

除此以外应注意,制动控制装置还进行主空气压缩机与开闭车门的速度控制,因此,使用辅助制动时不应断开制动控制装置的电源。

5. 耐雪制动

设置耐雪制动的目的是防止降雪时雪块进入制动盘和闸片之间。耐雪制动动作时,制动油缸会轻轻地推出闸片堵塞闸片和制动盘面之间的空隙,防止雪的进入。耐雪制动于行驶速度 110 km/h 以下,在耐雪制动开关置于作用位并且操纵制动手柄时动作。耐雪制动对应的制动缸(BC)压力设定值为(60±20)kPa,这是制动缸在满足制动条件时的预充压力,在 BCU 输出实际空气制动控制信号时,制动缸则依然按照所需的空气制动力的大小充气到相应的压力。耐雪制动对应的制动缸(BC)压力设定值可通过调整 BCU 面板上的开关来改变。

任务二 制动控制电路分析

【任务描述】

以多媒体教学课件为学习载体,介绍动车组制动控制器的功能、工作原理以及制动控制电路。学习完本任务后应会分析制动控制电路,并根据检修作业标准,对制动控制器进行检查与维护。

【背景知识】

一、制动控制概述

1. 制动控制原理

动车组制动控制系统能够实现制动指令的发出及传输、常用制动及快速制动的控制、紧急制动的控制、辅助制动的控制、耐雪制动的控制、空气制动与再生制动的协调控制等。动车组的制动指令由司机制动控制器发出电气指令，经列车信息控制系统传送到每辆车的制动控制装置，由制动控制装置的 BCU 运算，按制动控制规律（减速度随速度的变化）实施再生制动和空气制动。其中空气制动以控制电空转换阀（EP 阀）的电流，送出与电流对应的空气压力信号到中继阀，控制中继阀送出压缩空气到转向架基础制动装置，由增压气缸经空-油变换作用转变成油压，最后经制动盘液压卡钳的液压缸推动闸片压制动盘面，完成制动作用。为保证控制电路按照指令正确动作，控制过程中必须满足一定的逻辑条件，一个动力单元制动控制指令传递示意图如图 3-2-1 所示。

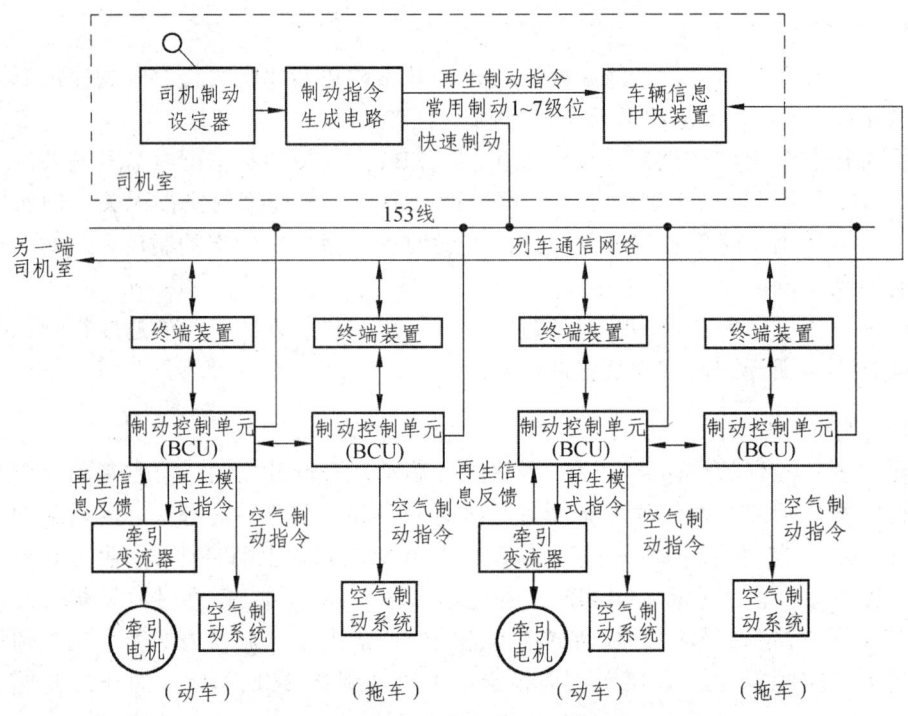

图 3-2-1　动车组制动控制原理图

2．制动控制器的功能

CRH2 型动车组 CMC100 司机制动控制器（简称司控制动器）操作面外形如图 3-2-2 所示，有"运行""1～7 级""快速"及"拔取"10 个位置。司控制动器有 4 种功能：其一，在"运行"位，与牵引控制信号联锁，生成牵引指令条件，牵引指令有效；其二，在制动级位，发出"1～7"级常用制动；其三，在"快速"位时，发出快速制动级位指令；其四，在"拔取"位，在紧急情况下激发快速制动。此外，还要生成再生电气制动指令。

图 3-2-2　制动手柄

二、制动控制器电气指令电路

图 3-2-3 是制动器级位开关及继电器逻辑控制原理图，对应有 9 对触点开关和 9 个继电

器。各个位置与继电器对应关系如表 3-2-1 所示。

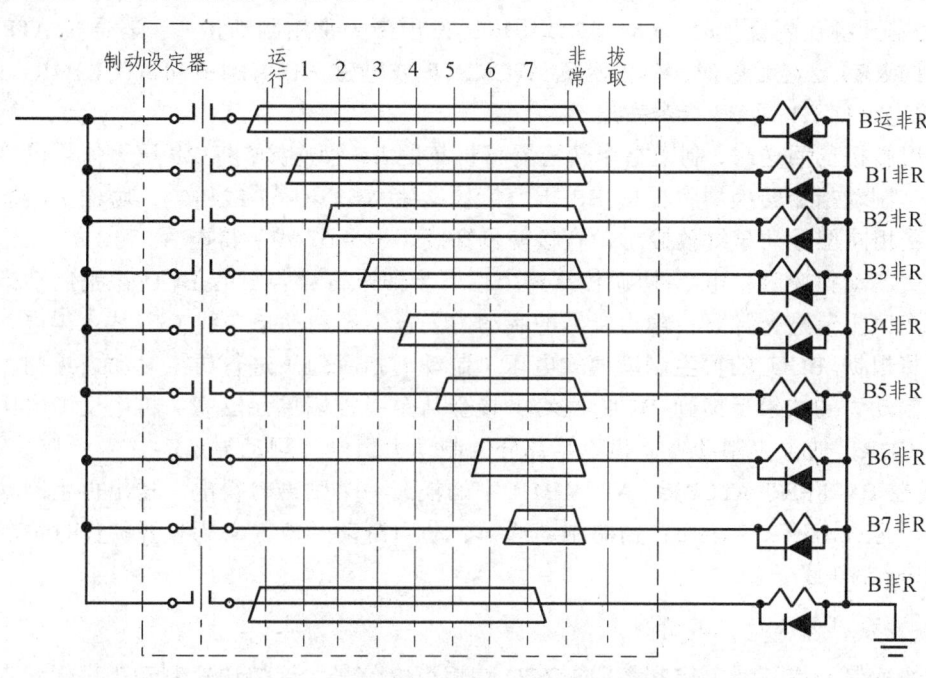

图 3-2-3　司控制动器级位及继电器控制原理图

表 3-2-1　制动设定器和励磁继电器的对应

		制动设定器指令								
		运转	1	2	3	4	5	6	7	应急
继电器	B 运非 R	○	○	○	○	○	○	○	○	○
	B1 非 R		○	○	○	○	○	○	○	○
	B2 非 R			○	○	○	○	○	○	○
	B3 非 R				○	○	○	○	○	○
	B4 非 R					○	○	○	○	○
	B5 非 R						○	○	○	○
	B6 非 R							○	○	○
	B7 非 R								○	○
	B 非 R	○	○	○	○	○	○	○	○	

注：○＝「励磁」、空白处＝「非励磁」。

1．常用制动指令电路分析

常用制动的制动力指令是由制动指令线（61～67 线）经由中央装置、终端装置，送到 BCU，并且通过 10 线，发出指令决定再生制动是否可用。为提高制动指令的安全程度，还用硬线贯穿方式将 67 线（常用最大制动）连接到 BCU。

常用制动指令的发生装置为司机制动控制器、ATP、制动指令转换器。根据司机制动控制器的操作位置，B1 非 R～B7 非 R 励磁，通过其常开触点使 61～67 线得电。在超过限制速

105

度后，通过ATP实施常用制动，释放NBR，通过NBR的常闭触点来励磁ATCBR。由此，ATCBR的常开触点闭合，61、66、67线得电，发出最大常用制动指令。若通过ATP判断制动力为B1或B4已经足够时，单独励磁ATCKB1R或励磁ATCKB1R和ATCKB4R，使61线或64线得电，使B1或B4指令发出。

动车组救援与回送时，制动指令转换器与机车的BP管连接，将BP压力信号供给制动指令转换器。制动指令转换器将根据BP压力信号，使X61~X67线得电，励磁B1非R~B7非R。接受相同型号动车组救援时，直接使贯穿线（61~67线）得电。

有再生制动指令时，电-空协调控制将由以下步骤进行：各车的BCU识别制动指令，根据速度和车辆重量进行计算，输出所需的制动力。若再生制动指令线（10线）得电，则牵引控制单元将根据BCU的再生制动模式电压（制动力指令值）进行再生制动力控制，将所得到的再生制动力的结果反馈到BCU。BCU接受从牵引控制单元反馈（再生反馈电压和电流检测信号CDR）的再生制动力，将不足部分的制动力由空气制动补足。

10线在B1非R、ATCBR、ATCKB1R中的任意一个励磁时得电，送出再生制动条件有效的指令。但在车速＜5 km/h、辅助制动选择、动力制动开放SW为打开的任意情况时，不会发送指令给10线。

2．快速制动指令电气电路

通常快速制动贯穿线（152线）向BCU传输得电信号，保持快速制动为关闭状态，即在152线失电时，BCU启动快速制动。

快速制动作用在以下情况下发出：

（1）司机制动控制器操作（置快速位）。

（2）ATP给出快速制动指令（EBR失电）。

（3）JTR失电。

1）司机制动控制器操作

通过司机制动控制器置「快速」位，「快速」位继电器（B非R）失磁，其常开触点打开，152线失电。

2）通过ATP的快速制动（EBR失电）

通过ATP的动作，总配电盘的用于ATP快速制动的继电器（EBR）失电，因此，其常开触点打开，使152线失电。但是，若ATPCOS处在断开的位置（ATPCOR励磁）时，ATP快速制动继电器（EBR）不起作用。

3）通过JTR失电引起的快速制动

154D线在失电时JTRTD落下，接着JTR失磁。

154D线在以下情况下由常得电变为失电状态：

（1）MR压力过低。总风管压力开关（MRHPS）→总风管压力开关继电器关闭（MRrAPSR）→154B1-154B2之间断开。

（2）列车分离。电气连接器断开→154线失电。

（3）制动力不足的检测。用于检测车辆制动力不足的时间继电器（UBTR）失磁→紧急制动继电器（UVR）失磁→154A-154K间断→154线失电。

（4）司机制动控制器置拔取位。B运非R常开触点断开→MCR失磁→154M线失电。

（5）乘务员操纵紧急制动开关。

（6）启动紧急制动开关（UBS1 or UBS2）→154A 失电。

4）快速制动模式空气制动与再生制动的关系

若将司机制动控制器置于快速位置，由于 B1 非 R 处于励磁状态，因此 10 线也处于得电状态。当动车组处于由 ATP 引起的快速制动状态时，由于 EBR 失电的同时 NBR 也失电，所以 ATCBR 励磁。JTR 失电时 ATCBR 也会励磁。由于 ATCBR 励磁，ATCBR 的常开触点变为关闭状态，10 线得电。所以，在发出快速制动指令时，通向牵引变流器的再生制动指令线 10 线得电；与此同时，根据从 BCU 送来的再生制动模式电压，再生制动控制单元（由牵引变流器担任）按与常用制动时同样的方式发出制动作用。

3．紧急制动指令电路

经由头车的 153K 的常开触点，贯穿线（153 线）得电。从 153 线、经由后位司机台的 MCR 的常闭触点使贯穿线（154 线）得电。

紧急制动在以下情况下起作用：

（1）列车分离。

（2）总风管压力过低。

（3）检测到制动力不足。

（4）紧急电磁阀失电。

（5）司机制动控制器手柄置拔取位。

1）列车分离时

列车分离处的前一端的车辆只有 154 线失电，JTR 失磁，快速制动发挥作用。在列车分离处的后一端的车辆，153 线、154 线系统一起变为失电状态，在紧急制动电磁阀（UV）失磁、紧急制动作用的同时，JTR 失磁→导致 152 线失电，发出快速制动指令。制动缸 BC 压力将获得紧急制动和快速制动两者中产生的最高压力值。

2）总风管压力过低时

通过总风管压力开关（MRHPS）对两端头尾车机罩内的总风管压力进行检测，低于设定值（590±10）kPa 时，触点断开。由于 MRHPS 的触点断开，总风管压力开关继电器（MRrAPSR）变为失磁。由此，MRrAPSR 的常开触点变为断开状态，打开 153K 继电器，153 线失电，同时，其他触点使 154D 线失电，JTR 失磁。由此，UV 失磁，在紧急制动发挥作用的同时，也发出快速制动指令。

3）检测到制动力不足时

在检测到制动力不足时，UBTR 失磁。当 UBTR 失磁时，UV 和 UVR 的供电电路在 153B-153C 之间被断开。UV 失磁后，启动该车的紧急制动；与此同时，由于 UVR 的常开触点断开，154A-154K 之间被断开，因此 JTR 失磁，152 线失电，快速制动作用。

（1）制动力不足检测的条件。

用于检测各车制动力不足的继电器（UBR）在失磁状态时，检测制动力不足功能开始启动（见图 3-2-4）。155 线得电时，155R 的常开触点闭合，UBR 励磁，若以下的条件成立时变为失磁。

条件：①∧{②∨（③∧④）}∧⑤∧⑥

① B 运非 R 为失磁：司机制动控制器置拔取位。
② B5 非 R 励磁：司机制动控制器置「B5-快速」位。
③ 70SR 励磁：速度在 70 km/h 以下。
④ B7 非 R 磁：司机制动控制器置「B7-快速」位。
⑤ NBR 为失磁：启动 ATP 制动（常用）。
⑥ JTR 为失磁：启动快速制动。

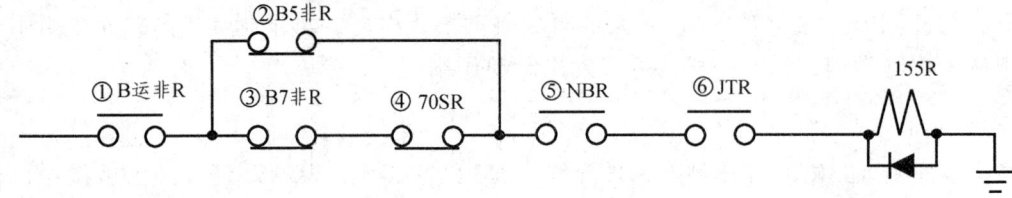

图 3-2-4　制动力不足检测

当 UBR 为失磁时，UBR 的常开触点打开，UBTR 在以下电路中呈自保状态。此状态时制动力不足检测功能启动（见图 3-2-5）。

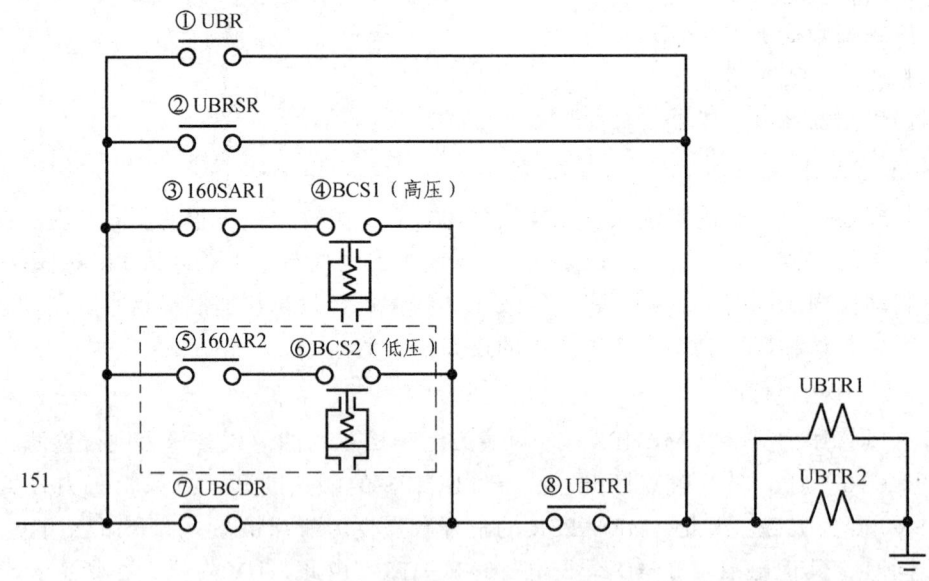

图 3-2-5　制动力不足检测的启动电路

当速度达到 160 km/h 以上时，BCS2（低压）变为 OFF，或者当速度在 160 km/h 以下时，将 BCS1（高压）变为 OFF，与此同时，若牵引变流器检测到再生制动力不足（UBCDR OFF）时，UBTR 将自保电路断开而失电。当 UBTR 为 OFF 后，UV（紧急制动阀）失磁，紧急制动起作用。在 UBR 为 OFF 期间，当 UBTR 失电后即使恢复了制动压力（制动力）检测，仍为失电状态。

制动力不足检测电路的复位：当制动力不足检测的功能未启动时，UBR 再次励磁，UBTR 励磁；若检测制动力不足的条件不成立，UBR、UBTR 也构成自保电路。URTR 在 UBRSR（用于紧急制动复位开关的继电器）励磁时也进行同样的复位。

（2）紧急制动的复位方法：

紧急制动启动后动车组将减速直至停车，中途无法缓解，必须进行复位操作。

继电器（156R）在以下的条件成立时励磁。

条件：①∧②∧③∧④

① B 非 R 为失磁：司机制动控制器置「快速」位。

② B 7 非 R 励磁：司机制动控制器置「7-快速」位。

③ UBRSWR 励磁：根据紧急制动复位开关（UBRS）处理复位。

④ MCR 励磁：操纵端司机制动控制器置「运行-快速」位。

继电器（156R）为 ON 后，156 线（紧急复位贯穿线）得电，各车的 UBRSR（用于紧急制动复位开关的继电器）励磁。在 UBSR 的常开触点使 UBTR 励磁，只要当 153 线恢复得电、UV 和 UVR 重新励磁，紧急制动即可复位、解除（见图 3-2-6）。

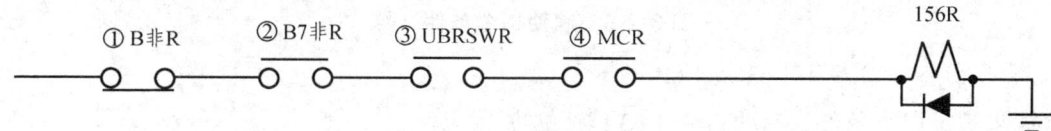

图 3-2-6　紧急制动的复位

4．辅助制动指令电路

使用辅助制动时，平时被打开的辅助制动断路器 SBN1（司机台）和 SBN2（配电盘）关闭，辅助制动继电器（SBNR）励磁。在操纵端使用司机制动控制器时，根据手柄位置，B1-3K、B4-5K、B6-7K、B 非 K 之一得电，从辅助制动模式发生器（司机台用）向贯穿线（411 线、461 线）输出交流电压。辅助制动模式发生器（各车用）将 411 线、461 线的电压变压、整流后，供给 BCU，直接控制 EP 阀。由此构成不经由列车信息控制装置的制动控制通路。由于 SBNR 的常闭触点变为断开状态，指令线（10 线）变为失电状态，再生制动不会发挥作用。

5．耐雪制动指令电路

装备耐雪制动的目的是：在下雪时为防止雪进入制动盘和闸片之间。为此，需将闸片推出，堵塞闸片和制动盘面之间的间隙。这个功能可通过操作司机控制台的耐雪制动开关（耐雪 SW）使 157 线得电，经由列车信息控制装置，将指令传送到各车的 BCU，BCU 通过识别速度（110 km/h 以下）来发出。

三、原理图连接条件说明

1．制动指令的条件（61 线）（1 挡）

在①～③的项目中，如果满足以下条件，制动指令（61 线）加压。

<条件>：①∨②∨③

① B1 非 R 励磁（见图 3-2-7）。

② ATCBR 励磁（ATP 最大常用制动）。

③ ATCKB1R 励磁（ATP 缓和制动 1N）。

图 3-2-7　制动指令条件 1 挡

2．制动指令的条件（62 线）（2 挡）

如果满足以下条件，制动指令（62 线）被加压。

① B2 非 R 励磁（见图 3-2-8）。

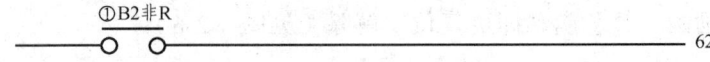

图 3-2-8　制动指令条件 2 挡

3．制动指令的条件（63 线）（3 挡）

如果满足以下条件，制动指令（63 线）被加压。

① B3 非 R 励磁（见图 3-2-9）。

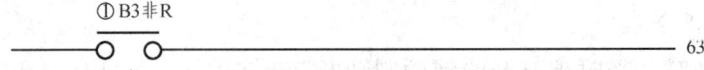

图 3-2-9　制动指令条件 3 挡

4．制动指令的条件（64 线）（4 挡）

在①、②的项目中，如果满足以下条件，制动指令（64 线）被加压。

＜条件＞：①∨②

① B4 非 R 励磁（见图 3-2-10）。

② ATCKB4R 励磁（ATP 缓和制动 4N）。

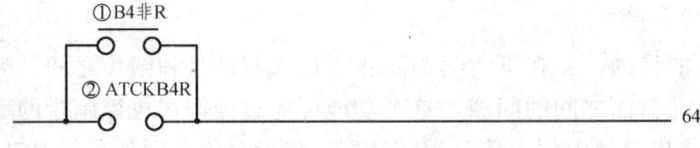

图 3-2-10　制动指令条件 4 挡

5．制动指令的条件（65 线）（5 挡）

如果满足以下条件，制动指令（65 线）被加压。

① B5 非 R 励磁（见图 3-2-11）。

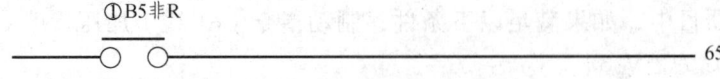

图 3-2-11　制动指令条件 5 挡

6．制动指令的条件（66 线）（6 挡）

在①～②的项目中，如果满足以下条件，制动指令（66 线）被加压。

<条件>：① ∨ ②
① B6 非 R 励磁（见图 3-2-12）。
② ATCBR 励磁（ATP 最大常用制动）。

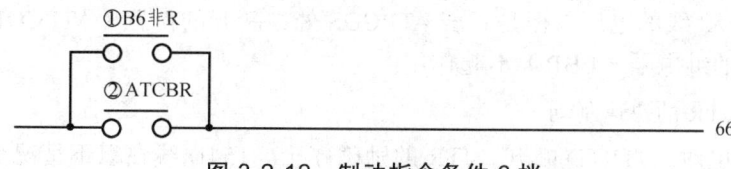

图 3-2-12　制动指令条件 6 挡

7．制动指令的条件（67 线）（7 挡）

在①～②的项目中，如果满足以下条件，制动指令（67 线）被加压。

<条件>：① ∨ ②
① B7 非 R 励磁（见图 3-2-13）。
② ATCBR 励磁。

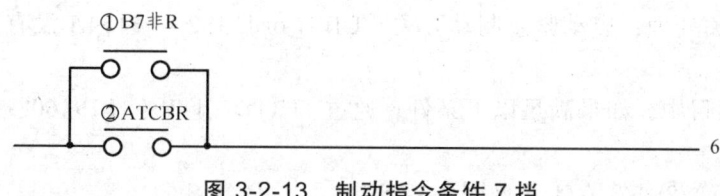

图 3-2-13　制动指令条件 7 挡

8．快速制动

向由快速制动贯穿线（152 线）组成的制动控制器输送加压信号，保持快速制动为关闭状态。

在①～③的项目中，若满足以下条件，152 线被加压。

<条件>：① ∧ ② ∧ ③（见图 3-2-14）
① JTR 励磁（不在紧急制动）。
② EBR 励磁（不在 ATP 非常制动）。
③ B 非 R 励磁（不在快速制动位）。

快速制动指令条件——当 152 线没有被加压（失电）时，制动控制器（BCU）识别快速制动指令，立即启动快速制动。

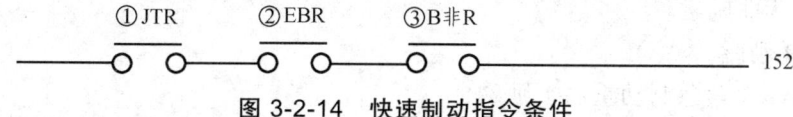

图 3-2-14　快速制动指令条件

快速制动于以下情况时起作用：
① 制动设定器操作（制动设定器手柄"快速"位置）。
② 根据 ATP 的快速制动（释放 EBR）。
③ 根据释放 JTR 的快速制动（受多种因素控制）。

1）制动设定器操作

将制动设定器置于[快速]位，[快速]位置继电器"B 非 R"变为非励磁，其 a 接点打开，关断输向 152 线的电压。

2）通过 ATP 的快速制动（释放 EBR）

通过 ATP 的动作，释放总配电盘上用于 ATP 快速制动的继电器（EBR），由此断开其 a 接点，关断输向 152 线的电压。但是，若 ATPCOS 处在断开的位置（ATPCOR 励磁）时，用于 ATP 快速制动的继电器（EBR）不起作用。

3）通过释放 JTR 的快速制动

154D 线在失电时，JTRTD 断开，JTR 的励磁停止。154D 线在以下情况变为失电。

① MR（主风缸）压力降低：总风管高气压开关关闭（MRHPS）→总风管气压开关继电器关闭（MRrAPSR）→153K 断电→154B1-154B2 间断。

② 列车分离：电气连接器断开→154 线没有电压。

③ 制动力不足的检测：车辆上用于检测制动力不足的时限继电器（UBTR）消磁→紧急制动阀继电器（UVR）消磁→154A-154K 间断→154 线没有电压。

④ 拔取制动设定器：B 运非 R 的 a 接点断开→MCR 消磁→154M 线消磁。

⑤ 乘务员开关处理：启动紧急制动开关（UBS1 or UBS2）→154A 没有电压。

JTR 的条件：

在①~④的项目中，如果满足以下条件，通过 JTRTD，JTR（1P191608-14F）进行励磁，不实施快速制动。

<条件>：①∧②∧③∧④（见图 3-2-15）

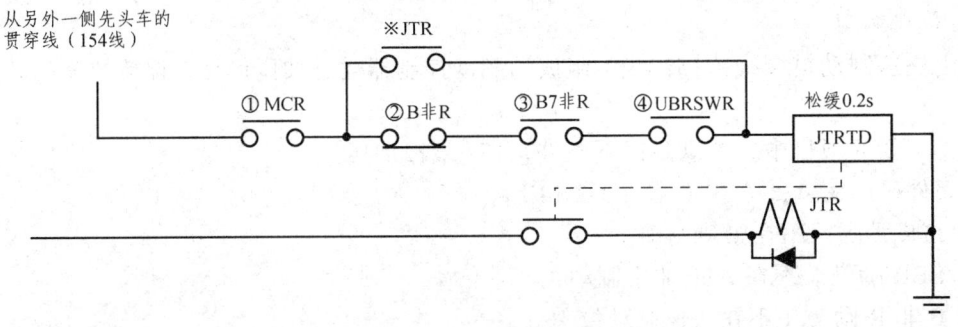

图 3-2-15　JTR 条件

① MCR 励磁。

② B 非 R 为非励磁。

③ B7 非 R 励磁。

④ UBRSWR（紧急制动重启）励磁。

一旦 JTR 励磁，进行自保持（自锁），直至 154 线变为无加压时，JTR 才非励磁。

当 JTRTD 从励磁变为非励磁时，延时 0.2 s 后释放→JTR 无励磁→快速制动动作。

4）与再生制动的关联

① 若将制动设定器置于"快速"位置时，由于"B1 非 R"处于励磁状态，因此 10 线也处于被加压的状态。

② 由 ATP 引起的快速制动时，由于释放 EBR 的同时也释放 NBR，所以 ATCBR 被励磁，ATCBR 的 a 接点变为关闭状态，10 线被加压。

③ JTR 非励磁时，ATCBR 也会被励磁，10 线被加压。

所以在发出快速制动指令时，在牵引变流器输入 10 线加压的指令，与此同时，从制动控制装置（BCU）输入再生制动模式信号，再生制动控制如常用制动时一样起作用。

再生制动指令的条件（10 线）：

在①~⑦的项目中，如果满足以下条件，再生制动指令线（10 线）被加压。

<条件>：（①∨②∨③）∧（④∨⑤）∧⑥∧⑦（见图 3-2-16）

① B1 非 R 励磁。

② ATCBR 励磁。

③ ATCKB1R 励磁。

④ 5SR 为非励磁：速度为 5 km/h 以上。

⑤ 空挡 R 励磁。

⑥ SBNR 为非励磁（制动装置正常，不是辅助制动模式）。

⑦ 电气制动开放开关 SW 为 OFF（关闭）（再生制动没有被切断）。

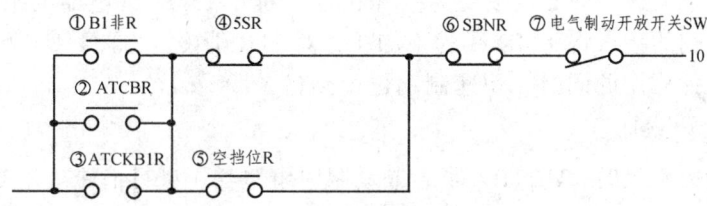

图 3-2-16 再生制动的指令条件

9. 紧急制动

经由头车的 153K 的 a 接点、贯穿线（153 线）得到加压。从 153 线、经由后位司机台的 MCR 的 b 接点，对贯穿线（154 线）进行加压，不实施紧急制动。一旦 153 线失电，紧急制动。

紧急制动在以下场合发挥作用。

① 列车分离。

② 总风管压力降低。

③ 检测制动力不足。

④ 紧急电磁阀被关闭时。

⑤ 制动设定器手柄被拔取时。

153K 的条件：

在①~③的项目中，如果满足以下条件，153K 被励磁。当 153K 被励磁后，153 线（正常运行时加压的贯穿线）被加压，构成紧急制动电路。当此电路变为没有加压时，紧急制动及快速制动工作。

<条件>：①∧②∧③（见图 3-2-17）

① B 运非 R 励磁。

② MCR 励磁。

③ MRrAPSR 励磁：总风缸用气压开关为 ON（接通）。

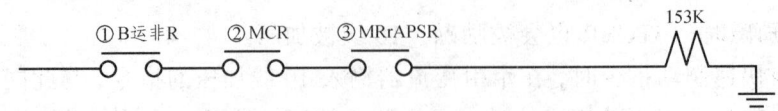

图 3-2-17 153K 的条件

1）列车分离时

列车分离处的前位一侧的车辆只有 154 线系统没有被加压，JTR 被消磁，快速制动发挥作用。

在列车分离的后位一侧的车辆，153 线、154 线系统均变为无电压，在紧急制动电磁阀（UV）消磁、紧急制动作用的同时，JTR 消磁→由于 152 线没有加电压，快速制动也得到指令。BCU（制动控制单元）将以紧急制动和快速制动的高位优先得到处理。

2）总风管管压降低时

通过总风管用高压开关（MRHPS）对两头车机罩内的总风管压力进行检测，低于设定值（590±10）kPa 时，断开接点。由于 MRHPS 的接点被打开，总风管用气压开关继电器（MRrAPSR）变为非励磁，其 a 接点变为打开状态，断开 153K 继电器的励磁。在将 153 线为不加压的同时，别的接点将 154D 线为不加压，对 JTR 消磁。由此，UV（紧急电磁阀）消磁，在紧急制动发挥作用的同时，快速制动也得到指令。

3）制动力不足检测时

在检测到制动力不足时，UBTR（紧急制动限时继电器）进行消磁。当 UBTR 被关闭时，UV（紧急磁阀）和 UVR（紧急磁阀继电器）的加压电路在 153B-153C 之间被阻断。UV 被消磁后，启动该车辆的紧急制动。与此同时，由于由 UVR 的 a 接点，154A-154K 之间被阻断，因此 JTR 被消磁，失去了对 152 线的加压，快速制动动作。

4）制动不足检测的构成

用于检测各车辆的制动力不足的紧急制动继电器（UBR）在非励磁状态时，检测制动不足功能开始启动。UBR 通过在 155R 的 a 接点被加压的 155 线得到励磁，若以下的条件成立时变为非励磁。

制动力不足检测的启动电路参见图 3-2-5，当 UBR 为非励磁时，UBR 的 a 接点打开，UBTR 在以下电路中呈自保状态。此状态时，检测制动不足的功能启动。若牵引变流器检测到电制动力不足，UBCDR 断开；当速度达到 160 km/h 以上时，160SAR2 接点闭合，当 BCS2（低压）因压力不足时变为断开；当速度在 160 km/h 以下时，160SAR1 接点闭合，当 BCS1（高压）因压力不足时变为断开。以上情况发生时，UBTR1 将自保电路断开而被释放，UV（紧急制动阀）的励磁被关闭，紧急制动起作用。在 UBR 为断开期间，当 UBTR 释放后即使恢复了制动压力（制动力）检测，仍为释放状态。

制动不足检测电路的复位：当成为不检测制动不足的条件状态时，UBR 被再次励磁，UBTR 即被励磁；若检测制动不足的条件成立时，又构成自保电路。URTR 在 UBRSR（用于紧急制动复位开关的继电器）被励磁时也进行同样的复位。

5）156R 的条件（紧急复位）

在①~④的项目中，如果满足以下条件，156R（1P191608-15D）励磁。当 156R 被励磁，贯穿线 156 被加压。当 156 线变为没有加压时，启动紧急制动。

<条件>：①∧②∧③∧④（见图 3-2-18）
① B 非 R 为非励磁。
② B7 非 R 励磁。
③ UBRSWR（紧急制动重启开关继电器）励磁。
④ MCR 励磁。

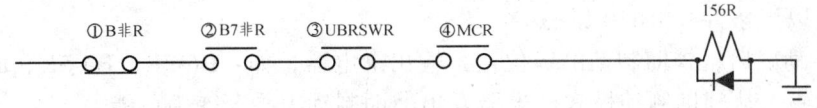

图 3-2-18　156R 的条件

UBRSWR 的条件（紧急制动复位）：
如果满足以下条件，UBRSWR 励磁（见图 3-2-19）。
① UBRS 为 ON：紧急制动复位开关为 ON（闭合）。

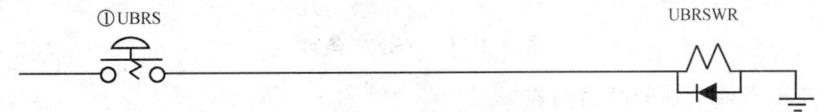

图 3-2-19　UBRSWR 的条件

继电器（156R）为 ON 后，156 线（紧急复位贯穿线）被加压，各个车辆的 UBRSR（用于紧急制动复位开关的继电器）被励磁。在 UBRSR 的 a 接点将 UBTR 投入励磁后，只要当 153 线的加压被恢复、UV 和 UVR 的励磁电路被构成，紧急制动被复位而解除。

10．耐雪制动

装备耐雪制动的目的是：在下雪时，为防止雪进入制动盘和闸瓦之间，轻轻地将闸瓦压紧，关闭在闸片和制动盘之间的缝隙。由于操作司机台的耐雪制动开关（耐雪 SW）、157 线被加压，经由车辆信息控制装置，将指令输送到各车辆的 BCU。BCU 通过识别速度（110 km/h 以下）来发挥作用。

耐雪制动指令条件（157 线）：
在①、②的项目中，如果满足以下条件，耐雪制动指令（157 线）被加压。
<条件>：①∧②（见图 3-2-20）
① 耐雪 SW 为 ON。
② MXR 为非励磁：没有和其他编组连挂。

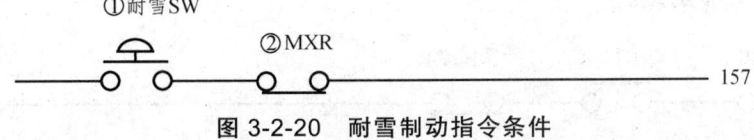

图 3-2-20　耐雪制动指令条件

11．辅助制动

使用辅助制动时，投入平时被断开的辅助制动断路器 SBN1（司机台）和 SBN2（配电盘）时，辅助制动继电器（SBNR）被励磁。在选择好的司机台使用制动设定器时，根据手柄位置，B 非 K、B1-3K、B4-5K、B6-7K 开始工作，从辅助制动模式产生器（司机台用）向贯穿线（411线、461线）输出交流电压。辅助制动模式产生器（各车辆用）将411线、461线的电压变压、整流后，供给制动控制装置，直接控制EP阀。由此构成不经由车辆信息控制装置的制动控制路径。由于SBNR的b接点变为打开状态、指令线（10线）变为非加压，再生制动不会发挥作用。

1）SBNR的条件（辅助制动）

如果满足以下条件，SBNR励磁。

当SBNR励磁后，辅助制动的级位信号输出继电器，如：B6-7K，B4-5K，B1-3K，B非K变为可以励磁，从辅助制动模式产生器发出辅助制动力指令变为可能。

① SBN 1辅助接点为ON：辅助制动用断路器的辅助接点为ON（见图3-2-21）。

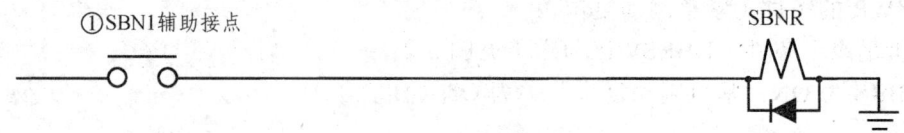

图 3-2-21　SBNR 条件

2）B6~7K的条件（辅助制动模式）

在①~③的项目中，如果满足以下条件，B6~7K励磁。

<条件>：①∧②∧③（见图3-2-22）

① SBNR励磁。

② B6非R励磁。

③ B非R励磁。

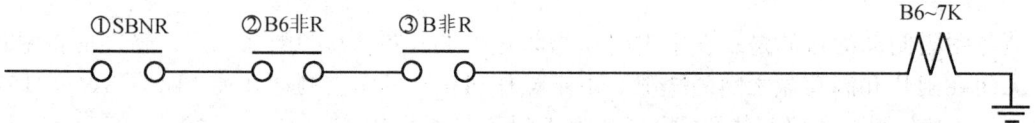

图 3-2-22　B6~7K 的条件

3）B4~5K的条件（辅助制动模式）

在①~③的项目中，如果满足以下条件，B4~5K励磁。

<条件>：①∧②∧③（见图3-2-23）

① SBNR励磁。

② B4非R励磁。

③ B6非R为非励磁。

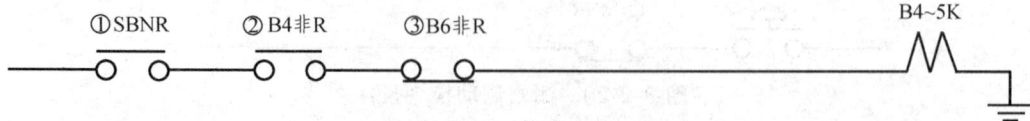

图 3-2-23　B4~5K 的条件

4）B1~3K的条件（辅助制动模式）

在①~③的项目中，如果满足以下条件，B1~3K励磁。

<条件>：①∧②∧③（见图3-2-24）

① SBNR 励磁。
② B1 非 R 励磁。
③ B4 非 R 为非励磁。

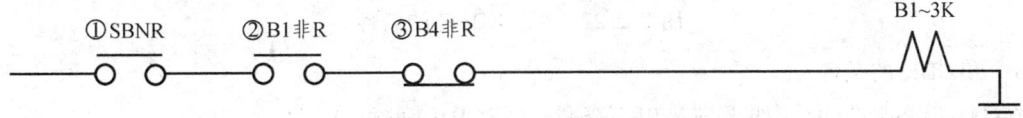

图 3-2-24　B1~3K 的条件

5）B 非 K 的条件（辅助制动模式）

在①~④的项目中，如果满足以下条件，B 非 K 励磁。

<条件>：①∧②∧（③∨④）（见图 3-2-25）

① SBNR 励磁。
② MCR 励磁。
③ B 非 R 为非励磁。
④ JTR 为非励磁。

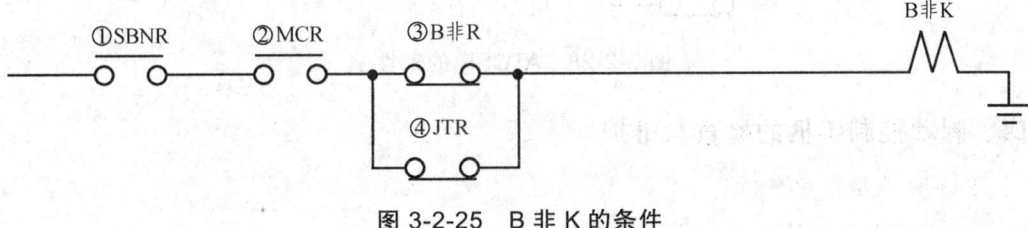

图 3-2-25　B 非 K 的条件

12．其他制动条件

1）ATCKB1R 的条件

在①~②的项目中，如果满足以下条件，ATCKB1R［ATC 缓和制动（B1）］励磁。

<条件>：①∧②（见图 3-2-26）

① MCR 励磁。
② KBA1R 励磁：ATP 指令。

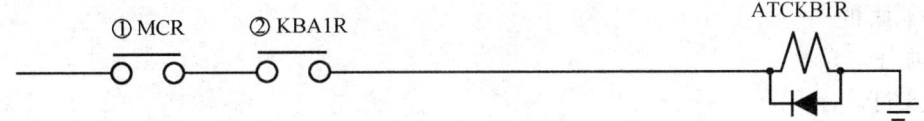

图 3-2-26　ATCKB1R 的条件

2）ATCKB4R 的条件

在①~②的项目中，如果满足以下条件，ATCKB4R［ATC 缓和制动（B4）］励磁。

<条件>：①∧②（见图 3-2-27）

① MCR 励磁。
② KBA4R 励磁：ATP 指令。

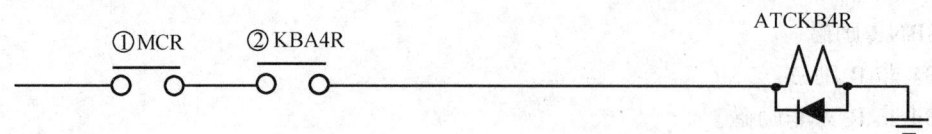

图 3-2-27　ATCKB4R 的条件

3）ATCBR 的条件

在①~③的项目中，如果满足以下条件，ATCBR 励磁。

当 ATCBR 被励磁后，贯穿线 67 被励磁，输入 ATC 制动模式信号至各制动装置。

<条件>：① ∧（② ∨ ③）（见图 3-2-28）

① MCR 励磁。

② NBR 为非励磁：启动 ATP 常用制动。

③ JTR 为非励磁。

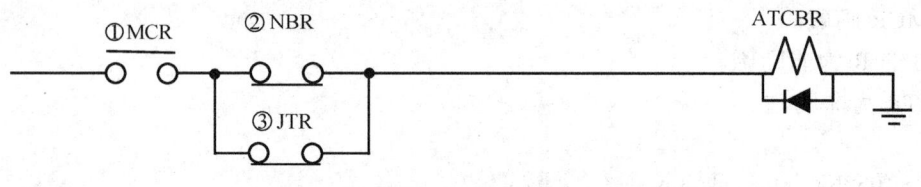

图 3-2-28　ATCBR 的条件

四、制动控制手柄的检查与维护

1．安全防护及注意事项

（1）司机室操纵台检查必须在无电条件下进行。

（2）作业人员应按规定穿戴劳保用品。

（3）蓄电池电压须保持在 87 V 以上，防止电压过低。

2．作业工具准备

（1）五件套工具。

（2）主控钥匙。

（3）司机室钥匙。

（4）干抹布。

（5）刷子。

（6）头灯。

（7）检修服。

（8）安全帽。

（9）劳保手套。

3．作业检修过程

（1）准备工作：

① 确认接触网断电。

② 确认 VCB 断开，受电弓降下。

（2）检修过程：
① 目视检查制动手柄，外观及安装状态无异常。
② 打开制动器检修门。
③ 将主控钥匙插入制动器，右旋解锁，目视检查开锁装置，操纵制动手柄自"拔出"位逐位切换至"运行"位，然后逐位返回"拔出"位，无损伤及动作异常，应动作良好，无卡滞、脱挡现象。
④ 目视检查凸轮，无变形、损伤、安装松缓现象。
⑤ 目视检查电气接点，无损伤和安装异常。
⑥ 将主控钥匙左旋拔出制动器，扳动制动手柄，确认锁闭状态良好。
⑦ 恢复检查孔盖，确认检查盖板安装良好。

任务三　故障案例分析

【任务描述】

以多媒体教学课件为学习载体，针对CRH2型动车组制动控制装置常见故障类型，分析故障原因及故障应急处理办法。

【背景知识】

一、故障类型

故障名称及代码见表3-3-1所示。

表3-3-1　故障代码

故障名称	代码	运行	乘务员	备注
制动控制装置 传输不良	052	○		
制动控制装置 故障	059	○		BCUF
制动控制装置 速度发电机断线1	060	○		TG1
制动控制装置 速度发电机断线2	061	○		TG2
制动控制装置 速度发电机断线3	062	○		TG3
制动控制装置 速度发电机断线4	063	○		TG4
制动不足	123	○		UBTR1
抱死1	151	○		FxR1
抱死2	152	○		FxR2
制动不缓解	153	○		OBTR
轴温1	154	○		TThRR1
轴温2	155	○		TThRR2

二、故障处理

故障处理过程见表 3-3-2 所示。

表 3-3-2 故障处理过程

编号	故障内容	保护装置	处理措施	注意事项
N4	制动控制装置传输不良（052）		可以继续行驶→确认 MON 的光传输状态页面→运行至停车站停车后，将该车辆制动控制装置 NFB 断开，再投入*1 →传输不良恢复→正常运行 →无法恢复→汇报调度→维持运行*2	*1：制动控制装置 NFB 断开，会导致紧急制动； *2：此故障不影响运行
N5	制动控制装置故障（059）	BCUF	可以继续运行→运行至停车站停车后，将该车辆制动控制装置 NFB 断开，再投入*1 →恢复→正常运行 →无法恢复→将该车辆配电盘下紧急阀（红色）关闭，闭合紧急短路 NFB，再将该车辆制动控制装置 NFB 断开→汇报调度→维持运行*2	*1：制动控制装置 NFB 断开，会导致紧急制动； *2：该故障处理后会引起列车制动能力降低，注意操作
N6	制动控制装置速度发电机断线 1（060）	TG1	用快速制动停车→汇报调度，下车检查 →断线恢复→正常运行 →无法恢复→切除该车辆制动系统（关门车）→MON 上"抱死切除"操作，汇报调度→维持运行	故障显示灯"转向架"点亮
N7	制动控制装置速度发电机断线 2（061）	TG2	用快速制动停车→汇报调度，下车检查 →断线恢复→正常运行 →无法恢复→切除该车辆制动系统（关门车）→MON 上"抱死切除"操作，汇报调度→维持运行	故障显示灯"转向架"点亮
N8	制动控制装置速度发电机断线 3（062）	TG3	用快速制动停车→汇报调度，下车检查 →断线恢复→正常运行 →无法恢复→切除该车辆制动系统（关门车）→MON 上"抱死切除"操作，汇报调度→维持运行	故障显示灯"转向架"点亮
N9	制动控制装置速度发电机断线 4（063）	TG4	用快速制动停车→汇报调度，下车检查 →断线恢复→正常运行 →无法恢复→切除该车辆制动系统（关门车）→MON 上"抱死切除"操作，汇报调度→维持运行	故障显示灯"转向架"点亮

续表

编号	故障内容	保护装置	处理措施	注意事项
N25	抱死1（151）	FxR1	用快速制动停车→汇报调度,下车检查→无异常→正常运行→异常→汇报调度,等待指示	故障显示灯"转向架"点亮
N26	抱死2（152）	FxR2	用快速制动停车→汇报调度,下车检查→无异常→正常运行→异常→汇报调度,等待指示	故障显示灯"转向架"点亮
N27	制动不缓解（153）	OBTR	立即停车→停车后,缓解制动,确认BC压力→BC压力有残留时,将该车厢的制动控制装置NFB断开,再投入→紧急复位操作,缓解制动,再次确认BC压力→BC压力仍有残留时,切除该车辆制动系统（关门车）→确认BC压力→汇报调度	
N28	轴温1（154）	TThRR1	用快速制动停车→汇报调度→下车检查相应车轴→汇报调度,等候指示	
N29	轴温2（155）	TThRR2	用快速制动停车→汇报调度→下车检查相应车轴→汇报调度,等候指示	

三、故障处理过程举例

1. 制动控制装置传输不良（052）

名称	制动控制装置传输不良（052）
现象	制动控制装置传输不良
车种	CRH2-200，CRH2长座，CRH2长卧，CRH2-300
原因	（1）光连接器连接插头松动、接触不良。（2）终端装置接口板卡故障
行车	继续运行
步骤	处理过程
1	当MON监视屏主菜单页面闪现【故障发生】提示，并伴有声音报警时，触按左下方【故障详情】

续表

步骤	处理过程
2	MON 监视屏切换至〖制动控制 传输不良（052）〗故障信息页面
3	通过 MON 光传输状态页面，确认故障车位置； 📞通知随车机械师
4	前方停车站停车后，随车机械师在故障车运行配电盘：制动控制装置 NFB（BCUN）断开再投入操作； 📞通知司机，确认故障是否恢复
5	通过 MON 监视屏 光传输状态页面，确认故障恢复情况： 若传输恢复，正常运行； 若故障未恢复，维持运行
注意	1. 制动控制装置 NFB 断开，可能导致紧急制动！ 2. 此故障不影响运行

2. 制动控制装置故障（059）

名称	制动控制装置故障（059）
现象	制动力降低，无法进行滑行控制
车种	CRH2-200，CRH2 长座，CRH2 长卧，CRH2-300
原因	制动控制装置本身故障
行车	继续运行

续表

序号		处理过程
1	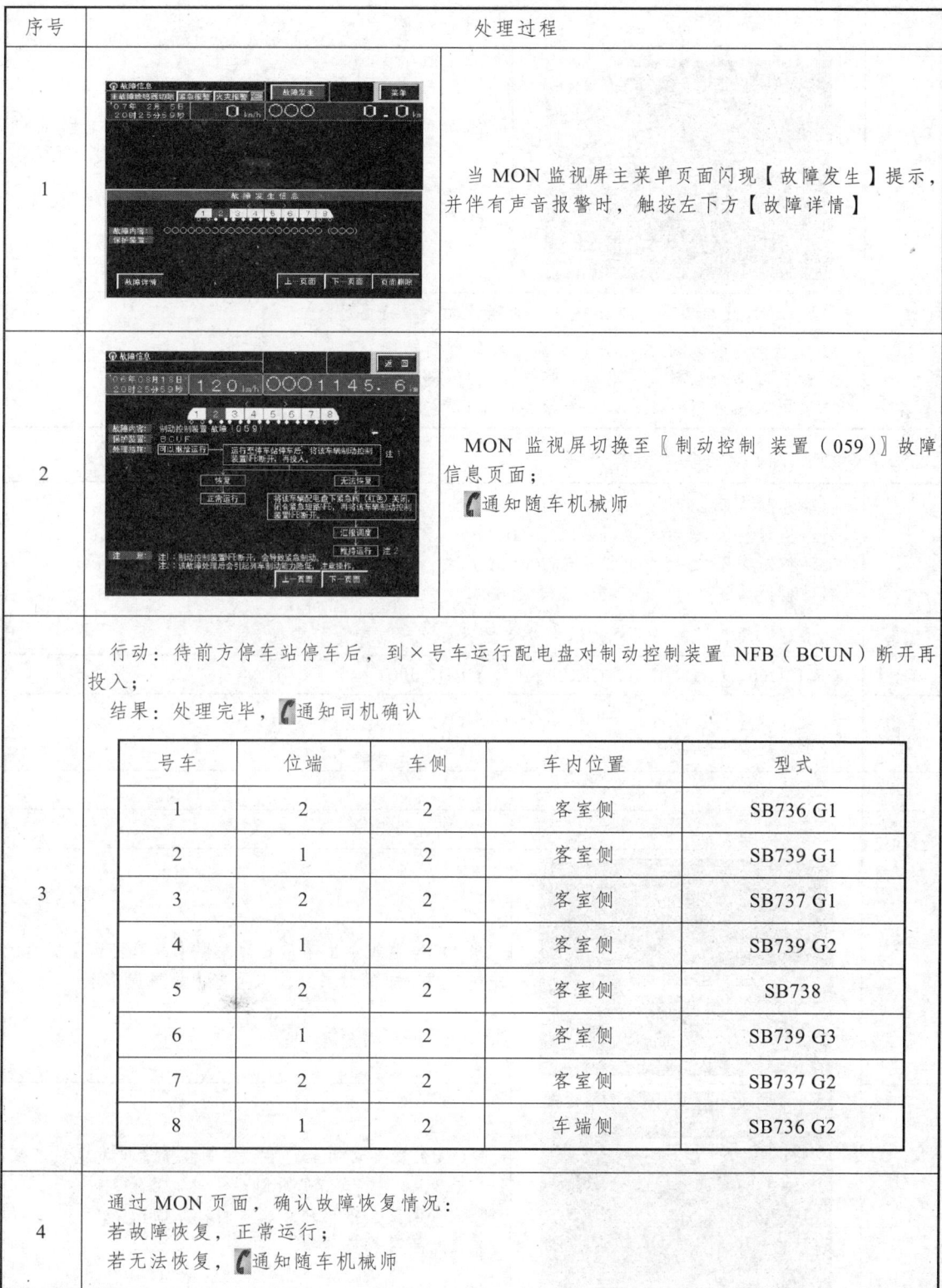	当 MON 监视屏主菜单页面闪现【故障发生】提示，并伴有声音报警时，触按左下方【故障详情】
2		MON 监视屏切换至〖制动控制 装置（059）〗故障信息页面； 📞通知随车机械师
3	行动：待前方停车站停车后，到×号车运行配电盘对制动控制装置 NFB（BCUN）断开再投入； 结果：处理完毕，📞通知司机确认 | 号车	位端	车侧	车内位置	型式 | |---|---|---|---|---| | 1 | 2 | 2 | 客室侧 | SB736 G1 | | 2 | 1 | 2 | 客室侧 | SB739 G1 | | 3 | 2 | 2 | 客室侧 | SB737 G1 | | 4 | 1 | 2 | 客室侧 | SB739 G2 | | 5 | 2 | 2 | 客室侧 | SB738 | | 6 | 1 | 2 | 客室侧 | SB739 G3 | | 7 | 2 | 2 | 客室侧 | SB737 G2 | | 8 | 1 | 2 | 车端侧 | SB736 G2 |	
4	通过 MON 页面，确认故障恢复情况： 若故障恢复，正常运行； 若无法恢复，📞通知随车机械师	

续表

序号		处理过程
5		行动：到×号车运行配电盘关闭（红色）紧急阀、（白色）供给阀门，拉出紧急短路开关（UVRS），断开制动控制装置NFB（BCUN）； 结果：处理完毕，通知司机确认
6	通过MON光传输状态页面，确认处理情况，维持运行	
注意	1. 制动控制装置NFB断开，可能导致紧急制动！ 2. 该故障会引起列车制动能力下降，注意操作； 3. 在对头车进行关门车处理时按关门车操作步骤进行	

3. 制动控制装置速度发电机断线

名称	制动控制装置 速度发电机断线1（060） 制动控制装置 速度发电机断线2（061） 制动控制装置 速度发电机断线3（062） 制动控制装置 速度发电机断线4（063）
现象	无法进行滑行控制，司机操纵台故障显示灯"转向架"灯点亮
车种	CRH2-200，CRH2长座，CRH2长卧，CRH2-300
原因	（1）制动控制器的速度发电机信号馈线断线； （2）速度发电机故障
行车	司机操纵快速制动停车
步骤	处理过程

步骤		处理过程
1	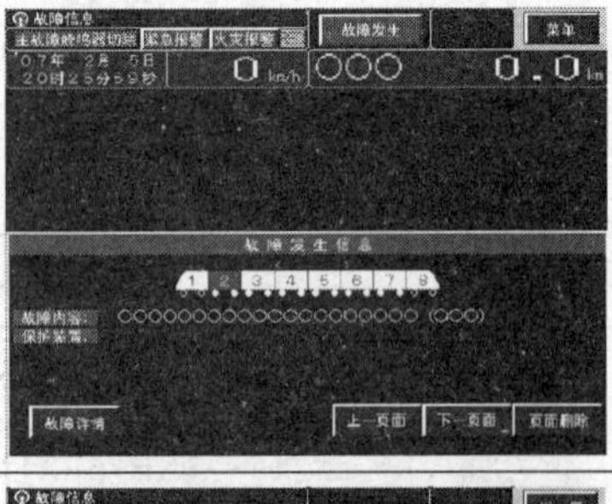	当MON监视屏主菜单页面闪现【故障发生】提示，并伴有声音报警时，触按左下方【故障详情】
2	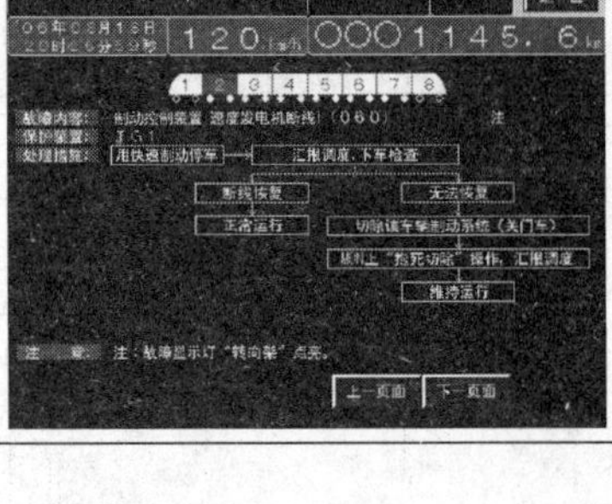	MON监视屏切换至〖制动控制装置速度发电机断线1、2、3、4〗故障信息页面； 报告调度：停车地点、时间、原因； 通知随车机械师

续表

序号	处理过程			
3	行动：停车后下车，立即到×号车相应轴端速度发电机引出线，检查速度发电机及连接插头； 结果：处理完毕，上车。通知司机确认	车号	位数	型式
		1	2、8	AG37
		1	4、6	AG43
		8	2、8	AG37
		8	4、6	AG43
4	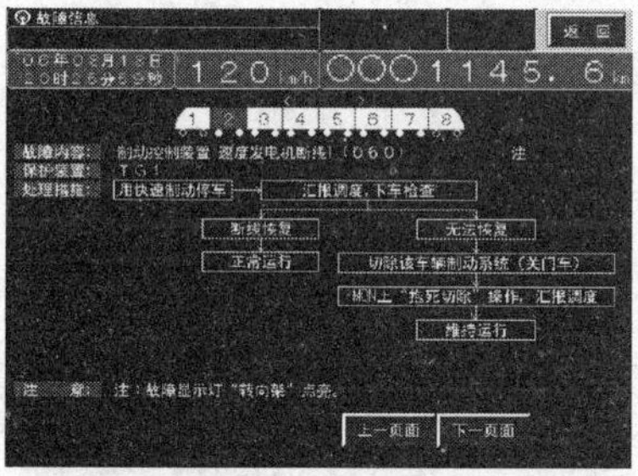	通过MON监视屏页面，确认故障恢复情况： 若故障恢复，正常运行； 若无法恢复，通知随车机械师		
5		行动：到×号车运行配电盘关闭（红色）紧急阀、（白色）供给阀门，拉出紧急短路开关（UVRS），断开制动控制装置NFB（BCUN）； 对该车做关门车操作； 处理完毕，通知司机：关门车处理完毕		
6	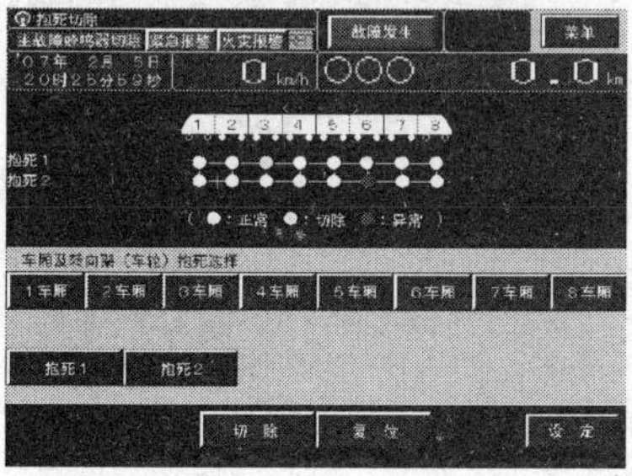	通过MON监视屏，对该车做〖抱死切除〗操作； 通过MON监视屏 光传输状态页面，确认处理情况，维持运行		

4．制动不足（123）

名称	制动不足（123）
现象	紧急制动动作
车种	CRH2-200，CRH2长座，CRH2长卧，CRH2-300
原因	（1）UBTRTD继电器故障。（2）电路故障。（3）制动管系泄漏。（4）EP阀故障。（5）检测传感器故障。（6）BCU故障
行车	自动紧急制动停车

续表

步骤		处理过程
1	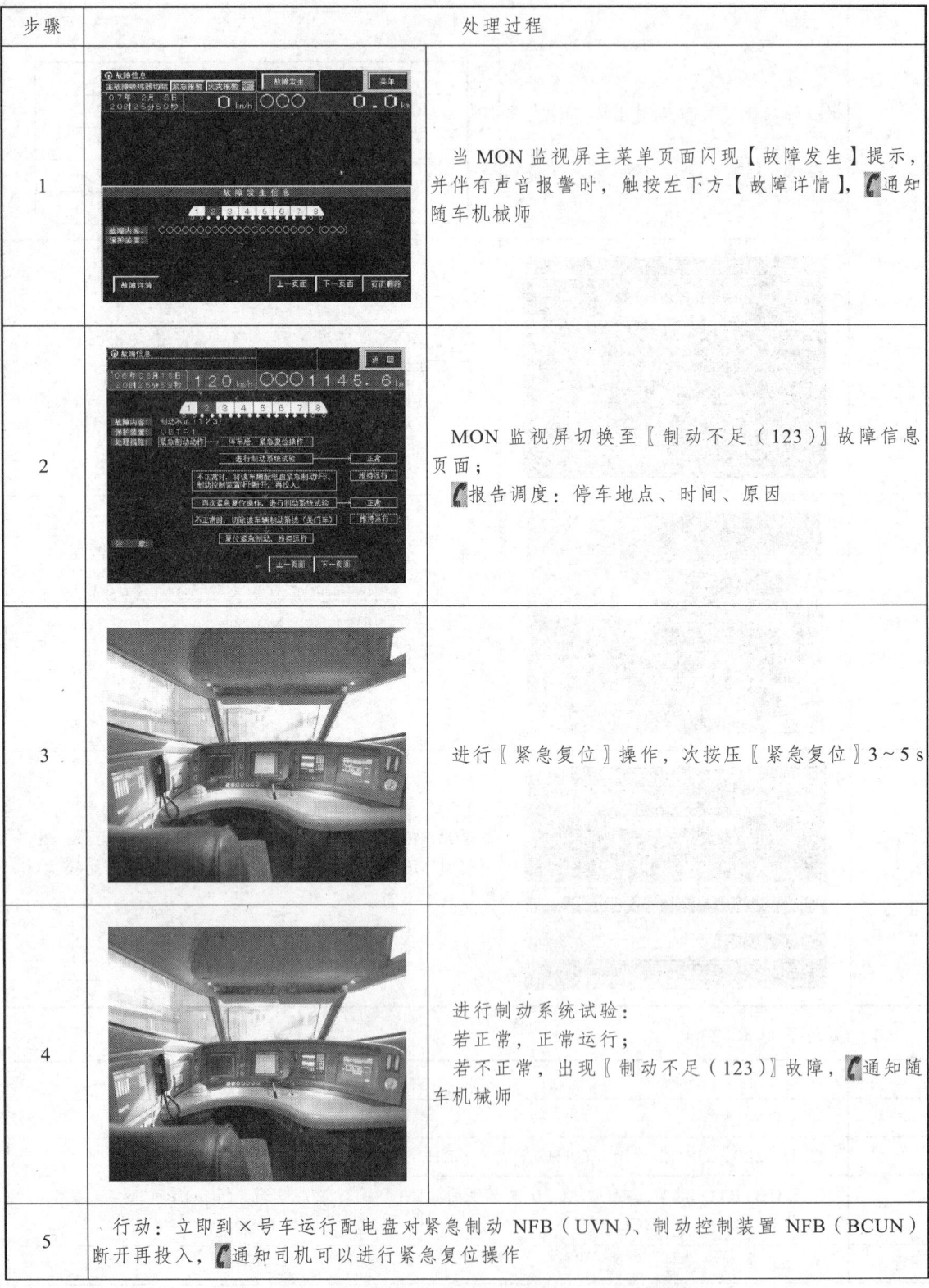	当 MON 监视屏主菜单页面闪现【故障发生】提示，并伴有声音报警时，触按左下方【故障详情】，📞通知随车机械师
2		MON 监视屏切换至〖制动不足（123）〗故障信息页面； 📞报告调度：停车地点、时间、原因
3		进行〖紧急复位〗操作，次按压〖紧急复位〗3～5 s
4		进行制动系统试验： 若正常，正常运行； 若不正常，出现〖制动不足（123）〗故障，📞通知随车机械师
5	行动：立即到×号车运行配电盘对紧急制动 NFB（UVN）、制动控制装置 NFB（BCUN）断开再投入，📞通知司机可以进行紧急复位操作	

续表

步骤		处理过程
6		再次进行〖紧急复位〗操作，每次按压〖紧急复位〗3~5 s
7		再次进行制动系统试验： 若正常，正常运行； 若不正常，☎通知随车机械师
8		行动：到×号车运行配电盘关闭（红色）紧急阀、（白色）供给阀门，拉出紧急短路开关（UVRS），断开制动控制装置 NFB（BCUN）； 对该车做关门车操作； 处理完毕，☎通知司机可以进行紧急复位操作
9		通过 MON 监控屏确认关门处理情况，进行〖紧急复位〗操作，每次按压〖紧急复位〗3~5 s； ☎报告调度，按规定行车

【自测练习】

1. 分析动车组制动控制系统的基本组成。
2. 动车组采用哪些制动方式及对应的线号？
3. 分析动车组电空制动的优先级。
4. 绘图分析制动控制器的工作过程。
5. 分析动车组常用制动电气指令电路的工作过程及常用制动控制的工作原理。
6. 分析动车组制动控制电路的工作过程。
7. 简述动车组制动控制系统常见故障及处理方法。

项目四　动车组辅助供电系统电路分析

【项目描述】

在动车组电气及控制系统实训基地或者动车组列车模拟仿真实训基地，或者动车组大师训练中心实训基地，以动车组配电柜模型，配电柜实物，辅助电源装置，多媒体教学课件为学习载体，介绍辅助供电系统的构成、供电方式、交直流供电回路、辅助电源装置、辅助电路等方面。要求学生能分析辅助供电系统电路，能根据检修作业标准排查及处理故障。

学习过程中要求学生树立安全生产和质量意识，培养学生团队协作能力。

【知识目标】

（1）掌握交直交型和直交型辅助变流器的工作原理；
（2）掌握动车组辅助供电系统的基本组成；
（3）掌握各型动车组辅助供电系统的工作原理；
（4）掌握动车组辅助电源、辅助电路的工作过程；
（5）掌握CRH2型动车组配线系统及各车配电盘。

【能力目标】

（1）能分析辅助供电电路原理图；
（2）能分析辅助电源、辅助电路电气原理图；
（3）能够根据检修作业标准，清洁与维护配电盘；
（4）能够排查并处理常见故障。

任务一　浅析辅助变流器

【任务描述】

本任务是对动车组辅助牵引变流器相关知识的学习，以多媒体教学课件为载体，介绍辅助变流器结构、工作原理以及典型动车组应用的辅助变流器，为本项目内容的学习打下基础。

【背景知识】

为了保证列车正常运行，列车上设有三相交流辅助电路和辅助机械装置。由于主变压器的油散热器、牵引变流装置、牵引电动机等在运行时发出大量的热量，需要通风机进行强迫风冷;主变压器和牵引变流器需要设置冷却油泵驱动冷却油循环;列车的制动、受电弓以及车上各种气动机械要装置压缩机来提供风源等,所有这些辅助装置都要用三相鼠笼异步电动机来驱动。为此,需要在列车上设置三相交流电源,这是由辅助变流器完成的。列车的控制系统以及照明系统,需要直流电源,这是由辅助整流器完成的。在升弓前或高压设备、主变压器出现故障时,相关系统由蓄电池供电。因此,列车辅助供电系统的直流部分包括辅助整流装置和蓄电池。

列车辅助供电系统主要由辅助变流器、辅助整流器以及相关的组件构成。辅助变流器用来提供三相 AC 400 V 的电源,由静止变流器来实现;辅助整流器用来提供直流电源,由整流装置来实现。

一、辅助变流器

辅助变流器主要为牵引电机通风机、主变压器油冷却器通风机、牵引变流器冷却用油泵、网侧滤波器油泵、主变压器油泵、牵引变流器通风机等设备供电。为了防止因辅助供电设备故障而影响机车的正常运行,辅助供电系统要求具有很高的冗余度,因此,列车一般采用电源独立的多台辅助变流器同时供电,部分辅助变流器间还可以转换连接。

对于辅助变流器输出的电压,在正常工作状态时可以分为两种:一是电压频率恒定,均为三相 AC 400 V 50 Hz;一是可以根据负载所需要的功率来调节电压和频率。输出电压频率恒定的辅助变流器具有控制简单的特点,供给不需要调速的用电设备,主要为主变压器和网侧滤波器的油泵、牵引变流器通风机、空气压缩机电动机、等等,能够满足所有交流辅助电机供电的基本要求。输出电压频率可调的辅助变流器控制要复杂一些,除了能够满足辅助电机的基本要求外,还能按照设备所需要的功率来调节电压和频率,以节约能耗和降低通风机噪声(主要为牵引电动机通风机、牵引变流器油泵和油冷却器通风机等)。CRH2、CRH5 动车组采用恒压恒频的辅助变流器供电;CRH3 动车组采用恒压恒频与调压调频的辅助变流器相结合的供电方式。

辅助变流器的输出端电压为 PWM 波,此电压具有很高的 du/dt 值,为了减小高的 du/dt 值对辅机造成的不利影响,一般要求在逆变器的输出端增设 EMC 滤波器,使输出电压的电压上升斜率(du/dt 值)$\leqslant$ 500 V/μs、最大尖峰电压 $U_{pk} \leqslant 1\,000$ V。

1. 辅助变流器的结构与特点

根据辅助变流器输入侧的不同,辅助变流器的主电路可以分为两种类型:一是输入侧为交流,称之为交直交型;一是输入侧为直流,称之为直交型。现在分别予以介绍。

1)交直交型辅助变流器

交直交型辅助变流器由机车牵引变压器辅助绕组供电,由脉冲整流器、中间直流回路、逆变器 3 部分组成,其结构如图 4-1-1 所示。采用交直交型辅助变流器的电路原理如图 4-1-2 所示。各部分的功能如下:

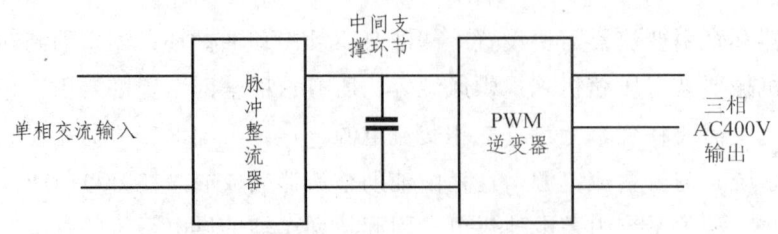

图 4-1-1 交直交型辅助变流器结构框图

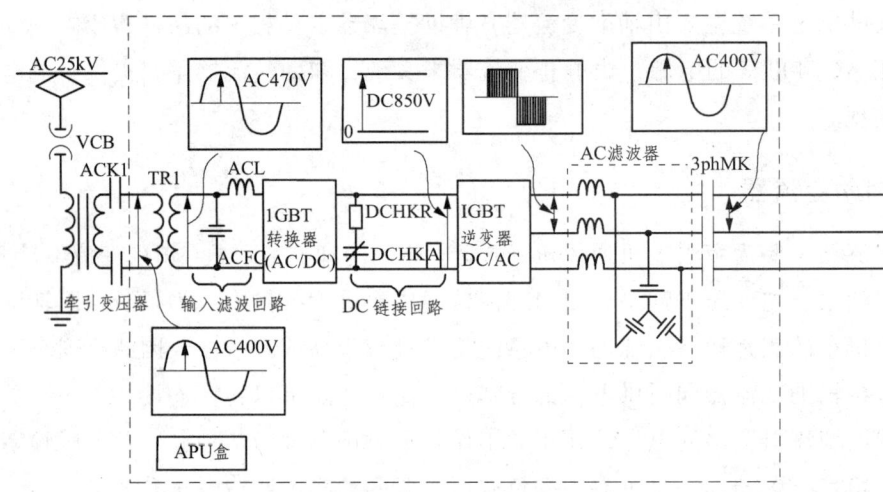

图 4-1-2 交直交型辅助变流器电路原理图

① 脉冲整流器:脉冲整流器将牵引变压器输入的单相交流电压变换成恒定的直流电压,采用脉宽调制方式。

② 中间直流回路:滤波电容器将稳定的直流电压供给后段的逆变器。

③ 逆变器:逆变器将直流电压变换成为三相交流电压。

为了减少电网输入的高次谐波干扰,需要在牵引变压器和脉冲整流器之间增加滤波环节,以抑制谐波电流。

采用交直交型结构的辅助变流器具有以下特点:

① 牵引变压器需要提供辅助绕组为辅助变流器供电。

② 采用脉冲整流器能够保证输入侧较高的功率因数。

③ 变流器的启动方式为软启动,能够有效减小电机的启动电流。

④ 可以在较大的网压范围内工作。

⑤ 输出电压稳定,三相输出电压平衡。

2)直交型辅助变流器

直交型辅助变流器直接从牵引变流器的中间直流环节取流,因此它只需要逆变器就可以实现直流电到三相交流电的变换。但是,为了保证输出电压的正弦度以及 400 V 的电压值,必须额外增加降压设备。一般有两种组合:一是斩波降压变换+逆变器,如图 4-1-3(a)所示,典型的电路原理如图 4-1-4 所示;一是逆变器+三相降压变压器,如图 4-1-3(b)所示,典型的电路原理如图 4-1-5 所示。(为了保证输出电压波形的正弦度,必须保证逆变器的输出

占空比，这就使得逆变器在输入直流电压较高时，输出的交流电压值也比较高，从而必须使用降压变压器降压）

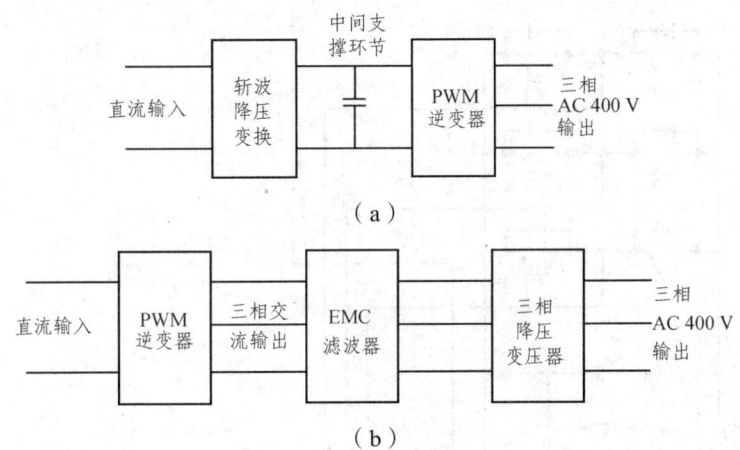

图 4-1-3 直交型辅助变流器结构框图

① 斩波降压变换［对应于 4-1-3（a）的结构］：将牵引变流器的中间直流电压降到合适的值，保证逆变器的输出电压为 400 V。

② 三相降压变压器［对应于 4-1-3（b）的结构］：利用电磁感应原理，将逆变器输出的较高的交流电压降至 400 V。

③ 逆变器：逆变器将直流电压变换成三相交流电压。

与交直交型辅助变流器相比，直交型辅助变流器具有两个显著特点：

① 无须牵引变压器提供辅助绕组，而是直接从牵引变流器的中间直流环节取流。

② 必须采取降压措施，确保输出电压的幅值。

2．辅助变流器的工作原理

辅助变流器会用到脉冲整流器、斩波器、降压逆变器、三相降压变压器。

1）脉冲整流器的工作原理

辅助变流器中用到的脉冲整流器的结构、作用及工作原理与列车牵引四象限脉冲整流器相同，因此不再赘述。而且，由于辅助变流器供电的设备不需要进行能量反馈，脉冲整流器也就不需要进行能量的逆向流动，因此，辅助变流器的脉冲整流器控制要比牵引脉冲整流器简单。

2）逆变器的工作原理

辅助变流器采用的逆变器与列车牵引传动系统采用的两电平 PWM 逆变器，在结构、作用及工作原理上是相同的，在此不再赘述。由于用电设备不需要转速的精确控制，也不需要进行能量反馈，因此其控制比较简单。

3）三相降压变压器的工作原理

三相降压变压器和普通的电力变压器没有区别，在此不再赘述。

4）降压斩波器的工作原理

斩波器是利用自关断器件来实现通断控制，将直流电源电压断续加到负载上，通过通、断

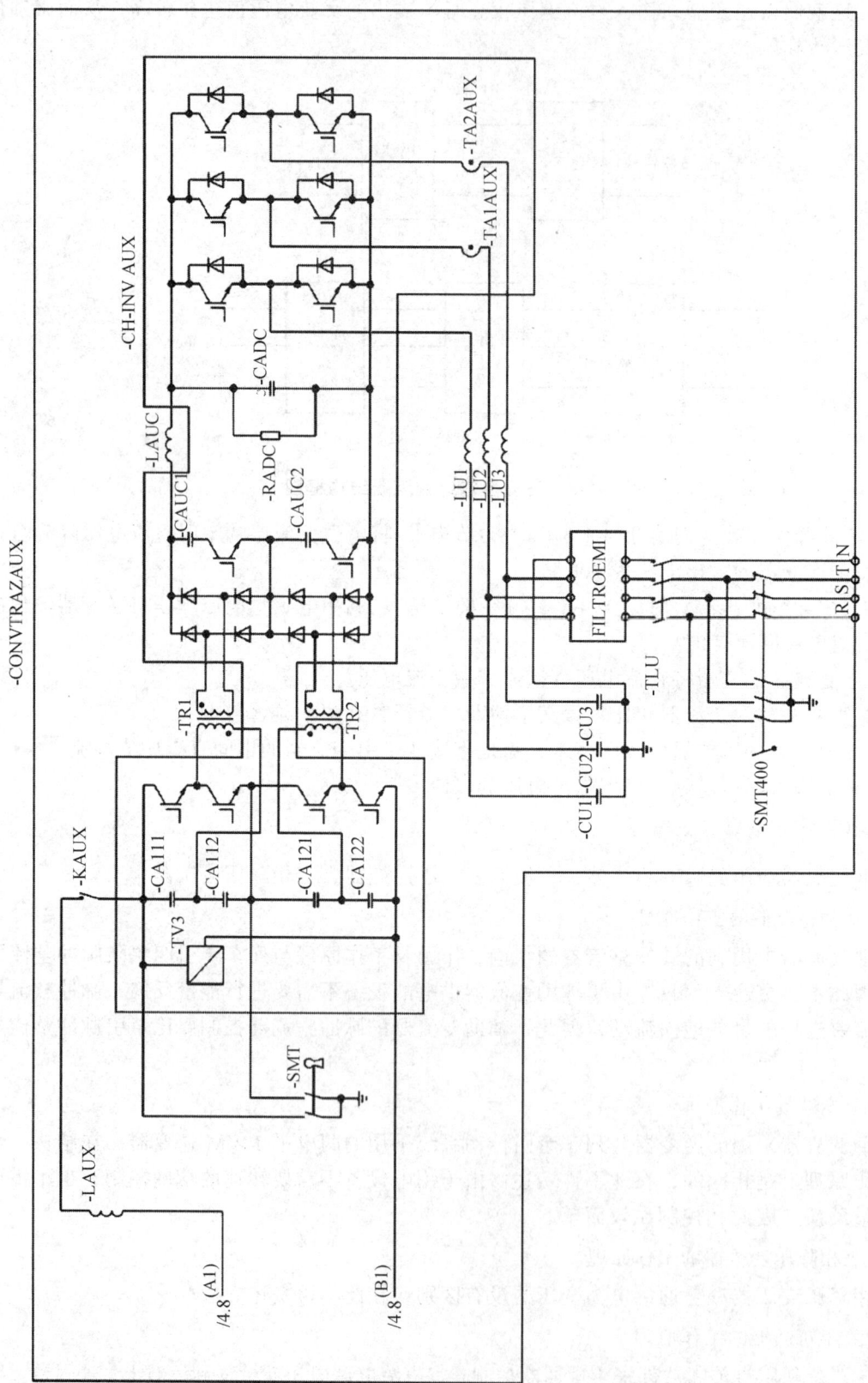

图 4-1-4 采用斩波降压变换的直交型辅助变流器电路原理图

的时间变化来改变负载电压平均值,也称之为 DC-DC 变换器。它具有效率高、体积小、质量轻、成本低等优点。快速电力电子器件的出现,为斩波频率的提高创造了条件,提高斩波频率可以减少低频谐波分量,降低对滤波元器件的要求,减少了体积和质量。

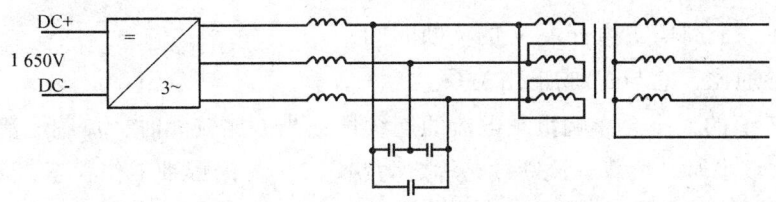

图 4-1-5　采用降压变压器的直交型辅助变流器电路原理图

列车辅助供电系统中使用的均为降压斩波器,其电路如图 4-1-6(a)所示。图中 V 为全控型器件,VD 为续流二极管,E_M 为负载出现的反电动势。

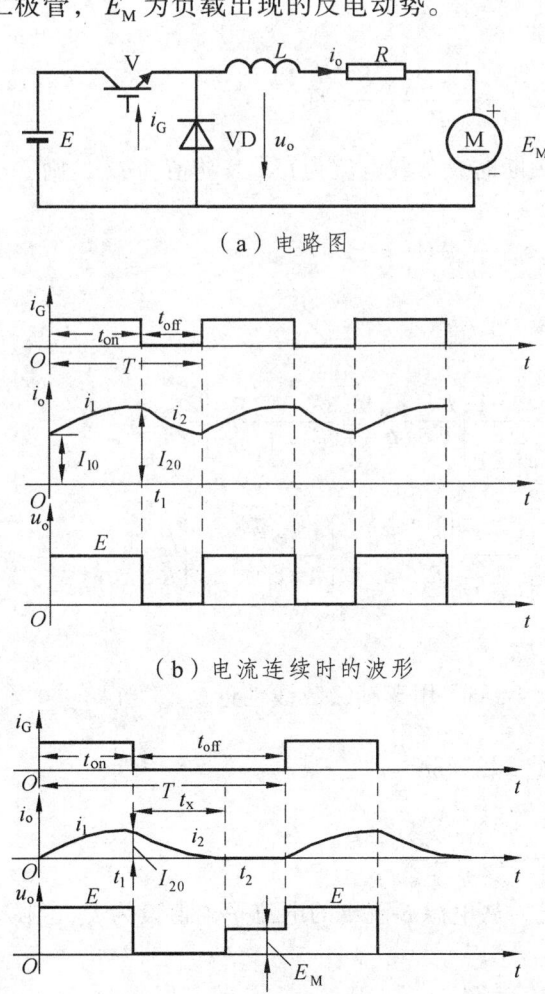

图 4-1-6　降压斩波电路及其波形

对于降压斩波电路,负载端直流输出电压的平均值 U_o 满足下式

$$U_{\text{o}} = \frac{t_1}{T}E = \frac{t_1}{t_1+t_2}E = \alpha E \tag{4-1-1}$$

式中　t_1——在一个周期 T 内开关 V 的导通时间；

　　　t_2——在一个周期 T 内开关 V 的关断时间；

　　　α——导通比，它与 U_{o} 成正比关系。

负载电感 L 值的大小会影响负载电流的连续性：当 L 比较大时，负载电流连续，称之为状态 1；当 L 比较小时，负载电流断续，称之为状态 2。无论哪种工作状态，图 4-1-6（a）所示电路的负载电流和电压都只有正的方向，且只能在第一象限工作，并且 $U_{\text{o}} \leqslant E$，故称为降压斩波电路。

分析图 4-1-6（a）的电路，在开关 V 导通时设负载电流为 i_1，其初始值为 I_{10}，并且 $\tau = L/R$，则有

$$i_1 = I_{10}\text{e}^{-\frac{t}{\tau}} + \frac{E - E_{\text{M}}}{R}(1 - \text{e}^{-\frac{t}{\tau}}) \tag{4-1-2}$$

同样的，在开关 V 关断时设负载电流为 i_2，其初值为 I_{20}，则

$$i_2 = I_{20}\text{e}^{-\frac{t}{\tau}} - \frac{E_{\text{M}}}{R}(1 - \text{e}^{-\frac{t}{\tau}}) \tag{4-1-3}$$

负载电流连续时，有

$$I_{10} = \left(\frac{\text{e}^{\frac{t_1}{\tau}} - 1}{\text{e}^{\frac{T}{\tau}} - 1}\right)\frac{E}{R} - \frac{E_{\text{M}}}{R} = \left[\frac{\text{e}^{\alpha\rho} - 1}{\text{e}^{\rho} - 1} - m\right]\frac{E}{R} \tag{4-1-4}$$

$$I_{20} = \left(\frac{1 - \text{e}^{-\frac{t_1}{\tau}}}{1 - \text{e}^{-\frac{T}{\tau}}}\right)\frac{E}{R} - \frac{E_{\text{M}}}{R} = \left[\frac{1 - \text{e}^{-\alpha\rho}}{1 - \text{e}^{-\rho}} - m\right]\frac{E}{R} \tag{4-1-5}$$

式中，$\rho = T/\tau$，$m = E_{\text{M}}/E$。

把式（4-1-4）和式（4-1-5）用泰勒级数线性近似，可得

$$I_{10} \approx I_{20} \approx (\alpha - m)\frac{E}{R}$$

即

$$I_{\text{o}} = (\alpha - m)\frac{E}{R} = \frac{\alpha E - E_{\text{M}}}{R} \tag{4-1-6}$$

设负载电流完全平直，从电源 E 流出的电流平均值设为 I_1，则

$$I_1 = \frac{t_1}{T}I_{\text{o}} = \alpha I_{\text{o}} \tag{4-1-7}$$

考虑负载电流断续时，可求得负载电流连续的状态 1 和断续的状态 2 的临界条件，即

$$m = \frac{\text{e}^{\alpha\rho} - 1}{\text{e}^{\rho} - 1} \tag{4-1-8}$$

则输出电压的平均值 U_o 为

$$U_o = \frac{t_1 E + (T - t_1 - t_x)E_M}{T} = \left[\alpha + \left(1 - \frac{t_1 + t_x}{T}\right)m\right]E \qquad (4\text{-}1\text{-}9)$$

负载平均电流 I_o 为

$$I_o = \frac{1}{T}\left[\int_0^{t_1} i_1 dt + \int_0^{t_2} i_2 dt\right] = \left(\alpha - \frac{t_1 + t_x}{T}m\right)\frac{E}{R} \qquad (4\text{-}1\text{-}10)$$

3．辅助变流器的控制策略

辅助变流器的控制策略主要包括脉冲整流器、斩波器和 PWM 逆变器 3 个部分。脉冲整流器的控制策略见牵引传动的四象限脉冲整流器。

1）斩波器

斩波器的控制方法主要有：时间比控制、瞬时值控制以及二者的混合控制。

（1）时间比控制方式。

时间比控制方式的结构框图见图 4-1-7。时间比控制方式可以分为定频调宽（见图 4-1-8）、定宽调频（见图 4-1-9）和调宽调频（见图 4-1-10）3 种类型，并且定频调宽是这 3 种控制方式中应用最为广泛的一种。

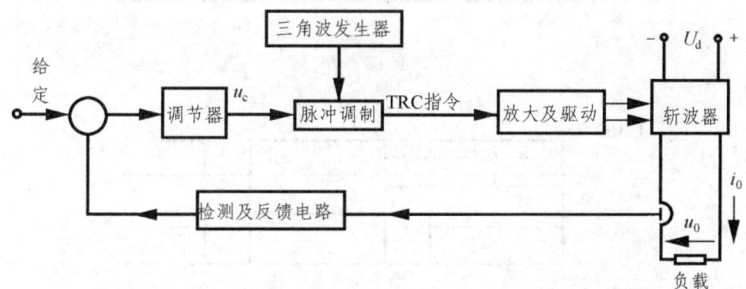

图 4-1-7　时间比控制时斩波器闭环控制系统框图

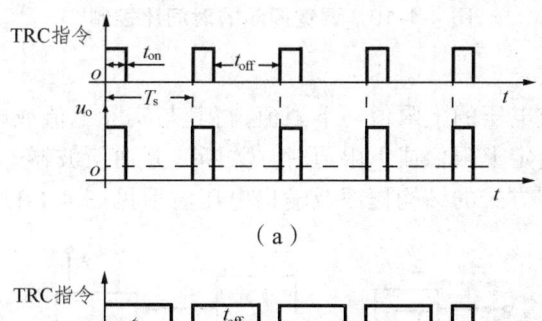

（a）

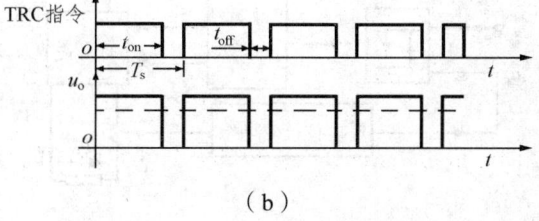

（b）

图 4-1-8　定频调宽的时间比控制

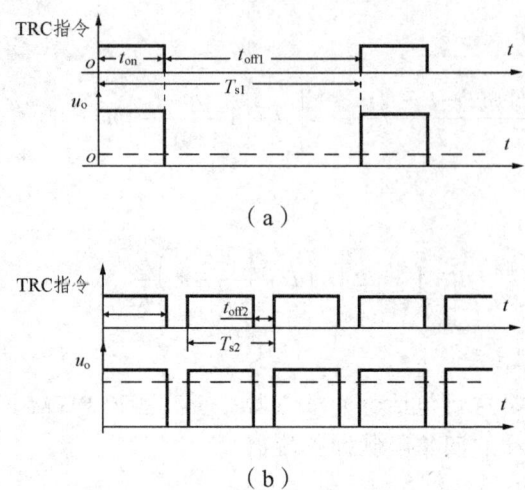

图 4-1-9 定宽调频的时间比控制

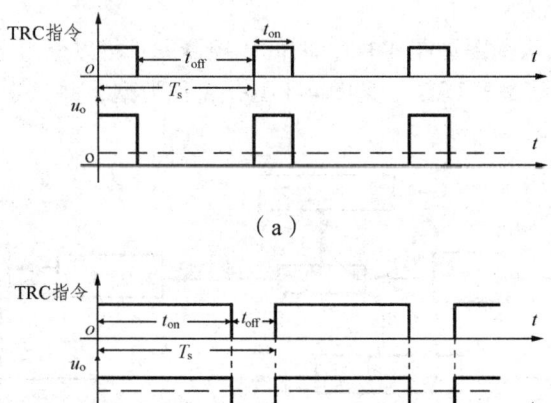

图 4-1-10 调宽调频的时间比控制

（2）瞬时值控制方式。

分别预先给定电流或电压的上限值与下限值，将其与实际电流或电压的瞬时值进行比较，当实际电流或电压达到给定上限值或下限值时，关断或开通斩波器，这种控制方式就是瞬时值控制方式。瞬时值控制方式的结构框图及输出电压波形见图 4-1-11。

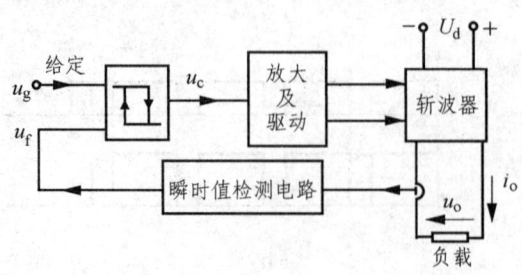

（a）控制系统结构框图

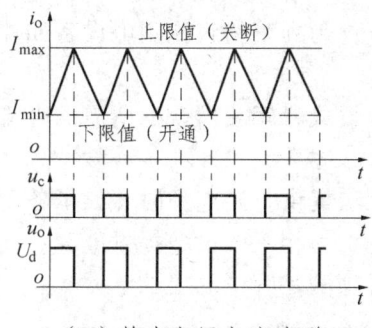

（b）输出电压电流波形

图 4-1-11　瞬时值控制方式

（3）时间比与瞬时值相结合的控制方式。

时间比与瞬时值相结合的控制结构框图及电压电流波形见图 4-1-12。

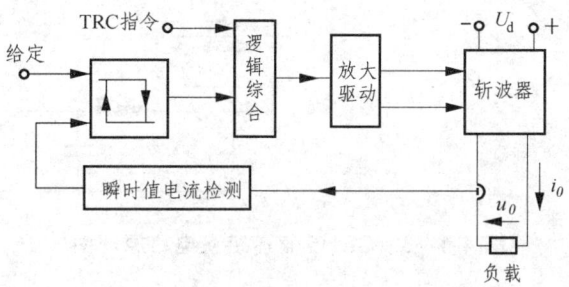

（a）控制系统框图

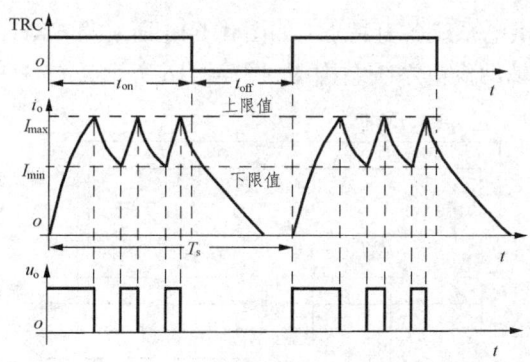

（b）输出电压电流波形

图 4-1-12　时间比与瞬时值相结合的控制方式

2）逆变器

辅助逆变器的供电对象主要是泵类或风机负载，其主要功能是辅助设备提供三相交流电并具有软启动的功能，也有一些要求具有简单的调速功能，因此其控制策略一般采用恒压频比方式，相关的控制原理见交流异步牵引电机的特性及其控制方式部分。

二、直流供电系统

直流供电系统主要由整流装置和蓄电池组成。

列车整流装置的主要作用有：为列车的直流用电设备如控制系统、照明系统提供电源；为蓄电池充电。

整流装置一般采用脉冲整流器或者斩波器获得所需的直流电压。如图4-1-13所示为CRH$_5$的整流装置的电路原理图。

蓄电池是为了在整流装置无法提供直流电源时（如本务动车相关设备发生故障，或者动车没有升弓，整流装置无法供电）为相关的设备提供电源，同时还兼有为整流出来的直流电压滤波、稳压的作用。蓄电池必须满足容量的要求。

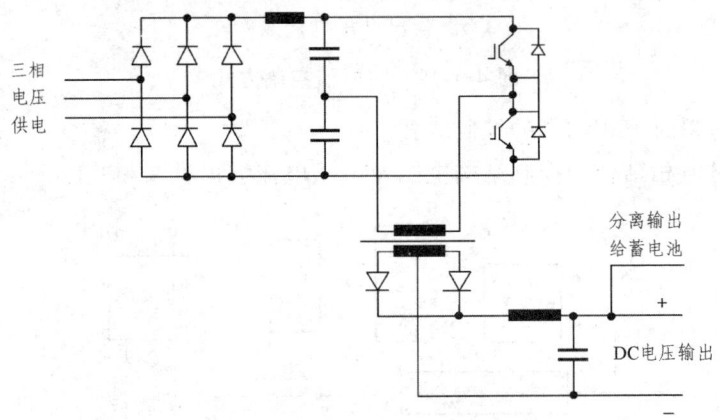

图 4-1-13　CRH5 整流装置电路原理图

三、典型动车组辅助供电系统简图

我国高速列车的辅助供电系统各有特点：如图4-1-14所示为CRH1的辅助供电系统结构图，图4-1-15所示为CRH2的辅助供电系统结构图，图4-1-16所示为CRH3的辅助供电系统结构图。

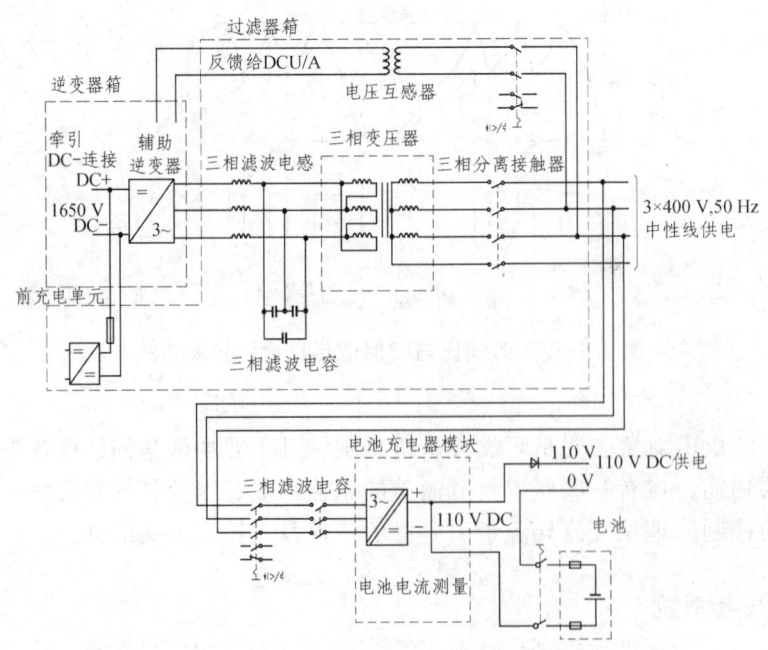

图 4-1-14　CRH1 的辅助供电系统结构图

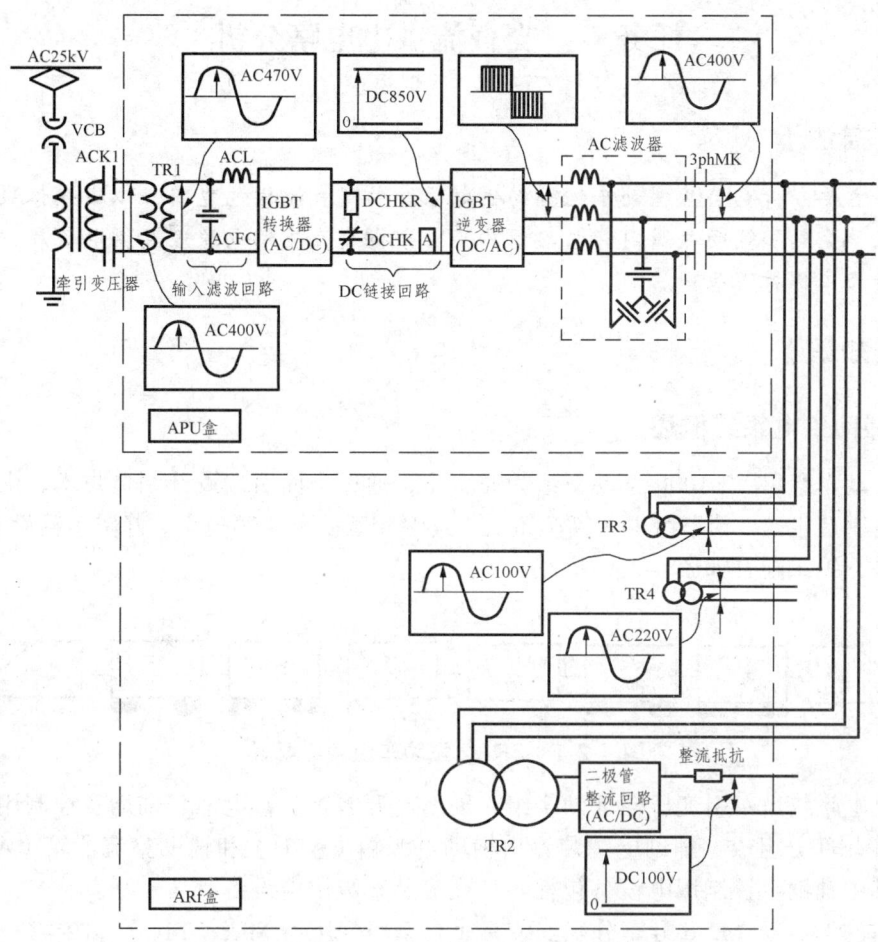

图 4-1-15 CRH2 的辅助供电系统结构图

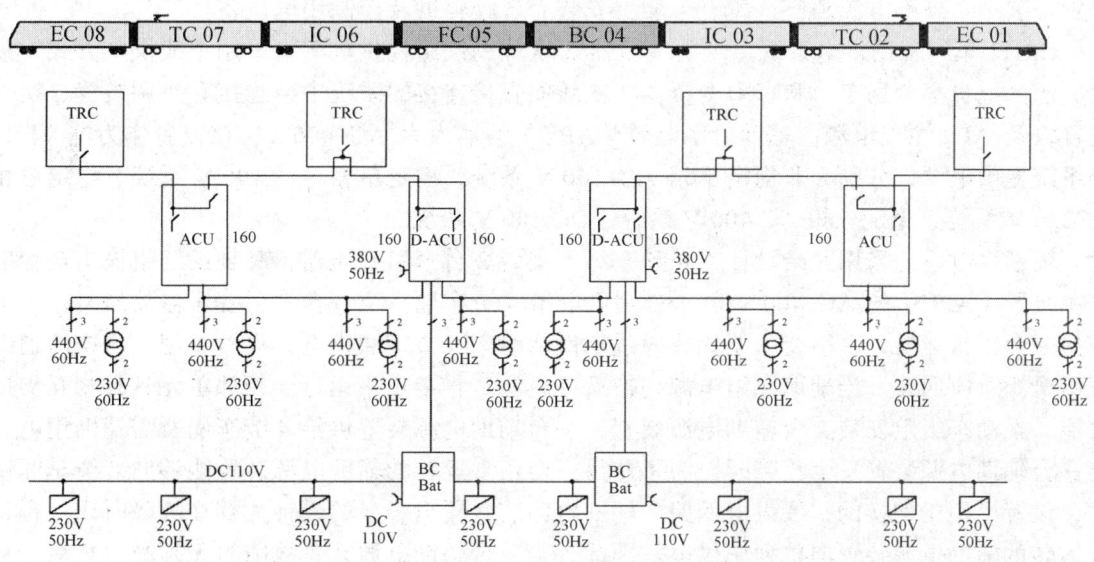

图 4-1-16 CRH3 的辅助供电系统结构图

任务二 交直流供电电路分析

【任务描述】

本任务主要分析 CRH2 型动车组辅助供电系统的交直流供电电路,以多媒体教学课件为载体,要求学生熟知辅助电源内部电路结构、会分析交直流供电原理及供电负载,为以后从事动车组检修工作打下基础。

【背景知识】

一、辅助供电系统概述

CRH2 动车组以 E2-1000 型动车组为原型车,通过全面引进设计制造技术,由四方股份公司在国内制造生产。动车组由 8 辆车组成,其中 4 辆动车 4 辆拖车,首尾车辆设有司机室,可双向驾驶,编组配置如图 4-2-1 所示。

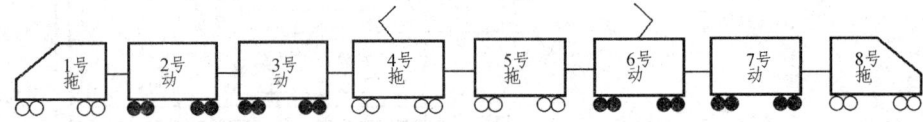

图 4-2-1 CRH2 型动车组编组配置

辅助供电系统由牵引变压器辅助绕组、辅助电源装置、蓄电池、辅助及控制用电设备、地面电源等几部分组成。辅助电源装置由辅助电源箱(APU)和辅助整流器箱(ARf)两部分构成。其中辅助及控制用电设备包括各种交流及直流用电设备。

动车组的 M2-2、M2-6 号车分别安装有 1 台牵引变压器 MTr;T1c-1、T2c-8 号车分别安装有 1 组辅助电源装置;2、4、6 号车分别安装有 1 组蓄电池组;M2-2、M2-6 号车车体侧面分别安装一个外部电源插座;所有车厢上安装有各种辅助及控制用电设备。

CRH2 车组辅助供电系统由牵引变压器 3 次辅助绕组提供电源,采用干线供电方式,按各电源系统贯穿全列车。和牵引变压器 3 次线圈直接连接的系统中,连接有空调装置、换气装置以及 ATP 主控电源。辅助电源装置(APU)的输入为 AC 400 V,该设备作为电源向 5 个系统提供电源,分别为非稳定单相 AC 100 V 系统、稳定单相 AC 100 V 系统、稳定单相 AC 220 V 系统、稳定三相 AC 400 V 系统、DC 100 V 系统。

辅助供电系统采用冗余设计,在动车组上安装 2 台牵引变压器,其辅助绕组输出至辅助电源装置(APU)的 AC 400 V 电压分别供电给 4 节车厢。当一台牵引变压器故障时,为了使另一台正常运转,牵引变压器能够通过辅助绕组向 8 节车厢供电,设置了用于切换的辅助绕组电源感应回路。当辅助绕组电源切换后,空调装置半功率运行。相邻单元具有相互支援功能,在动车组上安装 2 台辅助电源装置,一台辅助电源装置供给 4 节车厢所需辅助用电。当一台辅助电源装置发生故障时,为了使另一台正常运转的辅助电源装置能够向 8 节车厢供电,设置了用于切换的扩展供电回路。辅助电源装置输出容量的设计能够在故障时用一台正常运转的辅助电源装置向整列车供电。因此,当一台辅助电源装置故障时无须减少负荷。

辅助系统设有完善的安全接地措施以及自诊断功能和故障保护功能。在列车信息控制系统和辅助电源装置之间设置自诊断功能接口，由列车信息控制系统实施。

动车组车外车体侧面装有连接外部电源的插座（AC 400 V、单相、50 Hz），M2 车（2号车及 6 号车）上各有一处。车辆检修基地设置有外部电源，可为辅助电路供电。

二、辅助电源电路结构

辅助电源由辅助电源装置（APU）和辅助整流器（Arf）两个装置组成，如图 4-2-2 所示，图中上方虚线框内是辅助电源装置的功能方块图，下方虚线框内是辅助整流器的功能方块图。

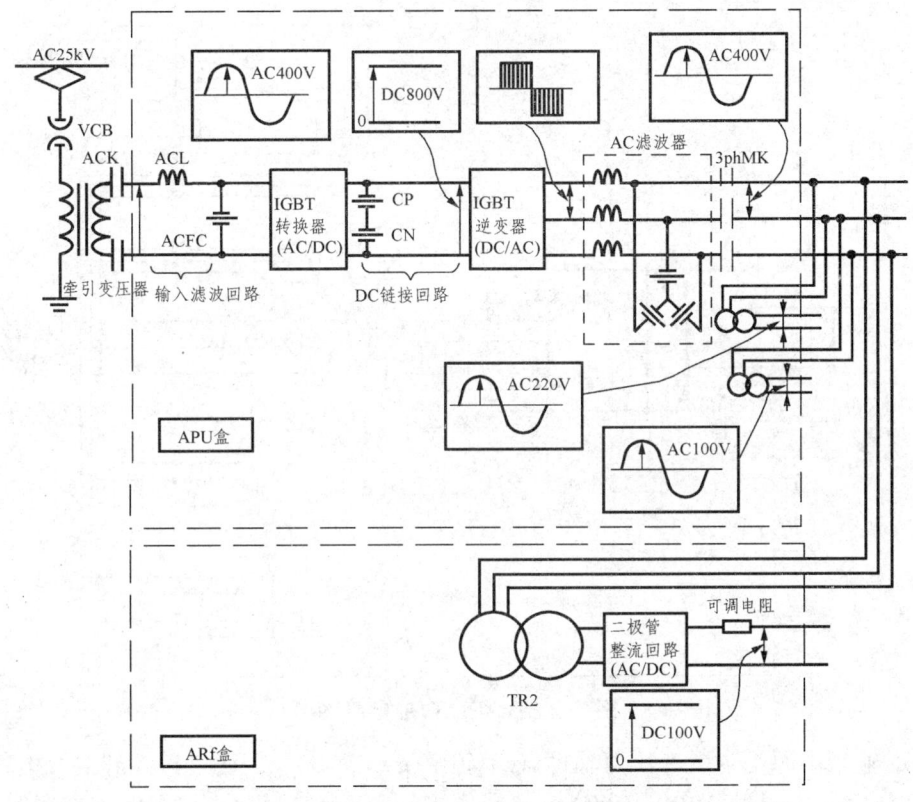

图 4-2-2 辅助电源功能图

APU 各环节的主要作用：

① 输入滤波电路：输入滤波电路降低从电网输入到脉冲整流器及逆变器的高频电流分量。

② IGBT 脉冲整流器：脉冲整流器将牵引变压器输入的单相交流电压变换成稳压的直流电压，控制方式采用脉冲宽度调制方式。

③ DC 中间电路：滤波电容器将稳定的直流电压供给后端的逆变器，当 APU 停止时，滤波电容的放电由 DCHK 和 DCHKR（放电接触器和放电电阻）完成。

④ IGBT 逆变器：逆变器将直流电压变换成为恒压恒频（CVCF）的三相交流电压。

⑤ 输出 LC 滤波电路：LC 滤波电路降低逆变器输出电压中由于功率器件的通断所产生的高频电压分量，使其输出畸变较小的正弦波电压。

输出接触器：输出接触器 3phMK 起接通和切断负载的作用。

Arf 主要由三相变压器（TR2，400V/78V）和三相二极管整流桥模块、单相变压器（TR3）、单相变压器（TR4）组成。Arf 的输入电压由辅助电源 APU 输出的三相稳压电源提供。由 TR2 和三相二极管整流模块输出稳定的 DC 100 V 电压，TR3 输出稳压单相 AC 100 V/50 Hz 电源，TR4 输出稳压单相 AC 220 V/50 Hz 电源。

APU 由 APU 输入辅助整流器、PWM 三相输出逆变器、逆变器输出变压器、CVCF 输出变压器、辅助变压器等构成。辅助整流器柜由整流器变压器、辅助整流器构成。内部电路结构如图 4-2-3 所示。

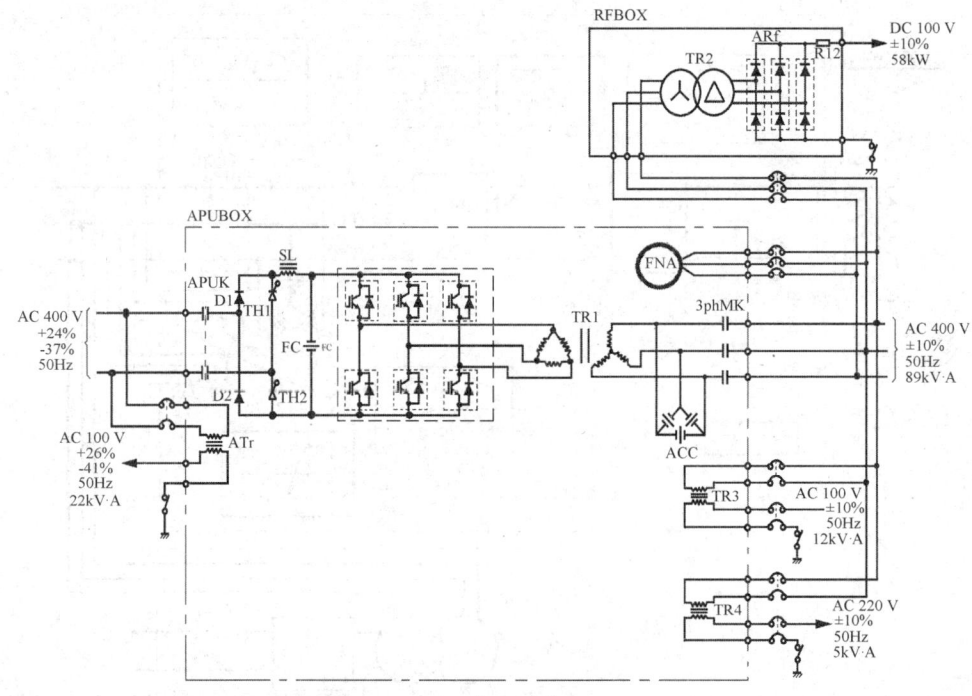

图 4-2-3　APU 内部电路图

APU 的输入电源是牵引变压器辅助绕组输出的 AC 400 V，通过可控硅混合电桥变换成为直流电。该直流电通过 PWM 三相逆变器变换成为交流电，通过逆变器输出变压器提供 AC 400 V 三相 50 Hz 电源。

CVCF 输出变压器将 AC 400 V 三相电源变换成单相 AC 220 V、AC 100 V 的稳压电源。辅助变压器将牵引变压器辅助绕组的 AC 400 V 变换成另一单相 AC 100 V 电源。辅助整流器箱使用整流器变压器将 APU 的 400 V 三相电压输出变压后，通过三相全波整流器，输出 DC 100 V，向车辆的控制电源、车厢照明、蓄电池、插座、服务设备等供电。DC 100 V 系统可由 102、103 线两条线供电。通常是由 103 线供电，架线停电时，通过操作应急灯切换接触器，在将电源由 103 线切换到 102 线的同时，即可向广播装置、应急灯等最低限度所需的设备供电。

辅助电源装置采用可控硅混合整流器＋三相 IGBT 逆变器方式，输入整流器部分使用大电流、高耐压器件，实现了小型、轻量化。逆变器单元使用可高速开关的 IGBT，通过高频 PWM 控制，实现了滤波电抗器的小型、轻量化。辅助整流装置采用自冷式，由整流器变压器、整流二极管单元、用于实现输出电压下降特性的电阻等构成。

动车组上清扫用电源插座使用 AC 220 V，在每辆车上配置 2 个，不设 DC 24 V 及 DC 36 V 的插座。辅助电源装置的输出满足 JIS E 6402。全列共设 5 组控制蓄电池（整列进口、散件组装和国产化阶段前 17 列车共设 3 组控制蓄电池），蓄电池组容量可维持应急用电量两小时。运行过程中，蓄电池组可在线路上充电。

动车组车体侧面装有连接外部电源的插座（AC 400 V、单相、50 Hz），M2 车（2 号车及 6 号车）上各有一处。车辆检修基地设置有外部电源，可供辅助电路的工作。动车组不设直流电源插座。

三、交直流供电原理分析

牵引变压器的 3 次绕组输出单相 AC 400 V/50 Hz 电源，可以直接给司机室空调、客室空调、换气装置、辅助电源装置提供电源。

辅助电源装置的辅助电源箱（APU）和辅助整流器箱（ARf）可以输出下述几种制式的电源系统：

（1）非稳定单相 AC 100 V 系统。

由辅助变压器（ATr）将牵引变压器辅助绕组的 AC 400 V 电压直接降压至 AC 100 V，向热水器的加热器等容许电压变动范围较大的负荷供电。

（2）稳定单相 AC 100 V 系统、稳定单相 AC 220 V 系统。

使用辅助电源装置与 AC 400 V 实现隔离，并且降压和稳压。

（3）稳定三相 AC 400 V 系统。

稳定三相 AC 400 V 向牵引系统相关的辅助设备（牵引变压器、牵引变流器、牵引电机用各送风机等）供电。

（4）稳定 DC 100 V 系统。

稳定 DC 100 V 系统向车辆的控制电源、车厢照明、蓄电池等供电。

1．交流供电电路

表 4-2-1 为交流电源系统中各种电源、车辆各用电设备的汇总表。

表 4-2-1　交流电源系统各种电源、车辆各用电设备汇总表

电源系统	电源	电压	车辆	负荷
704、754 线	牵引变压器辅助绕组	单相 400 V，50 Hz	各车	空调装置、换气装置
			T1c-1，T2c-8	辅助电源装置（APU）司机室空调
771、781、791 线	T1c-1，T2c-8 APU-SIV	三相 400 V ±10%、50 Hz	M2-2，M2-6	变压器油循环泵（MTOPM）变压器电动送风机（MTrBM）
			M2-2，M1-3，M2-6，M1s-7	牵引变流器电动送风机 牵引电动机电动送风机
			M1-3，T1k-5，M1s-7	空气压缩机
			T1c-1，T2c-8	辅助整流器（ARf）

续表

电源系统	电源	电压	车辆	负荷
771、781、791 线	T1c-1，T2c-8 APU-SIV	三相 400 V ±10%、50 Hz	M2-2，T2-4，M2-6，T2c-8	热水器
302 线	T1c-1，T2c-8 APU-CVT	单相 220 V ±10%、50 Hz	M2-2，T2-4，M2-6，T2c-8	热水器控制
			M1-3	自动售货机
			T1k-5	小卖部设备
			各车	插座
202 线	T1c-1，T2c-8 APU-ARf-CVT	单相 100 V ±10%、50 Hz	各车	空调控制、显示设定器
			T1c-1，M1-3，T1k-5，M1s-7	给水装置
			M1-3，M2-6	空气清净机
			M1s-7 T1c-1，T2c-8	收音机装置 辅助制动
251 线	T1c-1，T2c-8 APU-ATr	单相 100 V +26%，−41%、50 Hz	各车	电加热

表 4-2-1 中，704、754 电源干线（单相 AC 400 V/50 Hz）即为牵引变压器辅助绕组输出电源。正常情况下，M2-2 号车牵引变压器输出的 704、754 电源干线与 M2-6 号车牵引变压器输出的 704、754 电源干线通过 T2-4 号车的扩展供电接触器 ACK2 隔离。当一个牵引变压器故障时，可通过操作司机室列车信息显示器上闭合 ACK2，使整列车的 704、754 电源干线连在一起。

771、781、791 电源干线（三相 AC 400 V/50 Hz）为辅助电源装置 APU 的输出电源。正常情况下，T1c-1 号车 APU 输出的 771、781、791 电源干线与 T2c-8 号车 APU 输出的 771、781、791 电源干线通过 T2-4 号车的扩展供电接触器 BKK 隔离。当一个 APU 故障时，可通过操作司机室列车信息显示器上闭合 BKK，使整列车的 771、781、791 电源干线连在一起。

302 线是辅助整流器箱输出的单相 AC 220 V/50 Hz 电源干线，以[T1c-1、M2-2、M1-3]、[T2-4、T1k-5]、[M2-6、M1s-7、T2c-8]为单位进行贯穿，没有在整个编组贯穿，只是向各供电管座提供电源或 5 号车小卖部电气设备供电。

202 线是辅助整流器箱输出的单相稳定的 AC 100 V/50 Hz 电源干线，也是以[T1c-1、M2-2、M1-3]、[T2-4、T1k-5]、[M2-6、M1s-7、T2c-8]为单位进行贯穿，没有在整个编组贯穿，向空调控制、辅助制动装置等设备提供控制电源。

251 线是辅助电源箱输出的单相不稳定的 AC 100 V/50 Hz 电源干线，也是以[T1c-1、M2-2、M1-3]、[T2-4、T1k-5]、[M2-6、M1s-7、T2c-8]为单位进行贯穿，没有在整个编组贯穿。只是向整列车电加热设备提供控制电源。

2．直流供电回路

表 4-2-2 是直流电源系统中各种电源、各车辆用电设备的汇总。

表 4-2-2　直流电源系统各种电源、车辆用电设备汇总表

电源系统	电源	电压	车辆	负荷
102 线	M2-2，T2-4，M2-6 蓄电池（Bat），103 线（BatK1，ON 时）	DC 100 V +20%－10%	T1c-1，T2c-8	运转控制（含受电弓升弓、VCB 控制）
			M2-2，T2-4，M2-6	辅助空气压缩机蓄电池
103 线	T1c-1，T2c-8 ARf	DC 100（1±10%）V	各车	辅助电路、监控装置、制动装置、关车门装置
			M2-2，M1-3，M2-6，M1s-7	牵引变流器控制
			T1c-1，T2c-8	ATP
			T2c-8	列车无线用专用蓄电池
103B 线	102 线（RrLpCgK，ON 时）103 线（RrLpCgK，OFF 时）	DC 100（1±10%）V	各车	广播、预备灯
			T1c-1，M1-3，T1k-5，M1s-7	污物处理装置
			M1s-7	自动广播
			T1c-1，T2c-8	标志灯、摘挂装置、刮雨器装置
115 线	103 线（BatK2 ON 时）	DC 100（1±10%）V	各车	空调控制、自动门装置、客室照明、客室（空调）电动送风机
118A 线	专用蓄电池 103 线	DC 100（1±10%）V	T1c-1，T2c-8	列车无线装置

1) 102 线系统

102 线最初由蓄电池直接提供 DC 90 V 的电压。当完成升起受电弓、闭合 VCB 及启动 APU 等工作后，通过蓄电池供电接触器 BatK1 将 102 线与 103 线连接，蓄电池通过辅助整流器（ARf）输出的 DC 100 V 电源充电。当蓄电池电压异常下降时（低于 77V），通过电压放电检测电路检测，并控制 BatK1 失电断开，蓄电池停止放电。102 线，以[T1c-1、M2-2、M1-3]、[T2-4、T1k-5]、[M2-6、M1s-7、T2c-8]为单位进行贯穿，没有在整个编组贯穿。

2) 103 线系统

103 线整个编组贯穿。动车组最初上电时，没有升起受电弓，APU 没有启动而输出 DC 100 V 电压时，通过蓄电池供电接触器 BatK1 将 102 线与 103 线连接，103 线由蓄电池通过 102 线提供 DC 90 V 的蓄电池电压。当完成升起受电弓、闭合 VCB 及启动 APU 等工作后，辅助整流器（ARf）通过接触器 ArfK 向 103 线提供 DC 100 V 的电压。

3）103B 线系统

在辅助整流器（ARf）向 103 线提供 DC 100 V 电压时，103B 线过应急灯切换接触器 RrLpCgK 常闭点由 103 线供电 DC 100 V，当接触网停电时，RrLpCgK 的常开点接通，103B 线改由 102 线供电 DC 90 V，即由蓄电池供电。103B 干线各车独立，没有在整个编组贯穿。

4）115 线系统

当 103 线通过 ArfK 由辅助整流器（ARf）提供 DC 100 V 电源后，115 线通过 BatK2 与 103 线连通，从而也得到了 DC 100 V 电源。与 102 线相同，115 线也是以[T1c-1、M2-2、M1-3]、[T2-4、T1k-5]、[M2-6、M1s-7、T2c-8]为单位进行贯穿，没有在整个编组贯穿。

5）118A 线系统

正常情况下，118A 线也通过 103 线得到 DC 100 V 电源，当接触网停电时，应急灯切换接触器 RrLpCgK 和列车无线用蓄电池切换开关（TWEmCgS）闭合，列车无线用蓄电池切换接触器（TWEmCgK）工作，118A 线从 103 线切换成由列车无线用蓄电池（TWBat）供电。平时列车无线用蓄电池（TWBat）从 103 线得到浮充电。

四、系统容量

1. 牵引变压器的额定参数

ATM9 型牵引变压器的额定参数如表 4-2-3 所示。

表 4-2-3　ATM9 型牵引变压器额定参数

额定参数 绕　组	容量/kV·A	电压/V	电流/A
原　边	3 060	25 000	122
牵　引	2 570	1 500	857×2
辅　助	490	400	1 225

2. 牵引变压器辅助绕组负荷

牵引变压器辅助绕组负荷如表 4-2-4 所示。

表 4-2-4　MTr 3 次电源（辅助绕组）夏季负荷

MTr3 次电源夏季额定容量 490 kV·A	2 号车 MTr	6 号车 MTr	备　注
都运行时	448.5	461.2	
1 号车 APU 停止时	353.2	556.5	
8 号车 APU 停止时	557.2	352.6	
2 号车 MTr 停止时	停　止	532.6	空调减半
6 号车 MTr 停止时	532.6	停　止	空调减半
2 号车 MTr 停止、1 号车 APU 停止时	停　止	532.6	空调减半
2 号车 MTr 停止、8 号车 APU 停止时	停　止	532.6	空调减半
6 号车 MTr 停止、1 号车 APU 停止时	532.6	停　止	空调减半
6 号车 MTr 停止、8 号车 APU 停止时	532.6	停　止	空调减半

根据表 4-2-4，单台牵引变压器辅助绕组给 4 辆车供电时，没有超过牵引变压器辅助绕组的额定容量 490 kV·A。当 1 台牵引变压器发生故障进行扩展供电时，虽然超过了辅助绕组的额定容量，但通过使空调功率减半运行，仍能使牵引变压器辅助绕组的负载维持在允许的范围内。

3．辅助电源装置负荷

辅助电源装置的负荷如表 4-2-5 所示。

表 4-2-5　辅助电源装置负荷

辅助电源	1~4 号车	5~8 号车	合计	额定（辅助电源装置）	备注
DC 100 V（ARf）	23.5	22.3	45.8	58 kW×2 台＝116 kW	
AC 100 V（CVT）夏季	3.4	3.5	6.9	12 kV·A	
1 号车辅助电源停止时	停止	6.9		12 kV·A	
8 号车辅助电源停止时	6.9	停止		12 kV·A	
AC 220 V（CVT）夏季	1.9	6.3	8.2	12 kV·A	
1 号车辅助电源停止时	停止	8.2		12 kV·A	
8 号车辅助电源停止时	8.2	停止		12 kV·A	
AC 100 V（ATr）夏季	2.9	2.4		22 kV·A	
AC 100 V（ATr）冬季	12.2	11.7		22 kV·A	
三相 AC 400 V（SIV）	57.8	65.2	123.0	123 kV·A	过载
1 号车辅助电源停止时	停止	123.0	123.0	123 kV·A	
8 号车辅助电源停止时	123.0	停止	123.0	123 kV·A	

根据表 4-2-5，单台辅助电源装置，无论在给 4 辆车供电时，还是在扩展供电的情况下给整列车供电时，都不超过辅助电源装置的额定容量。

4．蓄电池容量

蓄电池容量满足以下要求：

（1）在停电时，具备能够使辅助设备等工作 30 min 以上的容量。

（2）紧急状态如救援运转时，至少持续工作 2 h。

（3）当来自车辆外部的供电停止时，仅通过蓄电池能够向车厢内照明、列车无线系统、广播联络装置、标识灯等设备提供 2 h 以上的供电。

任务三　辅助电源装置构成及保护

【任务描述】

以多媒体教学课件为学习载体，让学生掌握辅助电源装置的构成及对辅助电源装置的保护，并能对蓄电池、地面电源进行使用与维护。

【背景知识】

一、辅助电源结构

1．辅助电源装置

辅助电源装置外观结构见图 4-3-1 ~ 4-3-8。

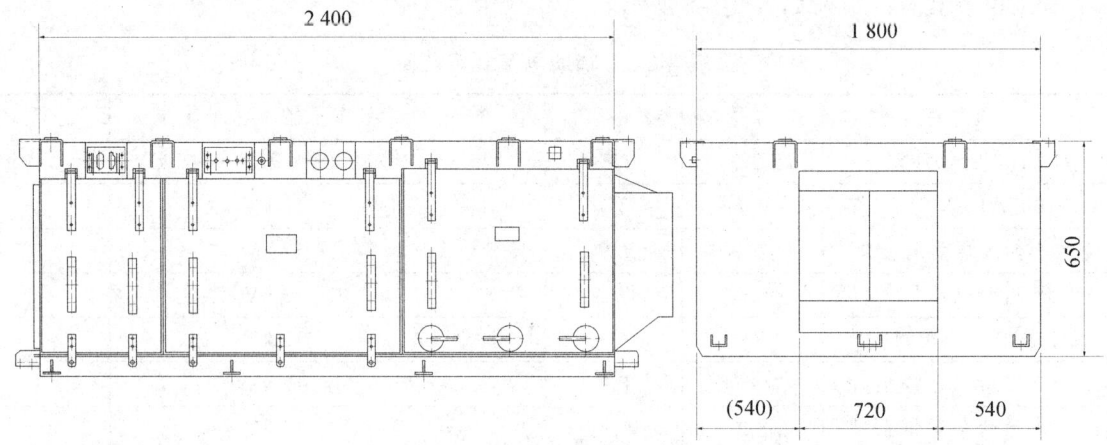

图 4-3-1　APU 外观图

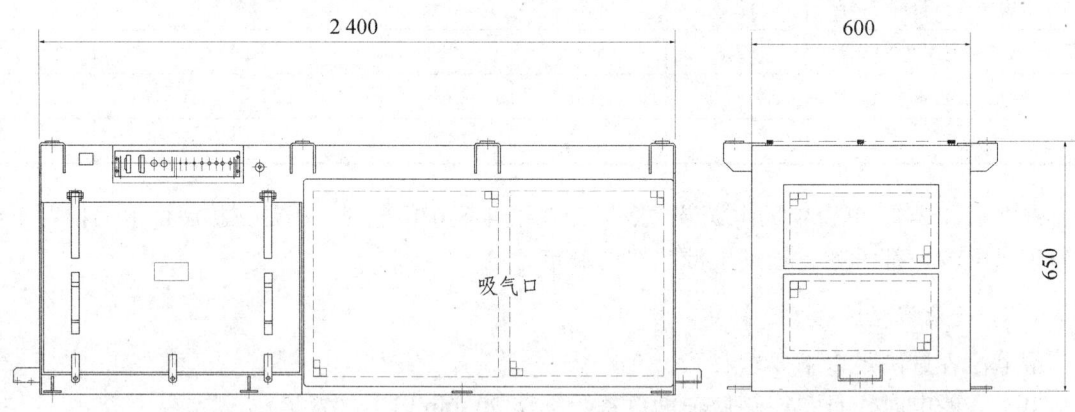

图 4-3-2　ARf 外观图

图 4-3-3　辅助电源控制模块

图 4-3-4　输入接触器

图 4-3-5 辅助电源控制侧

图 4-3-6 辅助电源输出侧

图 4-3-7 辅助电源接线排

图 4-3-8 辅助整流器的变压器外形

在辅助电源装置的正面，安装输入接触器、输出接触器、输入整流单元、输出滤波电容以及各种传感器、继电器、控制单元等。

在对面从左起依次安装输入滤波电容、W 相逆变器单元、V 相逆变器单元、U 相逆变器单元。在装置的中央部分安装风机、输入滤波电抗器、逆变器变压器、辅助变压器、器件冷却风扇。

2．主要构成部件

主要构成部件如表 4-3-1 所示。

表 4-3-1　主要构成部件

名　称	数量	备　注
辅助变压器（AC 100 V 输出用）	1	ATr
输入侧电磁接触器	1	IVK1
充电电阻用电磁接触器	1	IVK2
充电电阻	1	RC
输入变压器	1	TR1
输入滤波电抗器	1	ACL1
输入滤波电容器	1	ACFC
滤波电容器	5	FCU
输出滤波电容器	1	ACC

续表

名 称	数量	备 注
变频器单元	2	U、V、W 相
控制单元	1 套	
放电电阻	1	DCHKR
放电用电磁接触器	1	DCHK
输出侧电磁接触器	1	3PhMK
电动送风机	1	FAN
辅助整流用变压器	1	RR2
辅助变压器（AC 100 V 定压输出用）	1	TR3
辅助变压器（AC 200 V 定压输出用）	1	TR4
辅助整流单元	1 套	Rf

二、蓄电池

1．蓄电池的基本参数

CRH2 采用阴极吸收式铅酸蓄电池，蓄电池额定容量为 100 A·h（20 h 放电率）；列车无线系统采用镉镍蓄电池，蓄电池额定容量为 60 A·h（5 h 放电率）。

两种电池的规格见表 4-3-2 和表 4-3-3。

表 4-3-2 阴极吸收式铅酸蓄电池规格

编 号		ESLB3-G1	ESLB3-G2
额定电压/V		12	6
20 h 放电率容量/A·h		100	100
最大外形尺寸/mm	总 高	248 以下	
	箱 高	210±2	
	宽 度	173±2	
	总 长	407±2	
20 h 放电率容量（25 ℃）	放电电流/A	5	
	放电时间/min	1 140 以上	
	放电终止电压（V/个）	10.5（1.75 V/个）	5.25（1.75 V/个）
大电流放电性能（-5 ℃）	放电电流/A	120	
	放电时间/s	5	
	放电后电压（V/个）	10.68 以上（1.78 V/个）	5.34 以上（1.78 V/个）
容量保存率/%		80 以上	
质量/kg		约 37	约 21
备注	数量（台数/辆）	7 45 个/辆	1

表 4-3-3 列车无线系统采用镉镍蓄电池规格

编　号		P-6000VE-72
额定电压/V		84 V（1.2 V/个）
5 h 放电率容量/A·h		60 Ah
外形尺寸/mm	高　度	265±1.0
	宽　度	722±2.0
	总　长	417±0.1
5 h 放电率参数（25 ℃）	放电电流/A	12
	放电时间/min	300 以上
	放电终止电压（V/个）	70（1.0 V/个）
质量/kg		约 150
数量/（个/列）		70

2．蓄电池的使用与维护

1）蓄电池正常使用条件

在 M2 车（2、4、6 号车）车端部各安装一个铅酸蓄电池箱，内部的铅酸蓄电池作为直流辅助回路的电源。为提高防水性能，蓄电池箱采用铆接结构和提高制作性、防水性的焊接结构两种构造。在蓄电池箱上部设透气管，下部设排水孔。排水孔的作用是排出从透气管进入的水、霜，提高蓄电池可靠性。

打开铅酸蓄电池箱车体中心侧的检查盖进行蓄电池接触器的检查，打开车侧的检查盖可更换蓄电池。蓄电池的正常使用采用浮充电方式，充电电压为 2.25 V/个；充电电压波动为 2.23～2.30 V/个。蓄电池正常使用温度范围是 –15～45 ℃。

在 8 号车安装一个碱性蓄电池箱，内部的碱性蓄电池在紧急状态下专门给列车无线系统提供电源。

2）蓄电池的定期维护

（1）根据蓄电池组的连接个数（45 个），充电电压应该保持在 98～104 V。

（2）根据蓄电池组的连接个数（45 个），电池开路测量的放电终止电压应不低于 77 V。

（3）如果蓄电池充放电试验结果显示电池容量低于 50% 额定值，表明电池需要更换（测试的环境温度 25 ℃）。

（4）检查电池外观，不能有外形龟裂、电解液泄漏、蓄电池接线端子腐蚀等现象。

（5）定期清扫蓄电池外箱。

3．紧急蓄电池运用方案

当出现紧急情况导致 2、4、6 号车主控制用蓄电池不能进行辅助空气压缩机打风、升起受电弓及启动 APU 的工作过程时，可以采用紧急蓄电池方案完成上述工作。

这时需要运用地面紧急备用蓄电池。将地面紧急备用蓄电池的电源接至 6 号车紧急蓄电池电源管座，然后运用 6 号车的紧急启动开关盘完成 6 号车辅助空气压缩机打风、升起受电弓及 8 号车的 APU 启动过程。

此时，紧急蓄电池连接图如图 4-3-9 所示。

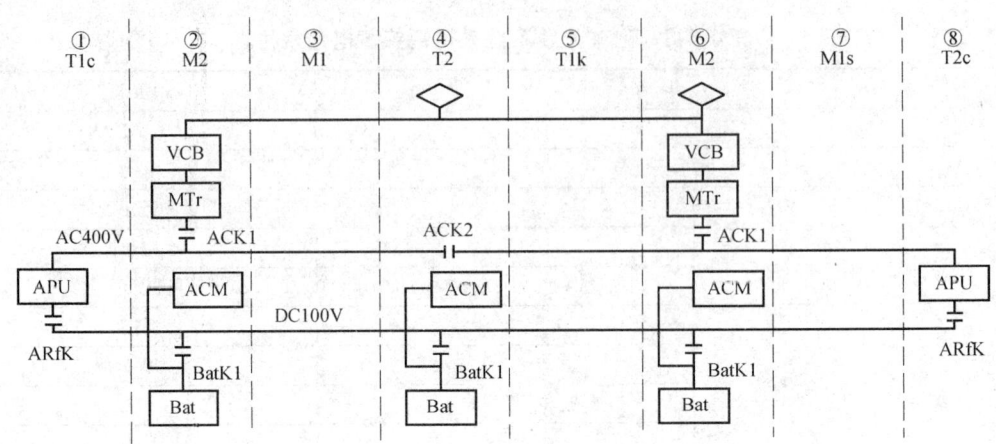

图 4-3-9　紧急蓄电池连接运用示意图

4．地面电源

动车组车体侧面装有连接外部电源的插座（AC 400 V、单相、50 Hz），M2 车（2 号车及 6 号车）上各有一处。车辆检修基地设置有外部电源，可供辅助电路的工作。动车组上插座和地面插头的接线图如图 4-3-10 所示。

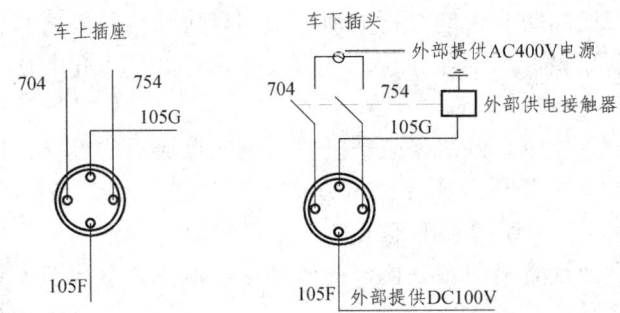

图 4-3-10　外接电源车上车下接线图

动车组上外部电源的插座在车底的布置如图 4-3-11 所示。

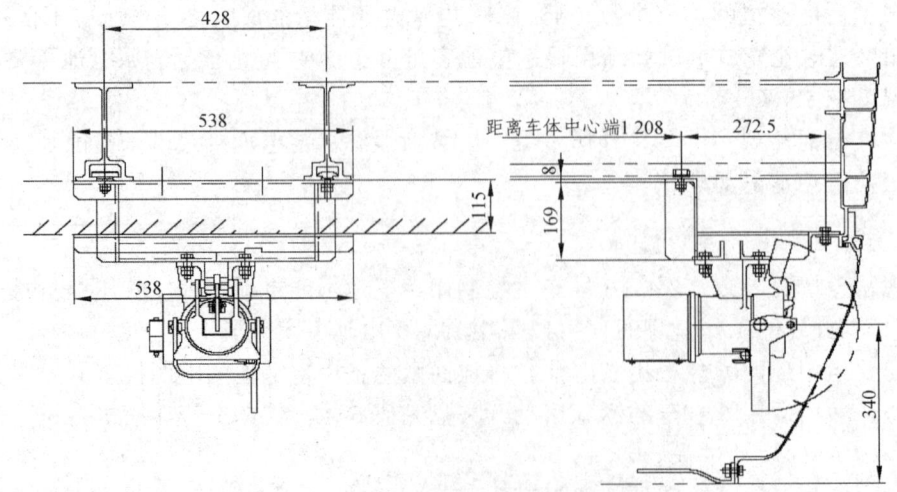

图 4-3-11　外接电源插座车底布置图

三、APU 装置保护

1. 保护项目

动车组沿袭原型车的设计，各供电系统上均设置有各自独立的接地开关。在列车信息控制系统和辅助电源装置之间设置自诊断功能接口，由列车信息控制系统实施。

辅助电源装置的故障保护功能有如下保护检测项目：

（1）输入过电流。

（2）变流器过压。

（3）变流器过流。

（4）变流器过载。

（5）输出过压。

（6）输出低电压。

（7）检测接地。

（8）输出短路。

（9）车体外部插座。

2. APU 装置动作说明

辅助电源装置动作启动、停止时间表如图 4-3-12 所示。

（1）启动条件：

① 控制电源有 DC 100 V。

② 无重故障、轻故障。

③ 脉冲整流器的输入电压在 AC 250 V（50 Hz）以上。

④ 耐压试验连接器在运转的位置上。

（2）停止条件：

① 控制电源无 DC 100 V 时。

② 有轻故障、重故障时。

③ 耐压试验连接器不在运转位置时。

（3）启动动作：

① 供给控制电压后 1 s 对 CPU 进行初始化。

② 脉冲整流器输入电压在 250 V 以上时作为架线电压确立，接通 IVK2，通过充电电阻对滤波电容器进行初期充电。

③ 接通 IVK2，2 s 后接通 IVK1，不用充电电阻对滤波电容器进行直接充电。

④ 接通 IVK1，2 s 后断开 IVK2，接通脉冲整流器的闸控。

⑤ 逆变器的输入电压（=脉冲整流器的输出电压）达到 DC 600 V 时作为输入电压确立，1 s 后接通逆变器的闸控。

⑥ 接通逆变器的闸控 0.3 s 后，逆变器的输出电压达到 AC 400 V。

⑦ 接通 IVK1，1 s 后接通 3phMK。

（4）运转状态的显示：

CPU 初始化后，在基板的 LED 上显示下面运转状态：

① H-00：CPU 初始化后，或 SIV 停止（所有的开关、闸控都在未接通的状态）。

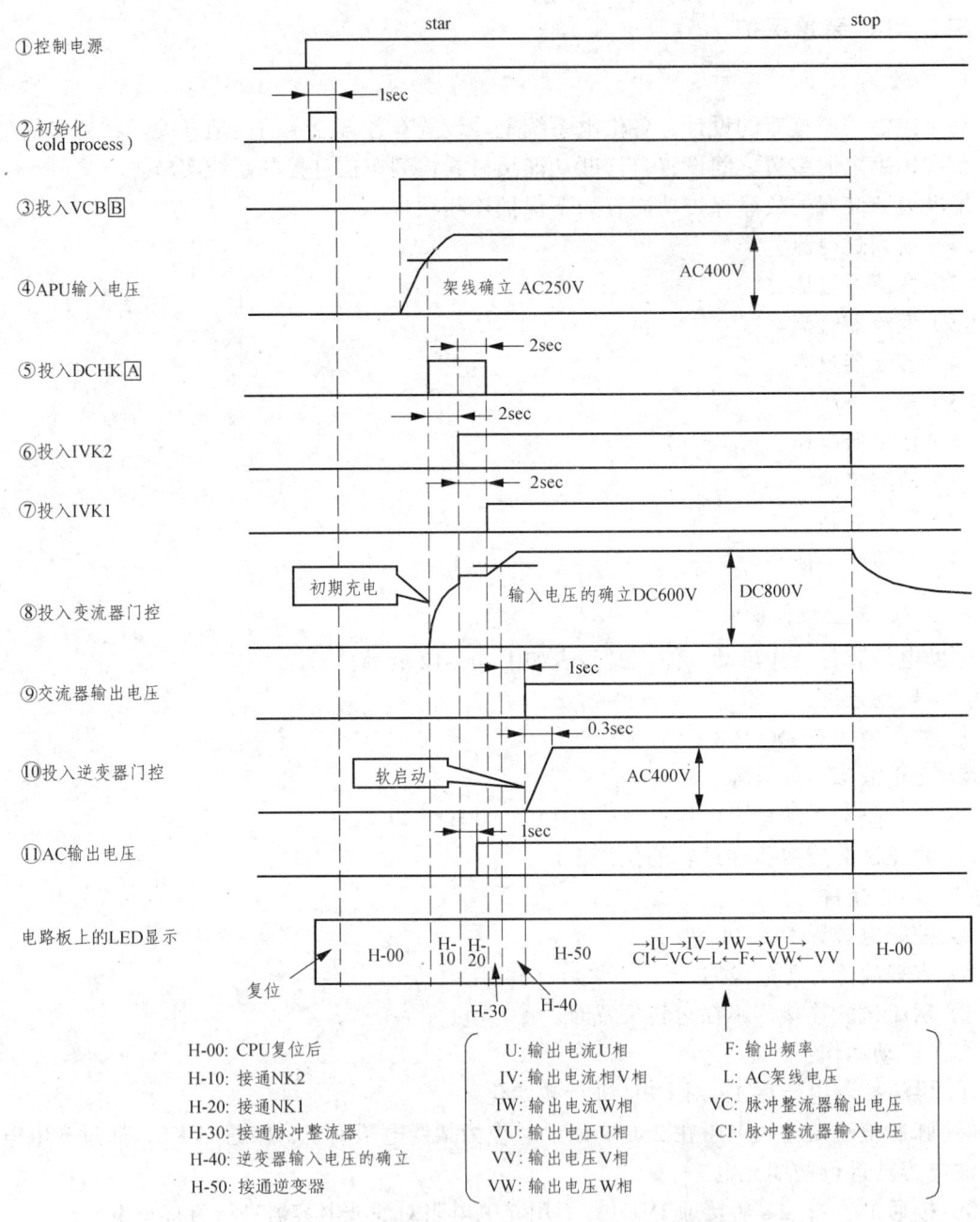

图 4-3-12 辅助电源装置动作启动、停止时间

② H-10：接通 IVK2 的状态。

③ H-20：接通 IVK1 的状态。

④ H-30：接通脉冲整流器闸控的状态。

⑤ H-40：逆变器输入电压确立的状态（DC 600 V 以上）。

⑥ H-50：接通逆变器闸控的状态。

⑦ 在 H-50 状态下最初显示 H-50，然后顺序地显示以下测量值：

AC 输出相电流：IU，IV，IW；AC 输出线间的电压：UV，VW，WU；

输出频率：F；架线电压：L；

脉冲整流器输出电压：VC；脉冲整流器输入电压：CI。

（5）停止动作：

有停止条件时，停止以下的全部信号：IVK1 接通信号、脉冲整流器接通信号、逆变器接通信号、3phMK 接通信号。

3．APU 装置保护说明

APU 的保护根据有无再启动分为轻故障和重故障两大类。APU 故障检测框图如图 4-3-13 所示。

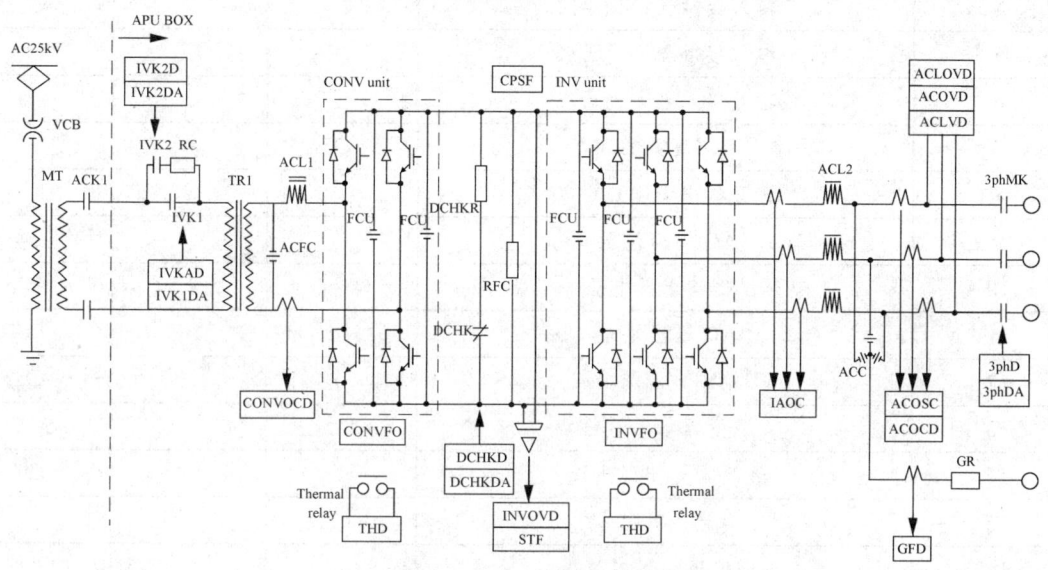

图 4-3-13　故障检测框图

（1）轻故障。

动　作	APU 停止后自动重新启动。 监视发生轻故障后 60 s 以内是否发生第二次轻故障，不发生的情况下，则终止监视，继续进行通常的动作
详　细	参照保护设定一览表（表 4-3-4）

（2）重故障。

轻故障在 60 s 以内发生两次的情况下则作为重故障处理。

动　作	APU 停止后不自动重新启动，需要手动再启动。但是在以下情况时，不接受车上复位，需通过 APU 控制电路板上的复位按钮复位或者把控制电源断开 3 s 以上再投入复位。 ● 整流器输入过电流 ● 整流器用 IGBT 异常 ● 逆变器用 IGBT 异常 ● 输入接触器故障 1 ● 输入接触器故障 2
详细	参照保护设定一览表（表 4-3-4）

辅助电源装置保护设定一览表如表 4-3-4 所示。

表 4-3-4　辅助电源装置保护设定一览表

序号	故障名称	故障类别		
		重1	重2	轻
1	整流器输入过电流		○	
2	整流器用 IGBT 异常		○	
3	输入接触器不闭合 1			○
4	输入接触器不闭合 2			○
5	输入接触器不断开 1		○	
6	输入接触器不断开 2		○	
7	温度异常	○		
8	逆变器用 IGBT 异常		○	
9	AC 输出过压			○
10	AC 输出低电压			○
11	AC 输出短路			○
12	控制电源异常			○
13	逆变器输入过压			○
14	逆变器输出过电流			○
15	输入异常	○		
16	AC 输出过电流	○		
17	AC 输出电压异常	○		
18	接地检测	○		
19	输出接触器不闭合			○
20	输出接触器不断开	○		
21	放电接触器不闭合			○
22	放电接触器不断开	○		

重故障 1：通过一次故障检测，闸控全部 OFF 后，为重故障（不进行自动再启动）。IVK1、IVK2、3phMK 一起断开，2 s 之后 DCHK 断开，故障闭锁。通过车上复位（外部复位）、地板下 APU 的复位（局部复位），或控制电源关闭投入（3 s 以上），进行再启动操作。

重故障 2：通过一次故障检测，闸控全部 OFF 后，为重故障（不进行自动再启动）。IVK1、IVK2、3phMK 一起断开，2 s 之后 DCHK 断开，故障闭锁（IVK1、IVK2、DCHK 只在输入接触器不断开 1、输入接触器不断开 2 时继续闭合）。不接受车上复位（外部复位）的操作。通过地板下 APU 的复位（局部复位），或者控制电源关闭投入（3 s 以上）时，可能复位。

轻故障 3：故障发生之后，闸控全部 OFF。IVK1、IVK2、3phMK 断开，为轻故障（DCHK

只在逆变器输入过电压的情况下断开）。APU 自动复位——→60 s 之间再次发生故障和重故障 1 同样处理，继续运行。

任务四　辅助电路分析

【任务描述】

以 CRH2 型动车组为例，分析受电弓、真空断路器电路，预备灯切换电路等辅助电路。

【背景知识】

一、受电弓、真空断路器电路

1．小型压缩机

按下辅助空气压缩机启动开关 ACMS，104 线加压。由于辅助空气压缩机侧的继电器自我保持，把 ACMS 断开，即使 104 线不加压仍继续动作。

2．MCR 和 MCRR 的联锁

T1c-1 车主控制器继电器 MCR 以 3 线为电源，在制动设定器手柄位置（运转~非常）及主控制器辅助继电器 MCRR NC 接点关闭的条件下进行动作。T1c-1 车、T2c-8 车的 MCR 及 MCRR 的联锁关系如图 2-3-14 所示。如果 T1c-1 车 MCR 动作，经由制动电路贯穿线（3Y、3Z），T2c-8 车的主控制器辅助继电器 MCRR 动作，与 T2c-8 车的主控制器继电器 MCR 线圈串联的 MCRR NC 接点断开，T2c-8 车 MCR 不动作。所以，从 T2c-8 车 MCR 接点经由制动电路贯穿线（3Y、3Z），到 T1c-1 车主控制器辅助继电器 MCR 的加压的电路没有形成回路。

3．VCB 关闭指令

使用 VCB 投入开关 VCBCS 关闭或过分相 VCB 关闭指令（SVCBCR）发出 7 线加压 VCB 复位指令。

4．VCB 断开指令

使用 VCB 断开开关 VCBOS 关闭对 8 线加压、输出 VCB 断开指令。或过分相断开 VCB 指令（SVCBOR）进行 8 线加压，VCB 断开指令输出。

二、保护接地电路

1．EGS 关闭指令
以保护接地开关投入开关 EGCS1 关闭对 EGS 投入指令 109 线加压。
2．EGS 开指令
以保护接地开关开放开关 EGOS1 关闭对 EGS 断开指令 108 线加压。

三、预备灯切换电路

通过按下预备灯切换开关 RrLpCgS（4B），对预备灯投入指令 170 线加压，RrLpCgK

被励磁，然后191线励磁，预备灯（2h）亮灯，同时对预备灯切换继电器RrLpCgR线圈加压。

四、试验电路

按下空挡开关SqS、X79线加压、空挡继电器（请参照运行指令逻辑部）动作。

关闭NO接点，在主控制器辅助继电器MCR关闭的条件下进行79线加压，向监控器发出空挡指令。按下车上试验开关M601线得到加压，把车上试验指令发给监控器。

五、停放指令电路

通过监控器输出、M280-M296间得到加压，停放指令辅助继电器AMLpR2动作。使用AMLpR2的NO接点T1c-1车 AMLpR1、T2c-8车 AMLpR1动作，把AMLpR1及AMLpR2的接点信号输入到监控器中央装置输入电路。

六、辅助电热器电路

在外部温度检测器ExTh关闭的条件下，按下辅助电热器用开关AHeS、电热器控制分并用接触器JAHeK线圈得到加压，用其NO接点使辅助电热器控制指令171线得到加压。由此，AheK得到励磁、辅助电热器投入。

七、车内压开放

当车辆速度超过30 km/h，30SR为非励磁，车内压开放电磁阀PCOV的励磁得到解开。

八、无线蓄电池控制

103B线为DC 100 V，平时从103线、非常（紧急）时从102线得到供电。连接有控制电路（DC 100 V）用电压表V3。预备灯切换继电器RrLpCgR的NO接点在关闭的条件下，按下列车无线用蓄电池切换开关TWEMCgS，连接103B线和118线。118线得到加压后，在T2c（8号车）、TWEmCgK得到励磁，从蓄电池TWBat、118 A线得到供电。

九、其他辅助电路

1．传送控制架

从无线电源118 A线供电给传送控制架。

2．电压表灯

用202线（单相100 V、50 Hz、单线接地）向电压表灯EL1、2供电。

3．机房灯

用202线（单相100 V、50 Hz、单线接地）向机房灯MaRLp1、机房插座MaRConR1供电。从115线（服务机器电源DC 100 V）使机房灯MaRLp2得到加压。此外，此电路连接到运转室灯外部电源插座CabRLpConR。

4．司机室灯电路

从 115 线（服务机器电源 DC 100 V）分别经由仪器灯 SW 连接压力计灯、经由运转室灯开关 CabLpS1 连接运转室灯 CabLp1、经由 CabLpS3 连接运转室灯 CabLp3。通过操作各开关能够使各灯亮灯。此外，此电路连接到运行室灯外部电源插座 CabRLpConR。

从 103B 线（DC 100 V）分别经由运行室灯开关 CabLpS1 连接运行室台灯 CabRrLp2、经由 CabLpS4 连接台灯 CabRrLp4。通过操作各开关，能够使各灯亮灯。此外，此电路连接到运行室灯外部电源插座 CabRLpConR，进而从来自刮雨器电源装置的 98A、98E 线向运行室台灯 CabRrLp5、CabLpS6 供电。

5．汽笛电热器

从 251A 线（单相 100 V、50 Hz 保温电路、单线接地）向汽笛电热器 1~4、分并电气联结器 He 供电。

6．热线玻璃电热器

从 251 线（单相 100 V、50 Hz 非安定、单线接地）向一套玻璃电热器电路进行供电（9 列、B 行）。

7．司机室暖气

从 251 线（单相 100 V、50 Hz 非安定、单线接地）向一套运行室电热器电路供电（10 列、B 行）。

8．辅助电热器电路

通过辅助电热器控制 171 线加压、辅助电热器用接触器 AHeK 动作（1 列、E、F 行）。

通过 AHeK 接点关闭、251A 线（8D）得到加压，在成为保温用电热器 LVHe1~4、抽水装置用电热器的电源（8 列、F 行）的同时，还成为汽笛电热器（9B）的电源。

9．预备灯切换接触器

通过预备灯切换指令 170 线加压，预备灯切换接触器 RrLpCgK 动作（1 列、E、F 行）。由此，RrLpCgK 的接点（3E）关闭、119 线得到加压、预备灯（2H）亮灯。

10．插座电路

从 302 线、单相 220 V、50 Hz（单线接地）向列车室及卫生间插座电路供电。

11．照明电路

列车室灯分 197、198 线 2 组，通过台灯、卫生间灯、厕所灯、走廊灯连接电路 199 线（包括臭氧发生器），进而，非常灯（紧急灯）电路通过 191 线得电。

连接电路监控器的室内灯灭灯指令线的 M302、M300 线之间的室内灯控制用辅助继电器 RLpCAR 线圈因平时没有加压，所以，室内灯用接触器 RLpK1、2 线圈没有加压，197、198、199 电路的列车室灯、通过台灯等亮灯。在此 3 电路的电源侧分别插入室内灯用断路器，如有必要，能够使分别的电路断开。预备灯电路 191 线平时从 103 线经由预备灯切换接触器 RrLpCgK 的 NC 接点进行加压。非常时（紧急时），在 T1c-1 车通过操作预备灯切换开关 RrLpCgS，预备灯指令 170 线得到加压、预备灯切换接触器 RrLpCgK 的线圈得到加压、NC 接点断开、NO 接点关闭，因此，预备灯电路 191 线切换成来自 102 线的加压。从监控器发出室内灯灭灯指令,连接 M302、M300 线间的室内灯控制用辅助继电器 RLpCAR 线圈得到加压、RLpK1 得到励磁。此 NC 接点为断开,因此,上述 197、198、199 电路的列车室灯、通过台灯等就灯灭。此外,此电路连接到外部电源插座 RLpConR。

12．辅助电源装置

电源从牵引变压器 MTr 3 次线圈经由交流电路接触器 ACK1,从 704、754 线获得单相、400 V、50 Hz。771、781、791 线为辅助电源装置三相、400 V±10%、50 Hz 输出、贯穿 T1c-1、M2-2、M1-3、T2-4 编组的前半部分。771G、781G、791G 线为辅助电源装置冷却风扇驱动用电源,113 线为辅助电源装置控制电源。251 线仅仅是使用辅助变压器 ATr,把牵引变压器 3 次绕组的非稳定化电压变换成单相 100 V 的非稳定化电源。112G 线输出过分相检测信号。

13．辅助整流装置

辅助整流装置的输入是辅助电源装置的三相、400 V±10%、50 Hz 输出,它由把 DC 100 V±10% 往 103 线输出的整流器部分和向 302、202 线分别提供单相 220 V、100 V 的恒电压变压器构成。当电压确立（101 线加压）后,辅助整流器整流装置直流电源接触器用继电器 ArfKR、辅助整流器整流装置直流电源接触器 ArfK 动作,把 DC 100 V±10%向 103 线加压。

进而,经由 ArfKR NO 接点、停放用继电器 MLpR NC 接点对 BatK2 控制指令 114 线进行加压。

14．温水器

从 251 线经由温水器用断路器 WheN1、2 进行温水器加压,温水器通过热敏式控制进行动作,过度热时,通过温度传感器检测,使断路器跳闸。

15．厕所电路

由 103 线向臭氧发生器、紧急传呼电路、厕所通知灯电路进行加压。

任务五　配电系统维护与检修

【任务描述】

在动车组电机电器实训室或者动车组电气及控制系统实训基地,以配电柜模型、实物,多媒体教学课件为学习载体,让学生掌握动车组配线的分类,认识各车配电盘的分类、布置,能按照检修作业标准,维护与检修各车配电柜。

【背景知识】

一、电气线路的分类

按照车体配线的用途,有电力、广播、网络控制 3 个电气系统;按照车体配线在车辆中所在的部位,可分为车内和车下配线两部分。电力配线一般采用绝缘导线,广播配线一般采用电缆线。绝缘导线和电缆线通常由导电线芯、绝缘层和保护层 3 部分组成。导电线芯主要采用铜导线;绝缘层目前主要采用聚氯乙烯;保护层的作用是用以保护电线免受外界机械损伤和周围媒介质的影响。控制系统传送线有列车信息传送线（光纤）及自我诊断信息传送线（多股绞合线）2种。

我国时速200 km动车组中，基于日本的JIS规格，使用下列电线尺寸：1.25 mm²、2 mm²、3.5 mm²、5.5 mm²、8 mm²、14 mm²、22 mm²、38 mm²、50 mm²、80 mm²、100 mm²、150 mm²、200 mm²、250 mm²。另外，屏蔽线使用0.75 mm²的芯线（不包括特殊情况）。容许电流的标准为每1 mm² 3 A以下，该数值为1条电线在空中、周围温度40 °C时的值。将电线放入电线管、电线管道中时，原则上占有率在40%以下。

二、配电系统的形式与组成

按照负载的性质以及用途，车内配线包括动力配线、照明配线、视频配线、电话配线以及控制配线等，各种配线都敷设在车顶或者侧墙内。车内动力和照明配线开始于车内配电盘，由车下主线输入的三相交流电或者直流电经配电盘和配线分别供负载使用，同时，在分配负荷时应注意尽量使三相负载均衡。对于视频配线和电话配线，应远离电力主线以防止交流电杂波的干扰。

为了沟通全列车的电力和信息，每一辆车的两端都设置有专用集控连接器。车下配线包括输送三相交流电和直流电的主线、电力连接器线以及车下各负载支线等。在满足导线截面面积的条件下，车下主线一般采用两路并联的方法，并将它们敷设在钢管内以增加强度。

三、配电盘

配电盘设在通过台，T1c（1号车）、M1（3号车）、T1k（5号车）、M1s（7号车）设在后位侧，T2（4号车）、M2（2、6号车）设在前、后位侧，T2c（8号车）设在前位侧。M1s（7号车）后位设置温水洗净式保温坐便用机器室。并且配电盘门设置为能使用暗锁的结构，配电盘的配置如图4-5-1所示。

驾驶用配电盘中配置了相关牵引变流器、电动送风机、辅助电源装置、空气压缩机、制动装置、监视器装置、广播设备，保温、振动等的NFB（脱扣式开关），关门连动和蜂鸣器的复位开关等。

1号车（T1c）后位客室侧及8号车（T2c）前位车端侧安装驾驶用配电盘，上部安装输出功放、主故障显示灯，下部安装继电器盘、电磁接触器、辅助制动模式发生器。2、6号车（M2）及4号车前位车厢侧安装驾驶用配电盘，上部安装输出功放、主故障显示灯，下部安装继电器盘。3号车（M1）、7号车（M1s）后位车厢侧安装驾驶用配电盘，上部安装主故障显示灯，下部安装继电器盘。5号车（T1k）后位车厢侧安装驾驶用配电盘，上部安装主故障显示灯，配电盘横侧安装车端断开装置，下部安装继电器盘。

服务用配电盘中，配置了相关空气调节装置、送排气装置，照明、自动门和各显示器的NFB（脱扣式开关），空调显示设定器、外部电源用连接器等。

1号车（T1c）后位客室侧及8号车（T2c）前位车端侧安装服务配电盘，上部安装空调故障显示灯，下部安装接地开关盘。2、6号车（M2）及4号车（T2）后位客室侧安装服务配电盘，配电盘横侧安装车端断开装置，下部安装非常启动开关盘及接地开关盘。3号车（M1）、7号车（M1s）后位客室侧安装服务配电盘，上部安装空调故障显示灯，下部安装接地开关盘及压缩机控制用电磁接触器。5号车（T1k）后位客室侧安装服务配电盘，上部安装空调故障显示灯，下部安装接地开关盘及电磁接触器。1号车（T1c）、3号车（M1）、5号车（T1k）后位车端侧安装监视器终端装置，横侧安装计时器、复位开关，下部安装温水污物配电盘。2、6号车（M2）及4号车（T2）前位客室侧安装监视器终端装置，下部安装控制功放、接触器盘。7号车（M1s）后位安装配置了温水器、污物处理装置、水泵（抽水）装置、坐便器、盥洗室等的NFB和水量计等的温水污物配电盘，横侧安装计时器、复位开关。

服务配电盘为双开门式，对于操作频度高的空调显示设定器，要以操作方便为目的来考虑安装的位置。各种配电盘门均安装锁，采用闭锁的方式。

控制继电器盘下部安装截断旋塞，因为涉及制动的缓解，所以操作时要注意。

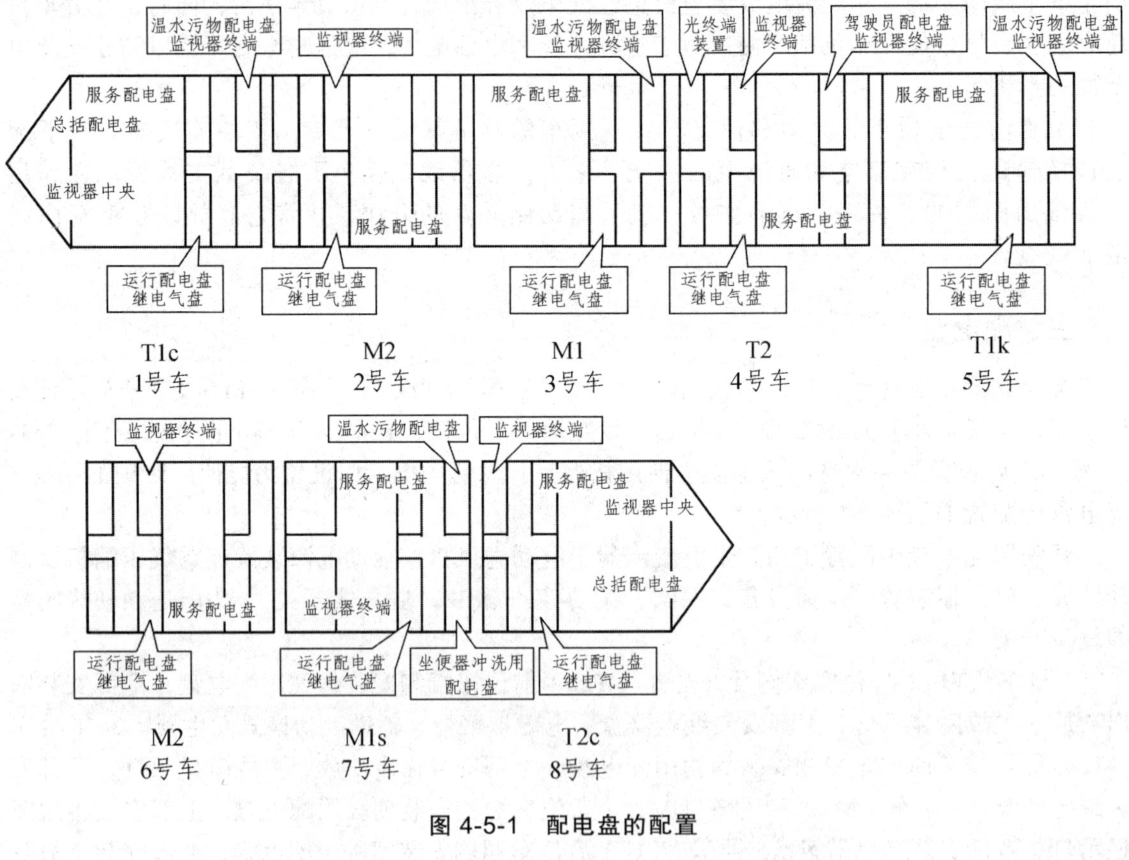

图 4-5-1 配电盘的配置

四、配电盘的分类

1．司机室用配电盘

1）总配电盘

配置有与主控制、制动、速度、标志灯有关的继电器、电压检测器及部分有关继电器。从E2系1000号后继电器采用印刷电路板型多极继电器,这种继电器配置在印刷电路板的A～F上。

2）司机室配电盘

配置有与牵引、制动控制有关的断路器、冷暖空调装置，有关关门、有关编组、显示灯等的 NFB。

2．动车组运转用配电盘

运转用配电盘包括主变换器、电动鼓风机、辅助电源装置、空压机、保温、振动、有关制动、监视器、有关广播的断路器。配电盘上断路器的车体布线是直接连接的。此外，还配置有关门联动、蜂鸣器复原用的开关等。

3．动车组辅助配电盘

空调装置、进排气装置、照明装置、自动门装置、有关各显示器、座席自动旋转装置、插座的断路器。配置有空调显示设定器、客室灯用的外部电源用连接器等。

4．温水、污物配电盘

温水器，污物处理装置，上水装置，厕所、盥洗室设备的断路器以及水表等。

5．控制继电器盘

配置有管控制用的继电器、显示灯等。

E2 系 1000 号后 2 次车与 1 次车一样，废除部分继电器，而采用印刷电路板型多极继电器，这些继电器电路配置在不同的印刷电路板上。

6．其他控制盘

1）显示灯盘

配置有主要故障、空调故障显示灯。

2）接触器盘

配置有接地检测器、辅助电动空压机用的接触器等。

五、各车配电盘

1．1 号车（T1c）

1 号车服务配电盘，服务配电盘标注如图 4-5-2，4-5-3 所示。

图 4-5-2　服务配电盘

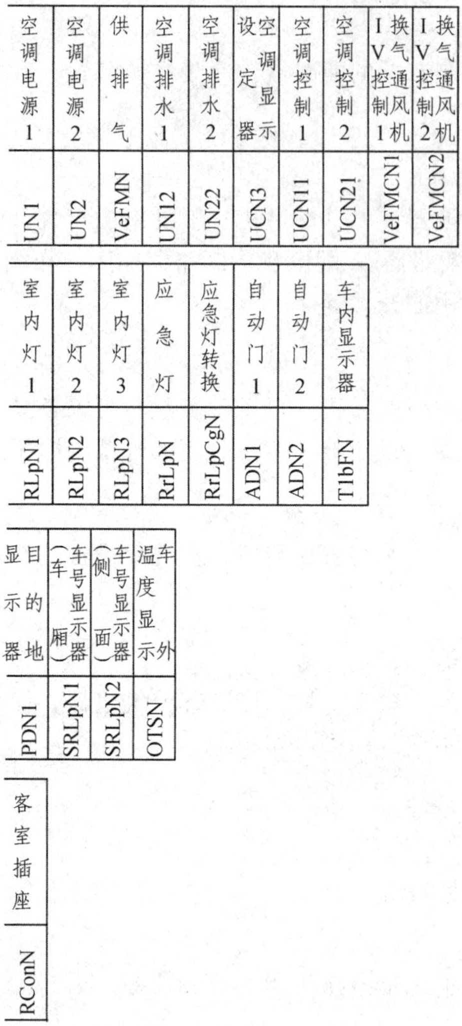

图 4-5-3 服务配电盘标注

表 4-5-1 所示为 1 号车 B 配电盘标注。

表 4-5-1 1 号车 B 配电盘标注

空调电源 1	空调电源 2	供排气	空调排水 1	空调排水 2	空调显示设定器	空调控制 1	空调控制 2
UN1	UN2	VeFMN	UN12	UN22	UCN3	UCN11	UCN21
换气通风机 IV 控制 1	换气通风机 IV 控制 2	室内灯 1	室内灯 2	室内灯 3	应急灯	应急灯转换	自动门 1
VeFMCN1	VeFMCN2	RLpN1	RLpN2	RLpN3	RrLpN	RrLpCgN	ADN1
自动门 2	车内显示器	目的地显示器	车号显示器（车厢）	车号显示器（侧面）	车外温度显示	客室插座	
ADN2	TInFN	PDN1	SRLpN1	SRLpN2	OTSN	RConN	

表 4-5-2 所示为 1、3、5、7 号车温水、污物配电盘标注。

图 4-5-4、4-5-5 所示为运行配电盘、运行配电盘标注。

表 4-5-2　1、3、5、7 号车温水、污物配电盘标注

温水器 1	温水器 2	污物处理装置 DC 100 V	坐式厕所 1 DC 24 V	坐式厕所 2 DC 24 V	小便间 DC 24 V	坐式厕所 1 排气扇	坐式厕所 2 排气扇
WHeN1	WHeN2	FiCN1	FiCN2	FiCN3	FiCN4	ToFMN1	ToFMN2
污物箱加热器	满水传感器	水位仪	自动洗面台	洗脸间插座	便座加热器	水泵加热器	水泵
FiHeN1	FiLvN1	WLMN	AHWN	ToConN	TSHeN	ABHeCN	WaPN
自动洗手器	厕所指示灯	水泵加压存放	电源装置				
FVSN	LvLpN	WVCN	电源装置 N				

图 4-5-4　运行配电盘

表 4-5-3 所示为 1 号车 A 配电盘标注。

表 4-5-3　1 号车 A 配电盘标注

辅助电源装置控制	辅助电源接触器	保温接触器	保温 1	保温 2	辅助制动	紧急制动转换控制	制动控制装置
APUCN	ARfRN	AHeKN	JaN1	JaN2	SBN2	SVCN	BCUN
制动控制	紧急制动	防滑控制阀	踏面清扫	关门开关	关门机构 1	关门机构 2	关门 1
BCCN	UVN	SKN	TyCIVN	DSN	DVN1	DVN2	DVCN1
关门 2	辅助电源输入电压	轴温检测	显示灯电源	广播 1	监控器	控制传输	车门开闭音响装置
DVCN2	VDTN	TThRN	PLpN1	AmpN1	MOTN1	MOTN2	DOCHN
主动控制	辅助电源装置交流电源 1	辅助电源装置交流电源 2	辅助电源装置	辅助变压器			
ASCN	ACVN1	ACVN2	APUBMN	ATN			
故障蜂鸣器断开	紧急短路	关车门连锁 1	关车门连锁 2	APU 断开	应急用蜂鸣器	火灾用蜂鸣器	
EBzCOS	UVRS	DICOS1	DICOS2	PLpCOS2	EBzRS	FrBzRS	

辅助电源装置控制	辅助电源接触器	保温接触器	保温1	保温2	辅助制动	紧急制动转换控制	制动控制装置	制动控制	紧急制动	防滑控制阀	踏面清扫	关门开关	关门机构1	关门机构2	关门1	关门2	辅助电源输入电压
APUCN	ARfRN	AHeKN	JaN1	JaN2	SBN2	SVCN	BCUN	BCCN	UVN	SKN	TyClVN	DSN	DVN1	DVN2	DVCN1	DVCN2	VDTN

轴温检测	显示灯电源	广播1	监控室	控制传输	车门开闭音响装置	主动控制
TThRN	PLpN1	AmpN1	MOTN1	MOTN2	DOCHN	ASCN

辅助交流电源1	辅助交流电源2	辅助电源装置	辅助变压器
ACVN1	ACVN2	APUBMN	ATN

辅助整流器
ARfN2

故障蜂鸣器断开	紧急短路	关车门联锁1	关车门联锁2	APU断开	应急用蜂鸣器	火灾用蜂鸣器
EBzCOS	UVRS	DICOS1	DICOS2	PLpCOS2	EBzRS	FrBzRS

图 4-5-5　运行配电盘标注

图 4-5-6 所示为继电器盘。

图 4-5-6　继电器盘

2．2 号车（M2）

图 4-5-7 所示为蓄电池电压表。

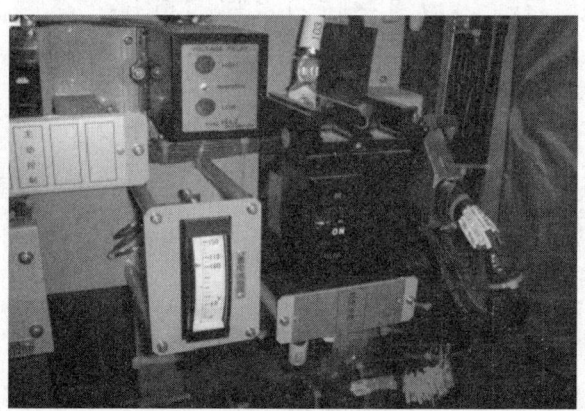

图 4-5-7　蓄电池电压表

图 4-5-8、4-5-9 所示为服务配电盘、服务配电盘标注。

图 4-5-8　服务配电盘

空调电源1	空调电源2	供排气	空调排水1	空调排水2	空调显示设定器	空调控制1	空调控制2	IV控气通风1机	IV控气通风2机
UN1	UN2	VeFMN	UN12	UN22	UCN3	UCN11	UCN21	VeFMCN1	VeFMCN2

室内灯1	室内灯2	室内灯3	应急灯	应急灯转换	自动门1	自动门2	车内显示器
RLpN1	RLpN2	RLpN3	RrLpN	RrLpCgN	ADN1	ADN2	TInFN

目的地显示器	车号显示器(车厢)	车号显示器(侧面)	热水器
PDN1	SRLpN1	SRLpN2	饮水机N

客室插座	垃圾箱室插座
RConN	垃圾处理室Con

图 4-5-9 服务配电盘标注

表 4-5-4 所示为 2 号车 B 配电盘标注。

表 4-5-4　2 号车 B 配电盘标注

空调电源 1	空调电源 2	供排气	空调排水 1	空调排水 2	空调显示设定器	空调控制 1	空调控制 2
UN1	UN2	VeFMN	UN12	UN22	UCN3	UCN11	UCN21
换气通风机 IV 控制 1	换气通风机 IV 控制 2	室内灯 1	室内灯 2	室内灯 3	应急灯	应急灯转换	自动门 1
VeFMCN1	VeFMCN2	RLpN1	RLpN2	RLpN3	RrLpN	RrLpCgN	ADN1
自动门 2	车内显示器	目的地显示器	车号显示器（车厢）	车号显示器（侧面）	热水器	客室插座	垃圾箱室插座
ADN2	TInFN	PDN1	SRLpN1	SRLpN2	饮水机 N	RConN	垃圾处理室 ConN

图 4-5-10、4-5-11 所示分别为复位开关及继电器盘。

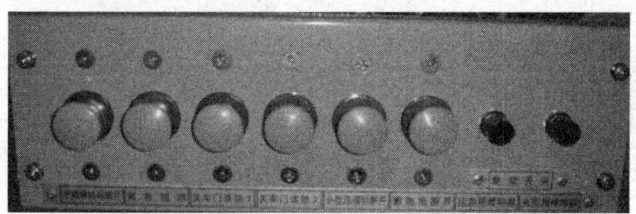

图 4-5-10　复位开关

图 4-5-11　继电器盘

图 4-5-12、4-5-13 所示分别为运行配电盘、运行配电盘标注。

169

图 4-5-12 运行配电盘

牵引电机送风1	牵引电机送风2	牵引变压器油流	牵引变压器送风	牵引变流器送风1	牵引变流器送风2	牵引变流器送风3		牵引变流器2
MMBMN1	MMBMN2	MTOPMN	MTBMN	CIBMN1	CIBMN2	CIBMN3		CICN2

牵引变流器1	辅助电路过电流	蓄电池接触器	直流电源2	电压检测器	牵引变压器过电流	真空断路器	真空断路器继电器	无电压继电器	电压表	保温接触器	保温1	保温2	紧急制动转换开关	制动控制装置	制动控制	紧急制动	防滑控制器
CICN1	AOCN	BatKN	BatN2	BatVDN	OCTN	VCBN	VCBARN	NVR1N	VN1	AHeKN	JaN1	JaN2	SVCN	BCUN	BCCN	UVN	SKN

踏面清扫	接触器控制	关门开关	关门机构1	关门机构2	关门1	关门2	轴温检测	显示灯电源	广播1	广播2	监控器	控制传输	辅助空气压缩机	扩展供电	车门开闭音响装置	主动控制
TyClVN	CttCN	DSN	DVN1	DVN2	DVCN1	DVCN2	TThRN		PLpN1	AmpN1	AmpN2	MOTN1	MOTN2	ACMN	ACOSN	DOCHN	ASCN

故障蜂鸣器断开	紧急短路	关车门联锁1	关车门联锁2	小型压缩机断开	蓄电池断开	应急用蜂鸣器	火灾用蜂鸣器	蓄电池电压表	直流电源1
EBzCOS	UVRS	DlCOS1	DlCOS2	PLpCOS1	PLpCOS3	EBzRS	FrBzRS		BatN1

图 4-5-13 运行配电盘标注

表4-5-5所示为2号车A配电盘标注。

表4-5-5 2号车A配电盘标注

牵引电机送风1	牵引电机送风2	牵引变压器油流	牵引变压器送风	牵引变流器送风1	牵引变流器送风2	牵引变流器送风3	牵引变流器2
MMBMN1	MMBMN2	MTOPMN	MTBMN	CIBMN1	CIBMN2	CIBMN3	CICN2
牵引变流器1	辅助电路过电流	蓄电池接触器	直流电源2	电压检测器	牵引变压器过电流	真空断路器	真空断路器继电器
CICN1	AOCN	BatKN	BatN2	BatVDN	OCTN	VCBN	VCBARN
无电压继电器	电压表	保温接触器	保温1	保温2	紧急制动转换控制	制动控制装置	制动控制
NVR1N	VN1	AHeKN	JaN1	JaN2	SVCN	BCUN	BCCN
紧急制动	防滑控制器	路面清扫	接触器控制	关门开关	关门机构1	关门机构2	关门1
UVN	SKN	TyCIVN	CttCN	DSN	DVN1	DVN2	DVCN1
关门2	轴温检测	显示灯电源	广播1	广播2	监控器	控制传输	辅助空气压缩机
DVCN2	TThRN	PLpN1	AmpN1	AmpN2	MOTN1	MOTN2	ACMN
扩展供电	车门开闭音响装置	主动控制	直流电源1				
ACOSN	DOCHN	ASCN	BatN1				
故障蜂鸣器断开	紧急短路	关车门联锁1	关车门联锁2	小型压缩机断开	蓄电池断开	应急用蜂鸣器	火灾用蜂鸣器
EBzCOS	UVRS	DICOS1	DICOS2	PLpCOS1	PLpCOS3	EBzRS	FrBzRS

3．3号车（M1）

图4-5-14、4-5-15所示为3号车服务配电盘、服务配电盘标注。

图4-5-14 服务配电盘

图 4-5-15 服务配电盘标注

空调电源1	空调电源2	供排气	空调排水1	空调排水2	空调显示设定器	空调控制1	空调控制2	换气通风机IV控制1	换气通风机IV控制2
UN1	UN2	VeFMN	UN12	UN22	UCN3	UCN11	UCN21	VeFMCN1	VeFMCN2

室内灯1	室内灯2	室内灯3	应急灯	应急灯转换	自动门1	自动门2	车内显示器
RLpN1	RLpN2	RLpN3	RrLpN	RrLpCgN	ADN1	ADN2	TInFN

目的地显示器	车号显示器（车厢）	车号显示器（侧面）	空气清洁机
PDN1	SRLpN1	SRLpN2	ACLN

客室插座	垃圾箱室插座
RConN	垃圾处理室ConN

表 4-5-6 所示为 3 号车 B 配电盘标注。

表 4-5-6　3 号车 B 配电盘标注

空调电源1	空调电源2	供排气	空调排水1	空调排水2	空调显示设定器	空调控制1	空调控制2
UN1	UN2	VeFMN	UN12	UN22	UCN3	UCN11	UCN21
换气通风机IV控制1	换气通风机IV控制2	室内灯1	室内灯2	室内灯3	应急灯	应急灯转换	自动门1
VeFMCN1	VeFMCN2	RLpN1	RLpN2	RLpN3	RrLpN	RrLpCgN	ADN1
自动门2	车内显示器	目的地显示器	车号显示器（车厢）	车号显示器（侧面）	空气清洁机	客室插座	垃圾箱室插座
ADN2	TInFN	PDN1	SRLpN1	SRLpN2	ACLN	RConN	垃圾处理室ConN

图 4-5-6 所示为继电器盘。图 4-5-17、4-5-18 所示为运行配电盘、运行配电盘标注。表 4-5-7 所示为 3 号车 A 配电盘标注。

图 4-5-16 继电器盘

图 4-5-17 运行配电盘

电动空气压缩机	牵引电机送风1	牵引电机送风2	牵引变流器送风1	牵引变流器送风2	牵引变流器送风3		牵引变流器2
CMN	MMBMN1	MMBMN2	CIBMN1	CIBMN2	CIBMN3		CICN2

牵引变流器1	压缩机控制	压缩机同步	保温接触器	保温1	保温2	转换控制	紧急制动	制动控制装置	制动控制	紧急制动	防滑控制阀	踏面清扫	司机制动控制室	接触器控制	关门开关	关门机构1	关门机构2	关门1	关门2	油温检测	显示灯电源
CICN1	CMCN	CMSN	AHeKN	JaN1	JaN2	SVCN		BCUN	BCCN	UVN		SKN	TyCIVN	BVN	CttCN	DSN	DVN1	DVN2	DVCN1	DVCN2	TThRN	PLpN1

监控器	控制传输	车门开闭音响装置	主动控制		故障蜂鸣器断开	紧急短路	关车门联锁1	关车门联锁2	应急用蜂鸣器	火灾用蜂鸣器
MOTN1	MOTN2	DOCHN	ASCN		EBzCOS	UVRS	DICOS1	DICOS2	EBzRS	FrBzRS

图 4-5-18 运行配电盘标注

表 4-5-7 3 号车 A 配电盘标注

电动空气压缩机	牵引电机送风1	牵引电机送风2	牵引变流器送风1	牵引变流器送风2	牵引变流器送风3	牵引变流器2	牵引变流器1
CMN	MMBMN1	MMBMN2	CIBMN1	CIBMN2	CIBMN3	CICN2	CICN1
压缩机控制	压缩机同步	保温接触器	保温1	保温2	紧急制动转换控制	制动控制装置	制动控制
CMCN	CMSN	AHeKN	JaN1	JaN2	SVCN	BCUN	BCCN
紧急制动	防滑控制阀	踏面清扫	司机制动控制器	接触器控制	关门开关	关门机构1	关门机构2
UVN	SKN	TyCIVN	BVN	CttCN	DSN	DVN1	DVN2
关门1	关门2	轴温检测	显示灯电源	监控器	控制传输	车门开闭音响装置	主动控制
DVCN1	DVCN2	TThRN	PLpN1	MOTN1	MOTN2	DOCHN	ASCN
故障蜂鸣器断开	紧急短路	关车门联锁1	关车门联锁2	应急用蜂鸣器	火灾用蜂鸣器		
EBzCOS	UVRS	DICOS1	DICOS2	EBzRS	FrBzRS		

4. 4号车（T2）

图 4-5-19、4-5-20 所示为 4 号车服务配电盘、服务配电盘标注。

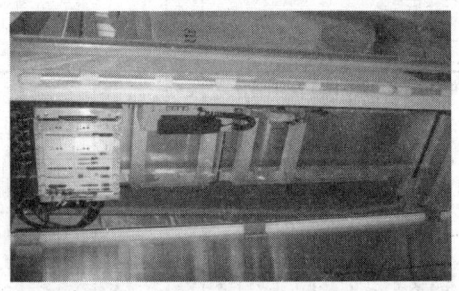

图 4-5-19 服务配电盘

空调电源1	空调电源2	供排气	空调排水1	空调排水2	设定空调显示器	空调控制1	空调控制2	IV换气控制通风机1	IV换气控制通风机2
UN1	UN2	VeFMN	UN12	UN22	UC3	UCN11	UCN21	VeFMCN1	VeFMCN2

室内灯1	室内灯2	室内灯3	应急灯转换	应急灯	自动门1	自动门2	车内显示器
RLpN1	RLpN2	RLpN3	RrLpN	RrLpCgN	ADN1	ADN2	TInFN

图 4-5-20 服务配电盘标注

表 4-5-8 所示为 4 号车 B 配电盘标注。

表 4-5-8　4 号车 B 配电盘标注

空调电源 1	空调电源 2	供排气	空调排水 1	空调排水 2	空调显示设定器	空调控制 1	空调控制 2
UN1	UN2	VeFMN	UN12	UN22	UCN3	UCN11	UCN21
换气通风机 IV 控制 1	换气通风机 IV 控制 2	室内灯 1	室内灯 2	室内灯 3	应急灯	应急灯转换	自动门 1
VeFMCN1	VeFMCN2	RLpN1	RLpN2	RLpN3	RrLpN	RrLpCgN	ADN1
自动门 2	车内显示器	目的地显示器	车号显示器（车厢）	车号显示器（侧面）	热水器	客室插座	垃圾箱室插座
ADN2	TInFN	PDN1	SRLpN1	SRLpN2	饮水机 N	RConN	垃圾处理室 ConN

图 4-5-21、4-5-22、4-5-23 所示分别为运行盘电盘（上、下）及运行配电盘标注。

图 4-5-21　运行配电盘（上）

图 4-5-22　运行配电盘（下）

图 4-5-23 运行配电盘标注

蓄电池接触器	直流电源2	电压检测器	电压表	保温接触器	保温1	保温2	紧急制动转换控制	制动控制装置	制动控制	紧急制动	防滑控制阀	踏面清扫	关门开关	关门机构1	关门机构2	关门1	关门2	车门关闭音响装置
BatKN	BatN2	BatVDN	VN1	AHeKN	JaN1	JaN2	SVCN	BCUN	BCCN	UVN	SKN	TyCIVN	DSN	DVN1	DVN2	DVCN1	DVCN2	DOCHN

轴温检测	显示灯电源	广播1	广播2	监控器	控制传输	辅助空气压缩机	扩展供电	升弓	降弓	远程控制	保护接地合	保护接地断	钥匙箱开锁线圈	过分相VCB控制1	过分相VCB控制2	过分相装置电源	过分相转换1	过分相控制2	三相电源转换	主动控制	直流电压1
TThRN	PLpN1	AmpN1	AmpN2	MOTN1	MOTN2	ACMN	ACOSN	PanUVN	PanVN	COSN1	EGCVN	EGOVN	KBMgN	SCN1	SCN2	SCN3	1	2	BKKN	ASCN	BatN1

故障蜂鸣器断开	紧急短路	关车门联锁1	关车门联锁2	小型压缩机断开	应急用蜂鸣器	火灾用蜂鸣器	蓄电池电压
EBzCOS	UVRS	DICOS1	DICOS2	PLpCOS3	EBzRS	FrBzRS	

表 4-5-9 所示为 4 号车 A 配电盘标注。

表 4-5-9 4 号车 A 配电盘标注

蓄电池接触器	直流电源2	电压检测器	电压表	保温接触器	保温1	保温2	紧急制动转换控制
BatKN	BatN2	BatVDN	VN1	AHeKN	JaN1	JaN2	SVCN
制动控制装置	制动控制	紧急制动	防滑控制阀	踏面清扫	关门开关	关门机构1	关门机构2
BCUN	BCCN	UVN	SKN	TyCIVN	DSN	DVN1	DVN2
关门1	关门2	车门开闭音响装置	轴温检测	显示灯电源	广播1	广播2	监控器
DVCN1	DVCN2	DOCHN	TThRN	PLpN1	AmpN1	AmpN2	MOTN1
控制传输	辅助空气压缩机	扩展供电	升弓	降弓	远程控制	保护接地合	保护接地断
MOTN2	ACMN	ACOSN	PanUVN	PanDRN	COSN1	EGCVN	EGOVN

续表

钥匙箱开锁线圈	过分相VCB控制1	过分相VCB控制2	过分相装置电源	过分相控制1	过分相控制2	三相电源转换	主动控制
KBMgN	SCN1	SCN2	SCN3	SCMCRN1	SCMCRN2	BKKN	ASCN
直流电源1							
BatN1							
故障蜂鸣器断开	紧急短路	关车门联锁1	关车门联锁2	小型压缩机断开	蓄电池断开	应急用蜂鸣器	火灾用蜂鸣器
EBzCOS	UVRS	DICOS1	DICOS2	PLpCOS1	PLpCOS3	EBzRS	FrBzRS

5．5号车（T1k）

图4-5-24、4-5-25所示为吧台配电盘、吧台配电盘标注。

图4-5-24　吧台配电盘

饮水机加热电源	饮水机控制电源	微波炉插座	冰柜·冰箱	清扫用插座	插座	玻璃展示柜	杀菌设备
热水器电源N	热水器控制N	SCon3	SConN1	SConN4	SConN5	SConN2	N7

图4-5-25　吧台配电盘标注

表4-5-10所示为5号车小卖部配电盘。

表 4-5-10　5 号车小卖部配电盘

饮水机加热电源	饮水机控制电源	微波炉插座	冰柜。冰箱	清扫用插座	插座	玻璃展示柜	杀菌设备
热水器电源 N	热水器控制 N	SConN3	SConN1	SConN4	SConN5	SConN2	N7

图 4-5-26、4-5-27 所示为服务配电盘、服务配电盘标注。

图 4-5-26　服务配电盘

空调电源1	空调电源2	供排气	空调排水1	空调排水2	空调显示设定器	空调控制1	空调控制2	IV换气通风控制1	IV换气通风控制2机
UN1	UN2	VeFMN	UN12	UN22	UCN3	UCN11	UCN21	VeFMCN1	VeFMCN2

室内灯1	室内灯2	室内灯3	应急灯	应急灯转换	自动门1	自动门2	车内显示器
RLpN1	RLpN2	RLpN3	RrLpN	RrLpCgN	ADN1	ADN2	TInFN

显示目的地器	车号显示器（侧面）	车号显示器（侧面）
PDN1	SRLpN1	SRLpN2

客室插座	餐饮室插座
RConN	餐饮区ConN

图 4-5-27　服务配电盘标注

表 4-5-11 所示为 5 号车 B 配电盘标注。

表 4-5-11 5 号车 B 配电盘标注

空调电源1	空调电源2	供排气	空调排水1	空调排水2	空调显示设定器	空调控制1	空调控制2
UN1	UN2	VeFMN	UN12	UN22	UCN3	UCN11	UCN21
换气通风机IV控制1	换气通风机IV控制2	室内灯1	室内灯2	室内灯3	应急灯	应急灯转换	自动门1
VeFMCN1	VeFMCN2	RLpN1	RLpN2	RLpN3	RrLpN	RrLpCgN	ADN1
自动门2	车内显示器	目的地显示器	车号显示器（车厢）	车号显示器（侧面）	客室插座	餐饮室插座	
ADN2	TInFN	PDN1	SRLpN1	SRLpN2	RConN	饮食区ConN	

图 4-5-28、4-5-29 所示为运行配电盘、运行配电盘标注。

图 4-5-28 运行配电盘

电动空气压缩机	压缩机控制	压缩机同步	保温接触器	保温1	保温2	紧急制动转换控制	制动控制装置	制动控制	紧急制动	防滑控制阀	踏面清扫	关门开关	关门机构1	关门机构2	关门	轴温检测	显示灯电源	广播2	监控器	控制传输	车门开闭音响装置	车门开闭音响装置
CMN	CMCN	CMSN	AHeKN	JaN1	JaN2	SVCN	BCUN	BCCN	UVN	SKN	TyCIVN	DSN	DVN1	DVN2	DVCN1	DVCN2	TThRN	PLpN1	AmpN2	MOTN1	MOTN2	DOCHN	ASCN
故障蜂鸣器断开	紧急短路	关车门联锁1	关车门联锁2	应急用蜂鸣器	火灾用蜂鸣器																	
EBzCOS	UVRS	DICOS1	DICOS2	EBzRS	FrBzRS																	

图 4-5-29 运行配电盘标注

表 4-5-12 所示为 5 号车 A 配电盘标注。

表 4-5-12 5 号车 A 配电盘标注

电动空气压缩机	压缩机控制	压缩机同步	保温接触器	保温1	保温2	紧急制动转换控制	制动控制装置
CMN	CMCN	CMSN	AHeKN	JaN1	JaN2	SVCN	BCUN
制动控制	紧急制动	防滑控制阀	踏面清扫	关门开关	关门机构1	关门机构2	关门1
BCCN	UVN	SKN	TyCIVN	DSN	DVN1	DVN2	DVCN1
关门2	轴温检测	显示灯电源	广播2	监控器	控制传输	车门开闭音响装置	主动控制
DVCN2	TThRN	PLpN1	AmpN2	MOTN1	MOTN2	DOCHN	ASCN
故障蜂鸣器断开	紧急短路	关车门联锁1	关车门联锁2	应急用蜂鸣器	火灾用蜂鸣器		
EBzCOS	UVRS	DICOS1	DICOS2	EBzRS	FrBzRS		

6．6 号车（M2）

图 4-5-30、4-5-31 所示为 6 号车服务配电盘、服务配电盘标注。

图 4-5-30 服务配电盘

表 4-5-13 所示为 6 号车 B 配电盘标注。

表 4-5-13 6 号车 B 配电盘标注

空调电源1	空调电源2	供排气	空调排水1	空调排水2	空调显示设定器	空调控制1	空调控制2
UN1	UN2	VeFMN	UN12	UN22	UCN3	UCN11	UCN21
换气通风机IV控制1	换气通风机IV控制2	室内灯1	室内灯2	室内灯3	应急灯	应急灯转换	自动门1
VeFMCN1	VeFMCN2	RLpN1	RLpN2	RLpN3	RrLpN	RrLpCgN	ADN1
自动门2	车内显示器	目的地显示器	车号显示器（车厢）	车号显示器（侧面）	热水器	空气清洁机	客室插座
ADN2	TInFN	PDN1	SRLpN1	SRLpN2	饮水机N	ACLN	RConN
垃圾箱室插座							
垃圾处理室ConN							

空调电源1	空调电源2	供排气	空调排水1	空调排水2	设定显示器	空调控制1	空调控制2	IV控制通风机1	IV控制通风机2
UN1	UN2	VeFMN	UN12	UN22		UCN3	UCN11	UCN21	VeFMCN1	VeFMCN2

室内灯1	室内灯2	室内灯3	应急灯	应急灯转换	自动门1	自动门2	车内显示器
RLpN1	RLpN2	RLpN3	RrLpN	RrLpCgN	ADN1	ADN2	TInFN

目的地显示器	车号显示器（车厢）	车号显示器（侧面）	热水器	空气清洁机
PDN1	SRLpN1	SRLpN2	饮水机N	ACLN

客室插座	垃圾箱室插座
RConN	垃圾处理室Con

图 4-5-31 服务配电盘标注

图 4-5-32～4-5-34 所示为继电器盘、运行配电盘、运行配电盘标注。

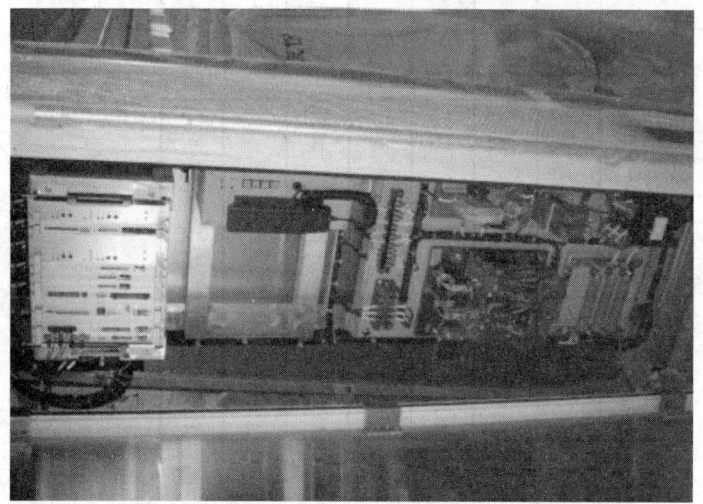

图 4-5-32 继电器盘

图 4-5-33 运行配电盘

牵引电机送风1	牵引电机送风2	牵引变压器送油流	牵引变压器送风	牵引交流器送风1	牵引交流器送风2	牵引交流器送风3	牵引变流器1	辅助电路过电流
MMBMN1	MMBMN2	MTOPMN	MTBMN	CIBMN1	CIBMN2	CIBMN3	CICN1	AOCN

蓄电池接触器	直流电源2	电压检测器	牵引变压器过电流	真空断路器	无电压继电器	电压表	保温接触器	保温2	紧急制动转换控制	制动控制装置	紧急制动	防滑控制	踏面清扫	接触器控制	关门开关	关门机构1	关门机构2
BatKN	BatN2	BatVDN	OCTN	VCBN	NVRN1	VN1	AHeKN	JaN1	JaN2	SVCN	BCUN	BCCN	UVN	SKN	TyCIVN	CttCN	DSN	DVN1	DVN2

（注：上表实际为20列，对应数据如下）

蓄电池接触器	直流电源2	电压检测器	牵引变压器过电流	真空断路器	无电压继电器	电压表	保温接触器	保温2	紧急制动转换控制	制动控制装置	紧急制动	防滑控制	踏面清扫	接触器控制	关门开关	关门机构1	关门机构2
BatKN	BatN2	BatVDN	OCTN	VCBN	NVRN1	VN1	AHeKN	JaN1	JaN2	SVCN	BCUN	BCCN	UVN	SKN	TyCIVN	CttCN	DSN	DVN1	DVN2

关门1	关门2	轴温检测	显示灯电源	广播1	广播2	监控器	控制传输	辅助空气压缩机	扩展供电	升弓	降弓	远程控制		牵引变流器2
DVCN1	DVCN2	TThRN	PLpN1	AmpN1	AmpN2	MOTN1	MOTN2	ACMN	ACOSN	PanUVN	PanDRN	COSN1		CICN2

保护接地合	保护接地断	钥匙箱开锁线圈	车门开闭音响装置	过分相VCB控制1	过分相VCB控制2	过分相装置电源	过分相控制1	过分相控制2	主动控制		蓄电池电压表
EGCVN	EGOVN	KBMgN	DOCHN	SCN1	SCN2	SCN3	SCMCRN1	SCMCRN2	ASCN		

故障蜂鸣器断开	紧急短路	关车门联锁1	关车门联锁2	小型压缩机断开	蓄电池断开	应急用蜂鸣器	火灾用蜂鸣器		直流电源1
EBzCOS	UVRS	DICOS1	DICOS2	PLpCOS1	PLpCOS3	EBzRS	FrBzRS		BatN1

图 4-5-34　运行配电盘标注

表 4-5-14 所示为 6 号车 A 配电盘标注。

表 4-5-14　6 号车 A 配电盘标注

牵引电机送风1	牵引电机送风2	牵引变压器油流	牵引变压器送风	牵引变流器送风1	牵引变流器送风2	牵引变流器送风3	牵引变流器1
MMBMN1	MMBMN2	MTOPMN	MTBMN	CIBMN1	CIBMN2	CIBMN3	CICN1
辅助电路过电流	蓄电池接触器	直流电源2	电压检测器	牵引变流器过电流	真空断路器	无电压继电器	电压表
AOCN	BatKN	BatN2	BatVDN	OCTN	VCBN	NVR1N	VN1
保温接触器	保温1	保温2	紧急制动转换控制	制动控制装置	制动控制	紧急制动	防滑控制阀
AHeKN	JaN1	JaN2	SVCN	BCUN	BCCN	UVN	SKN
踏面清扫	接触器控制	关门开关	关门机构1	关门机构2	关门1	关门2	轴温检测
TyCIVN	CttCN	DSN	DVN1	DVN2	DVCN1	DVCN2	TThRN
显示灯电源	广播1	广播2	监控器	控制传输	辅助空气压缩机	扩展供电	升弓
PLpN1	AmpN1	AmpN2	MOTN1	MOTN2	ACMN	ACOSN	PanUVN
降弓	远程控制	牵引变流器2	保护接地合	保护接地断	钥匙箱开锁线圈	车门开闭音响装置	
PanDRN	COSN1	CICN2	EGCVN	EGOVN	KBMgN	DOCHN	
过分相VCB控制1	过分相VCB控制2	过分相装置电源	过分相控制1	过分相控制2	主动控制	直流电源1	
SCN1	SCN2	SCN3	SCMCRN1	SCMCRN2	ASCN	BatN1	
故障蜂鸣器断开	紧急短路	关车门联锁1	关车门联锁2	小型压缩机断开	蓄电池断开	应急用蜂鸣器	火灾用蜂鸣器
EBzCOS	UVRS	DICOS1	DICOS2	PLpCOS1	PLpCOS3	EBzRS	FrBzRS

7．7 号车（M1s）

图 4-5-35、4-5-36 所示为 7 号车服务配电盘、服务配电盘标注。

图 4-5-35 服务配电盘

表 4-5-15 所示为 7 号车 B 配电盘标注。

表 4-5-15 7 号车 B 配电盘标注

空调电源1	空调电源2	供排气	空调排水1	空调排水2	空调显示设定器	空调控制1	空调控制2
UN1	UN2	VeFMN	UN12	UN22	UCN3	UCN11	UCN21
换气通风机IV控制1	换气通风机IV控制2	室内灯1	室内灯2	室内灯3	应急灯	应急灯转换	自动门1
VeFMCN1	VeFMCN2	RLpN1	RLpN2	RLpN3	RrLpN	RrLpCgN	ADN1
自动门2	残疾人厕所自动门	车内显示器	目的地显示器	车号显示器（车厢）	车号显示器（侧面）	收音接收装置电源	
ADN2	LvADN	TInFN	PDN1	SRLpN1	SRLpN2	FM.TV架电源N	
客室插座	乘务员室插座	垃圾箱室插座	多功能室插座	乘务员室风扇			
RConN	乘务员室ConN	垃圾处理室ConN	多功能室ConN	乘务员室风扇开关			

空调电源1	空调电源2	供排气	空调排水1	空调排水2	设定显示器	空调控制1	空调控制2	IV控制通风机1	IV控制通风机2
UN1	UN2	VeFMN	UN12	UN22	UCN3	UC11	UCN21	VeFMCN1	VeFMCN2

室内灯1	室内灯2	室内灯3	应急灯	应急灯转换	自动门1	自动门2	残疾人厕所自动门
RLpN1	RLpN2	RLpN3	RrLpN	RrLpCgN	ADN1	ADN2	LvADN

车内显示器	目的地显示器	车号显示器（车厢）	车号显示器（侧面）	收音接收装置电源
TInFN	PDN1	SRLpN1	SRLpN2	FM.TV架电源N

客室插座	乘务员室插座	垃圾箱室插座	多功能室插座	乘务员室风扇
RConN	乘务员室ConN	垃圾处理室ConN	多功能室ConN	乘务员室风扇开关

图 4-5-36 服务配电盘标注

图 4-5-37、4-5-38 所示为运行配电盘、运行配电盘标注。

项目四 动车组辅助供电系统电路分析

图 4-5-37 运行配电盘

电动空气压缩机	牵引电机送风1	牵引电机送风2	牵引变流器送风1	牵引变流器送风2	牵引变流器送风3		牵引变流器2
CMN	MMBMN1	MMBMN2	CIBMN1	CIBMN2	CIBMN3		CICN2

牵引变流器	压缩机控制	压缩机同步	保温接触器	保温1	保温2	紧急制动转换控制装置	制动控制	紧急制动	防滑控制阀	踏面清扫	司机制动控制器	接触器控制	关门开关	关门机构1	关门机构2	关门1	关门2	轴温检测	显示灯电源
CICN1	CMCN	CMSN	AHeKN	JaN1	JaN2	SVCN	BCUN	BCCN	UVN	SKN	TyClVN	BVN	CttCN	DSN	DVN1	DVN2	DVCN1	DVCN2	TThRN	PLpN1

广播门2	广播2	AADN	监控室	控制传输	车门关闭音响装置	主动控制	故障蜂鸣器断开	紧急短路	关车门联锁1	关车门联锁2	应急用蜂鸣器	火灾用蜂鸣器
DN	AmpN2	AADN	MOTN1	MOTN2	DOCHN	ASCN	EBzCOS	UVRS	DICOS1	DICOS2	EBzRS	FrBzRS

图 4-5-38 运行配电盘标注

表 4-5-16 所示为 7 号车 A 配电盘标注。

表 4-5-16　7 号车 A 配电盘标注

电动空气压缩机	牵引电机送风1	牵引电机送风2	牵引变流器送风1	牵引变流器送风2	牵引变流器送风3	牵引变流器2	牵引变流器
CMN	MMBMN1	MMBMN2	CIBMN1	CIBMN2	CIBMN3	CICN2	CICN1
压缩机控制	压缩机同步	保温接触器	保温1	保温2	紧急制动转换控制	制动控制装置	制动控制
CMCN	CMSN	AHeKN	JaN1	JaN2	SVCN	BCUN	BCCN
紧急制动	防滑控制阀	踏面清扫	司机制动控制器	接触器控制	关门开关	关门机构1	关门机构2
UVN	SKN	TyCIVN	BVN	CttCN	DSN	DVN1	DVN2
关门1	关门2	轴温检测	显示灯电源	门	广播2	AADN	监控器
DVCN1	DVCN2	TThRN	PLpN1	DN	AmpN2	AADN	MOTN1
控制传输	车门开闭音响装置	主动控制					
MOTN2	DOCHN	ASCN					
故障蜂鸣器断开	紧急短路	关车门联锁1	关车门联锁2		应急用蜂鸣器	火灾用蜂鸣器	
EBzCOS	UVRS	DICOS1	DICOS2		EBzRS	FrBzRS	

8．8 号车（T2c）

图 4-5-39~4-5-41 所示为废物箱上配电盘、服务配电盘及服务配电盘标注。

图 4-5-39　废物箱上配电盘

图 4-5-40　服务配电盘

空调电源1	空调电源2	供排气	空调排水1	空调排水2	空调设定显示器	空调控制1	空调控制2	IV换气控制通风机1	IV换气控制通风机2
UN1	UN2	VeFMN	UN12	UN22	UCN3	UCN11	UC21	VeFMCN1	VeFMCN2
室内灯1	室内灯2	室内灯3	应急灯	应急灯转换	自动门1	自动门2	车内显示器		
RLpN1	RLpN2	RLpN3	RrLpN	RrLpCgN	ADN1	ADN2	TInFN		
目的地显示器	车号显示器（车厢）	车号显示器（侧面）	热水器	车外温度显示					
PDN1	SRLpN1	SRLpN2	饮水机LN	OTSN					
客室插座	垃圾箱室插座								
RConN	垃圾处理室ConN								

图 4-5-41 服务配电盘标注

表 4-5-17 所示为 8 号车 B 配电盘标注。

表 4-5-17 8 号车 B 配电盘标注

空调电源 1	空调电源 2	供排气	空调排水 1	空调排水 2	空调显示设定器	空调控制 1	空调控制 2
UN1	UN2	VeFMN	UN12	UN22	UCN3	UCN11	UCN21
换气通风机 IV 控制 1	换气通风机 IV 控制 2	室内灯 1	室内灯 2	室内灯 3	应急灯	应急灯转换	自动门 1
VeFMCN1	VeFMCN2	RLpN1	RLpN2	RLpN3	RrLpN	RrLpCgN	ADN1
自动门 2	车内显示器	目的地显示器	车号显示器（车厢）	车号显示器（侧面）	热水器	车外温度显示	
ADN2	TInFN	PDN1	SRLpN1	SRLpN2	饮水机 N	OTSN	
客室插座	垃圾箱室插座						
RConN	垃圾处理室 ConN						

表 4-5-18 所示为 8 号车 A 配电盘标注。

表 4-5-18 8 号车 A 配电盘标注

辅助电源装置控制	辅助电源接触器	保温接触器	保温 1	辅助制动	紧急制动转换控制	制动控制装置	制动控制
APUCN	ARfRN	AHeKN	JaN1	SBNR	SVCN	BCUN	BCCN
紧急制动	防滑控制阀	踏面清扫	关门开关	关门机构 1	关门机构 2	关门 1	关门 2
UVN	SKN	TyCIVN	DSN	DVN1	DVN2	DVCN1	DVCN2
辅助电源输入电压	轴温检测	显示灯电源	广播 1	监控器	控制传输	车门开闭音响装置	主动控制
DVTN	TThRN	PLpN1	AmpN1	MOTN1	MOTN2	DOCHN	ASCN
辅助电源装置交流电源 1	辅助电源装置交流电源 2	辅助电源装置	辅助变压器	辅助整流器			
ACVN1	ACVN2	APUBMN	ATN	ARfN2			
故障蜂鸣器断开	紧急短路	关车门联锁 1	关车门联锁 2	APU 断开	应急用蜂鸣器	火灾用蜂鸣器	
EBzCOS	UVRS	DICOS1	DICOS2	PLpCOS2	EBzRS	FrBzRS	

图 4-5-42、4-5-43 所示为运行配电盘、运行配电盘标注。

项目四 动车组辅助供电系统电路分析

图 4-5-42 运行配电盘

辅助电源装置控制	辅助电源接触器	保温接触器	保温1	辅助制动	紧急制动转换装置	制动控制装置	制动控制	紧急制动	防滑控制阀	踏面清扫	关门开关	关门机构1	关门机构2	关门1	关门2	辅助电源输入电压
APUCN	ARfRN	AHeKN	JaN1	SBCN	SVCN	BCUN	BCCN	UVN	SKN	TyClVN	DSN	DVN1	DVN2	DVCN1	DVCN2	DVTN

轴温检测	显示灯电源	广播1	监控器	控制传输	车门开闭音响装置	主动控制
TThRN	PLpN1	AmpN1	MOTN1	MOTN2	DOCHZ	ASCN

交流辅助电源装置1	交流辅助电源装置2	辅助电源装置	辅助变压器		辅助整流器
ACVN1	ACVN2	APUBMN	ATN		ARtN2

故障蜂鸣器断开	紧急短路	关车门联锁1	关车门联锁2	APU断开	应急用蜂鸣器	火灾用蜂鸣器
EBzCOS	UVRS	DICOS1	DICOS2	PLpCOS2	EBzRS	FrBzRS

图 4-5-43 运行配电盘标注

六、配电柜检修规程

1. 运行配电柜的检查与清洁

（1）准备工作。

确认动车组断电作业完毕。

（2）清洁作业。

① 打开运行配电柜门的门锁，确认配电柜门锁动作良好。

② 清扫配电柜内各部件，注意清扫过程中避免对线盘的碰触。

（3）无电检查。

① 各接触器、继电器、电磁阀：确认其外观及安装状态良好。

② 各断路器检查：容量符合规定，位置正确，动作灵活，无卡滞，无破损。

③ 线路检查：各线号清晰，配线、接线端子无损坏和变色，安装牢固，线卡紧固。

④ 各车故障复位及切除开关按钮检查：动作灵活，无卡滞，安装牢固。

⑤ 各标志牌检查：显示正确，字体清晰，张贴说明书粘结牢固。

⑥ 管路、阀门检查：管路阀门位置正确，标记清晰，管路无泄漏，各螺丝紧固、无松动。

⑦ 配电盘内环境检查：配电盘内洁净，无异物，无积水，隔热层良好无破损。

⑧ 柜门锁检查：作用良好，柜子各拉门外观状态及动作良好。

（4）通电检查。

① 各车故障指示灯：外观检查良好，显示正确。

② 02、04、06、07车蓄电池电压表：蓄电池电压表无破损，安装牢固，读数正确，按期校验。

（5）锁闭柜门。

将配电柜门锁闭，目视确认柜门锁闭良好，用手按压确认柜门无松动。

2. 温水污物配电柜检查与清洁

（1）准备工作。

确认动车组断电作业完毕。

（2）清洁作业。

① 打开配电柜门的门锁，确认柜门锁动作良好。

② 清扫配电柜内各部件。

（3）外观检查。

① 线路检查：各线号清晰，配线、接线端子无损坏和变色，安装牢固，线卡紧固。

② 各断路器检查：容量符合规定，位置正确，动作灵活，无卡滞，无破损。

③ 检查温水污物配电盘故障复位坐式厕所按钮：动作灵活，无卡滞。

④ 各标志牌检查：显示正确，字体清晰，张贴说明书粘结牢固。

⑤ 配电盘内环境检查：配电盘内洁净，无异物，无积水，隔热层良好无破损。

⑥ 柜门锁检查：外观、安装状态良好，关闭开启动作良好。

（4）通电检查。

① 主机指示灯检查：外观状态良好，连接线无损坏、变色、松动。

② 02、04、06车车内联络电话检查：安装及外观良好，通话效果良好。

③ 各显示灯检查：外观状态良好、显示正确。

（5）锁闭柜门。

将配电柜门锁闭，目视确认柜门锁闭良好，用手按压确认柜门无松动。

3．服务配电柜检查与清洁

（1）准备工作。

确认动车组断电且作业完毕。

（2）清洁作业。

① 用配电柜钥匙打开服务配电柜门的门锁，确认配电柜门锁动作良好。

② 确认无电后，清扫配电柜内各部件，注意清扫过程中避免对线盘的碰触。

（3）无电检查。

① 各断路器检查：各断路器规定位置正确，动作灵活，无卡滞，无破损。

② 线路检查：各线号清晰，配线、接线端子无损坏和变色，安装牢固，线卡紧固。

③ 3、5、7车接触器检查：安装状态良好。

④ 1和0车刀片式闸刀检查：位置正确，动作灵活，无卡滞，所用工具配置齐全。

⑤ 4车和5车、6车和7车之间车端解除开关检查：位置正确，动作灵活，无卡滞，各接线无松动。

⑥ 2、3、4、6、7车蓄电池欠压保护开关检查：外观良好、位置正确。

⑦ 各接地开关盘检查：安装状态良好，线排插拔到位，动作灵活，接线端子无损坏和变色，密封胶泥密封良好。

⑧ 各标志牌检查：显示正确，字体清晰，张贴说明书粘结牢固。

⑨ 配电盘内环境检查：配电盘内洁净，无异物，无积水，隔热层良好无破损。

⑩ 柜门锁检查：作用良好，柜子各拉门外观状态及动作良好。

（4）通电检查。

① 空调显示设定器检查：外观检查良好，显示正确。

② 各显示灯外观检查：目视确认其外观良好、显示正确。

（5）锁闭柜门。

将配电柜门锁闭，目视确认柜门锁闭良好，用手按压确认柜门无松动。

4．吧台配电柜的检查与清洁

（1）准备工作。

确认动车组断电作业完毕。

（2）清洁作业。

① 打开吧台配电柜门的门锁，确认配电柜门锁动作良好。

② 用毛刷清扫配电柜内各部件，注意清扫过程中避免对线盘的碰触。

（3）无电检查。

① 各断路器检查：容量符合规定，位置正确，动作灵活，无卡滞，无破损。

② 线路检查：各线号清晰，配线、接线端子无损坏和变色，安装牢固，线卡紧固。

③ 配电盘内环境检查：配电盘内洁净，无异物，无积水，隔热层良好无破损。

④ 各标志牌检查。

⑤ 门锁检查：外观、安装状态良好，关闭开启动作良好。

（4）通电检查。

配电盘故障指示灯：目视确认指示灯工作正常。

（5）锁闭配电柜门。

将配电柜门锁闭，目视确认柜门锁闭良好，用手按压确认柜门无松动。

任务六　辅助供电系统应急故障处理

【任务描述】

以多媒体教学课件为学习载体，介绍辅助供电系统常见故障类型，并举例分析故障产生现象、原因及故障处理过程，为以后从事动车组检修工作打下基础。

【背景知识】

一、故障类型

故障名称及代码见表 4-6-1 所示。

表 4-6-1　故障代码

项目编号	故障名称	代码	运行	乘务员	备注	
10	辅助电源装置通风机停止	143	○		APUBMN	N10
11	辅助电源装置故障	135	○		APUFAU	N11
12	辅助电源装置 ACVN1 跳闸	146	○		ACVN1	N12
13	车门关闭故障（第 1 位）	108	○	○	DIRR1	N13
14	车门关闭故障（第 2 位）	109	○	○	DIRR2	N14
15	车门关闭故障（第 3 位）	110	○	○	DIRR3	N15
16	车门关闭故障（第 4 位）	111	○	○	DIRR4	N16
24	辅助电源装置 ATN 跳闸	148	○		ATN	N24
32	主变压器三次侧接地	164	○		GRR3	N32
33	主变压器油泵停止	165	○		MTOPMN	N33
34	辅助电源装置传输不良	204				N34
35	辅助电源装置 ArfN2 跳闸	144	○		ArfN2	N35
39	辅助电源装置 VDTN 跳闸	166	○			N39
74	辅助电源装置 ArfK 跳闸	145	○			N74
75	ACK1 接通不良	170	○			N75

二、故障处理

故障处理过程见表 4-6-2 所示。

表 4-6-2 故障处理过程

编号	故障内容	保护装置	处理措施	注意事项
N10	辅助电源装置通风机停止（143）	APUBMN	可以继续运行→将跳闸的辅助电源装置通风机 NFB 复位→恢复→正常运行→无法恢复→MON 上闭合 BKK 操作，延伸供电→维持运行	参照辅助电源装置延伸供电操作
N11	辅助电源装置故障（135）	APUFAU	可以继续运行→RS 复位→恢复→正常运行→无法恢复→MON 上闭合 BKK 操作，延伸供电→维持运行	参照辅助电源装置延伸供电操作
N12	辅助电源装置 ACVN1 跳闸（146）	ACVN	可以继续运行→再次投入辅助电源装置交流电源 1（ACVN1）→恢复→正常运行→无法恢复→断开故障用电设备的 NFB→再次投入辅助电源装置交流电源 1ACVN1→维持运行	按故障处理手册查找故障设备
N13	车门关闭故障（第 1 位）（108）	DIRR1	停车状态下→行车状态下→紧急制动动作→将对应车厢上同侧两车门关好并锁死，将"关车门联锁"1 或 2（DICOS 1 or 2）合上，断开"关门"1 或 2（DVCN 1 or 2）→继续运行	广播通知旅客由其他车门乘降
N14	车门关闭故障（第 2 位）（109）	DIRR2	停车状态下→行车状态下→紧急制动动作→将对应车厢上同侧两车门关好并锁死，将"关车门联锁"1 或 2（DICOS 1 or 2）合上，断开"关门"1 或 2（DVCN 1 or 2）→继续运行	广播通知旅客由其他车门乘降
N15	车门关闭故障（第 3 位）（110）	DIRR3	停车状态→行车状态下→紧急制动动作→MON 上确认故障车门、并检查→将对应车厢上同侧两车门关好并锁死，将"关车门联锁"1 或 2(DICOS 1 or 2)合上，断开"关门"1 或 2（DVCN 1 or 2）→继续运行	广播通知旅客由其他车门乘降
N16	车门关闭故障（第 4 位）（111）	DIRR4	停车状态→行车状态下→紧急制动动作→MON 上确认故障车门、并检查→将对应车厢上同侧两车门关好并锁死，将"关车门联锁"1 或 2(DICOS 1 or 2)合上，断开"关门"1 或 2（DVCN 1 or 2）→继续运行	广播通知旅客由其他车门乘降
N32	主变压器三次侧接地（164）	GRR3	可以继续运行→投入 VCB→恢复→正常运行→无法投入→断开相应单元的辅助电源装置控制 NFB（APUCN）→闭合 BKK→1/2 动力维持运行	相应动力单元的空调停机

续表

编号	故障内容	保护装置	处理措施	注意事项
N33	主变压器油泵停止（165）	MTOPMN	可以继续运行→闭合ACK2→1/2动力维持运行	空调自动减半
N34	辅助电源装置传输不良（204）		可以继续运行→辅助电源装置控制（APUCN）NFB断开5 s以上，再投入→恢复→正常运行→不能恢复→断开相应单元的辅助电源装置控制NFB（APUCN）→闭合BKK→维持运行	
N35	辅助电源装置ARfN2跳闸（144）	ARfN2	可以继续运行→再次投入辅助整流器三极脱扣开关（ArfN2）→恢复→正常运行→不能恢复→维持运行	监视蓄电池电压

三、故障处理过程举例

1. 主变压器三次侧过电流（163）

现象	相应动力单元VCB跳闸，司机室操纵台故障显示灯"VCB"灯点亮，相应动力单元CI停机
车种	CRH2-200；CRH2-300；CRH2-200长座；CRH2-200长卧
原因	AOCN断路器断开；三次电路设备故障（空调、换气装置等）
行车	继续运行

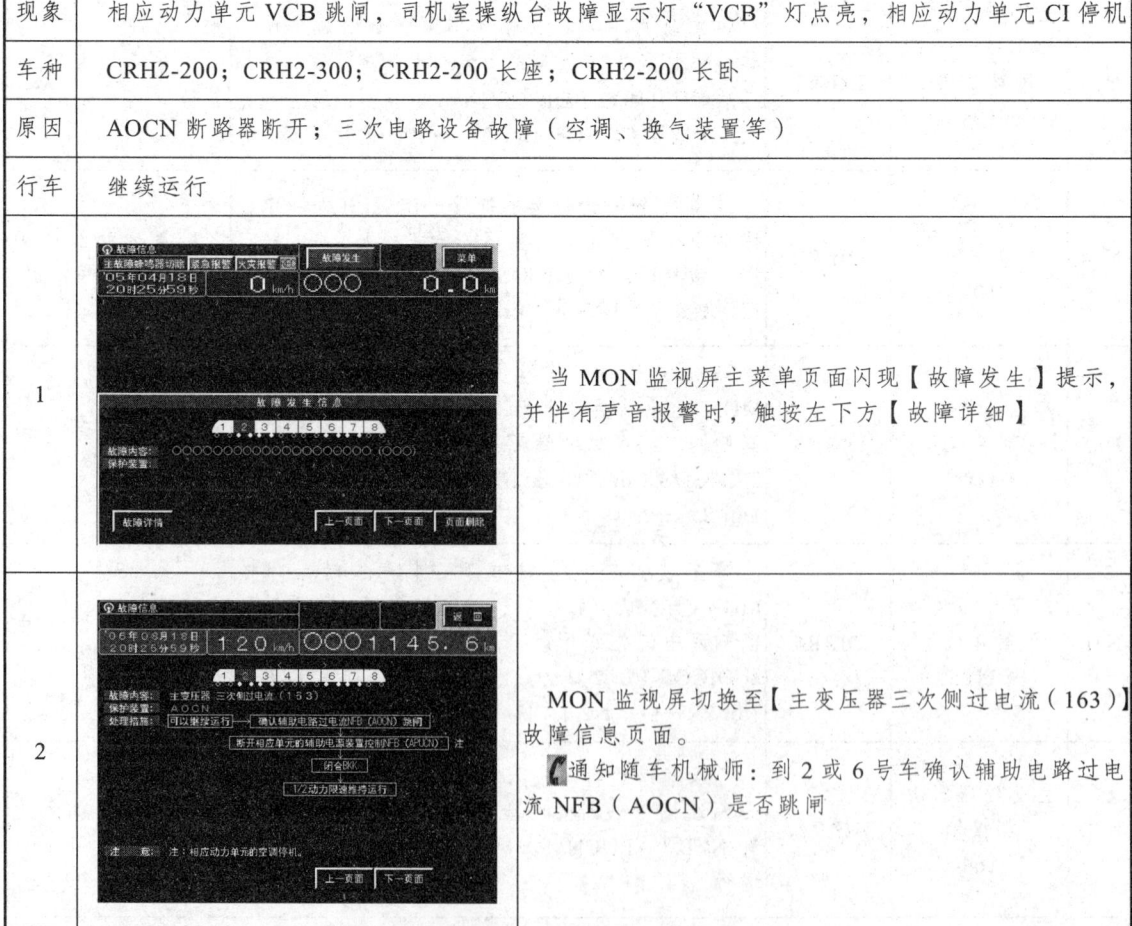

1		当MON监视屏主菜单页面闪现【故障发生】提示，并伴有声音报警时，触按左下方【故障详细】
2		MON监视屏切换至【主变压器三次侧过电流（163）】故障信息页面。 通知随车机械师：到2或6号车确认辅助电路过电流NFB（AOCN）是否跳闸

续表

步骤	处理过程	
3	行动：立即到×号车 位置：运行配电盘 部位：辅助电路过电流 NFB（AOCN） 操作：确认是否跳闸，📞报告司机	
4	行动：立即到故障单元各车 位置：运行配电盘、服务配电盘 部位：辅助电源装置控制 NFB（APUCN），司机室制冷 NFB，各车的空调电源 1、2 及供排气 NFB 操作：断开 结果：处理完毕，📞司机确认	
5		5.1 按压司机台 RS 复位按钮，重新投入 VCB； 5.2 依次闭合辅助电源装置控制 NFB（APUCN），司机室制冷 NFB，空调电源 1、2 及供排气 NFB； 5.3 若在闭合上述断路器过程中再次出现三次过电流故障，则断开相应断路器； 5.4 重新故障复位及闭合 VCB，继续对未完成的断路器进行闭合操作，直至全部断路器闭合操作完毕； 5.5 若 VCB 始终不能投入，切除该故障单元 VCB 及 M 车。通过 MON 监视屏闭合 BKK。按压【BKK 投入】键，再按压【设定】键； 5.6 维持运行； 5.7 📞报告调度

2. 主变压器三次侧接地（164）

现象	相应动力单元 VCB 跳闸，司机室操纵台故障显示灯"VCB"灯点亮，相应动力单元 CI 停机
车种	CRH2-200，CRH2-300，CRH2-200 长座，CRH2-200 长卧
原因	三次电路电缆或相关设备（APU、空调、换气装置等）接地
行车	继续运行

步骤	处理过程
1	当 MON 监视屏主菜单页面闪现【故障发生】提示，并伴有声音报警时，触按左下方【故障详细】

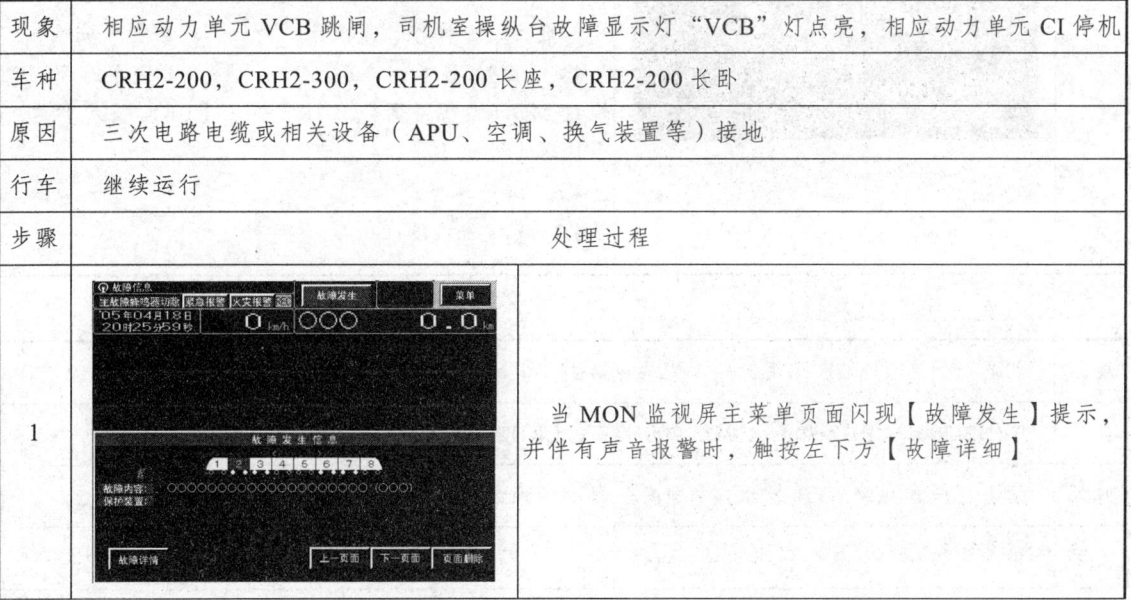

续表

步骤	处理过程
2	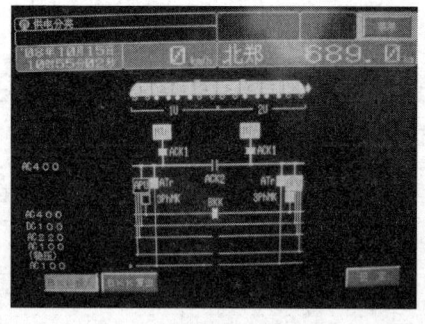 MON 监视屏切换至【主变压器三次侧接地 164】故障信息页面。确认主变压器三次侧接地，VCB 跳闸； 2.1 按压司机台 RS 复位，重新投入 VCB； 2.2 如果故障恢复，正常运行； 2.3 如果无法投入时，📞通知随车机械师：断开故障单元的单相 AC400 负载 NFB
3	行动：立即到故障单元各车 位置：运行配电盘、服务配电盘 部位：辅助电源装置控制 NFB（APUCN），司机室制冷 NFB，各车的空调电源 1、2 及供排气装置 NFB 操作：断开 结果：处理完毕，📞司机确认
4	4.1 故障复位，重新投入 VCB； 4.2 如果 VCB 能够投入，依次闭合辅助电源装置控制 NFB（APUCN），司机室制冷 NFB，空调电源 1、2 及供排气装置 NFB； 4.3 若在闭合上述断路器过程中再次出现三次侧接地故障，则断开相应断路器； 4.4 重新故障复位及闭合 VCB，继续对未完成的断路器进行闭合操作，直至全部断路器闭合操作完毕； 4.5 若 VCB 始终不能投入，切除该故障单元 VCB。通过 MON 监视屏闭合 BKK。按压【BKK 投入】键，再按压【设定】键； 4.6 维持运行； 4.7 📞报告调度

3．主变压器油泵停止（165）

现象	相应动力单元 VCB 跳闸，司机室操纵台故障显示灯"VCB"灯点亮，相应动力单元 CI 停机
车种	CRH2-200；CRH2-300；CRH2-200 长座；CRH2-200 长卧
原因	牵引变压器油流 NFB 断开、牵引变压器冷却油泵故障
行车	继续运行

续表

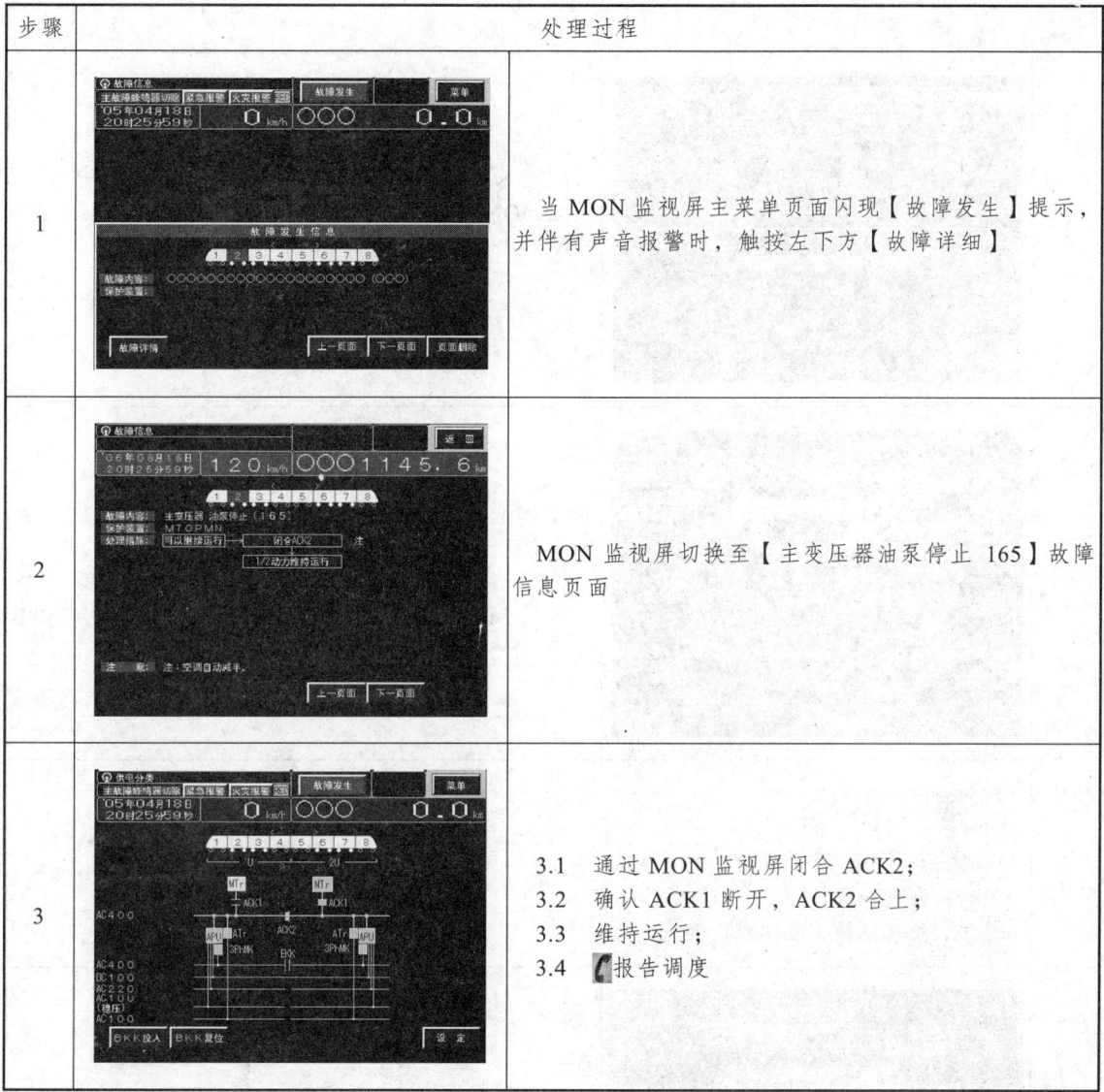

步骤	处理过程
1	当 MON 监视屏主菜单页面闪现【故障发生】提示，并伴有声音报警时，触按左下方【故障详细】
2	MON 监视屏切换至【主变压器油泵停止 165】故障信息页面
3	3.1 通过 MON 监视屏闭合 ACK2； 3.2 确认 ACK1 断开，ACK2 合上； 3.3 维持运行； 3.4 报告调度

4．辅助电源装置故障（135）

现象	此 APU 停机，此动力单元所有的辅助电源失电
行车	继续运行
车种	CRH2-200；CRH2-300；CRH2-长座；CRH2-长卧
原因	1. APU 三相电流 AC 400 V 输出接地； 2. 负载设备故障使 APU 输出电压低； 3. 负载设备有漏电流存在，造成 APU 输出三相不平衡； 4. APU 自身故障

续表

步骤	处理过程	
1	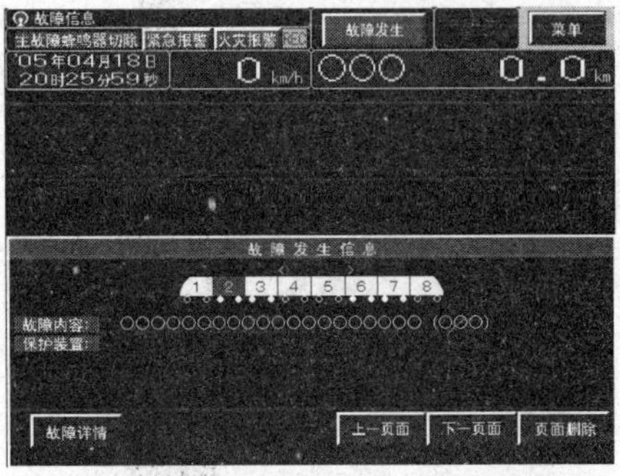	当 MON 监视屏主菜单页面闪现【故障发生】提示，并伴有声音报警时，触按左下方【故障详细】
2	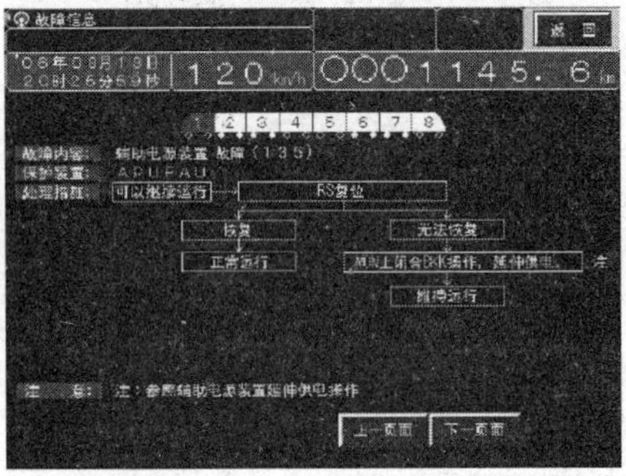	MON 监视屏切换至【辅助电源装置 故障（135）】故障信息页面； 通知随车机械师：×号车【辅助电源装置 故障（135）】，到×号车运行配电盘对辅助电源装置控制 NFB（APUCN）断开→再投入
3	行动：立即到×号车 位置：运行配电盘 部位：辅助电源装置控制 NFB（APUCN） 操作：断开→再投入 结果：处理完毕，通知司机确认	
4	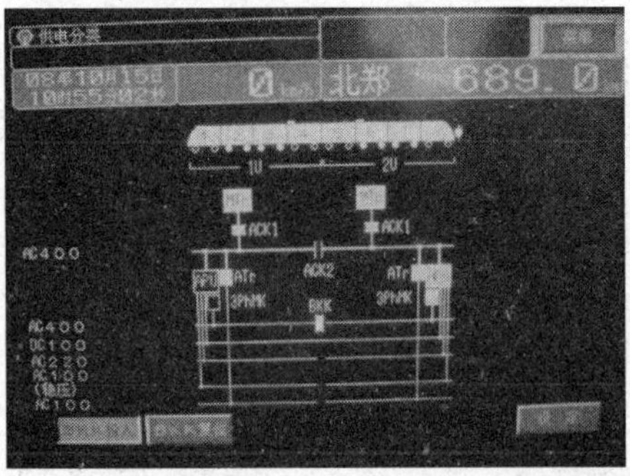	4.1 若故障恢复，正常运行； 4.2 如无法恢复，通过 MON 监视屏闭合 BKK。按压【BKK 投入】键，再按压【设定】键； 4.3 结果：操作完毕，通知司机，维持运行

5. 电茶炉故障引起辅助电源装置故障（135）

现象	本单元 APU 停机，本动力单元所有的辅助电源失电
行车	继续运行
车种	CRH2-200；CRH2-300；CRH2-长座；CRH2-长卧

续表

原因	负载设备漏电流故障引起 APU 三相输出不平衡	
步骤	处理过程	
1		当 MON 监视屏主菜单页面闪现【故障发生】提示，并伴有声音报警时，触按左下方【故障详细】
2		MON 监视屏切换至【辅助电源装置 故障（135）】故障信息页面； 切换到电源电压页面，检查三相 AC400 输出有残余电压； 通知随车机械师：×号车【辅助电源装置 故障（135）】，到×号车运行配电盘对辅助电源装置控制 NFB（APUCN）断开→再投入
3	行动：立即到×号车 位置：运行配电盘 部位：辅助电源装置控制 NFB（APUCN） 操作：断开→再投入 结果：处理完毕，通知司机确认	
4		4.1 若故障恢复，正常运行； 4.2 如无法恢复，则断开故障车的辅助电源装置控制 NFB APUCN 和辅助电源装置 NFB APUBMN，断开故障单元的所有电茶炉 NFB； 4.3 再投入该动力单元的辅助电源装置控制 NFB（APUCN），如果恢复，继续运行； 4.4 APU 复位后，分别投入故障单元的电茶炉 NFB，确定故障电茶炉，并将无故障的电茶炉投入使用。切除故障电茶炉； 4.5 结果：操作完毕，通知司机
5	如果不能恢复，通过 MON 监视屏闭合 BKK。按压【BKK 投入】键，再按压【设定】键，进行 BKK 扩展供电。若确认是电茶炉故障引起的辅助电源故障，必须切除故障电茶炉再进行 BKK 扩展供电，否则会造成辅助电源故障，使辅助电源长时间不能复位； 若是所有动力单元的 APU 都不能复位，也不能进行扩展供电，则停车等待救援	

6. 辅助电源装置通风机停止（143）

现象	此 APU 停机，此动力单元所有的辅助电源失电
车种	CRH2-200；CRH2-300；CRH2-长座；CRH2-长卧
原因	1. 电源线故障、通风机内部故障； 2. APUBMN 断路器故障
行车	继续运行

步骤		处理过程
1		当 MON 监视屏主菜单页面闪现【故障发生】提示，并伴有声音报警时，触按左下方【故障详细】
2		MON 监视屏切换至【辅助电源装置 通风机停止（143）】故障信息页面； 通知随车机械师：×号车出现〖辅助电源装置 通风机停止（143）〗故障
3	行动：立即到×号车 位置：运行配电盘 部位：辅助电源装置 NFB（APUBMN） 操作：断开→再投入 结果：处理完毕，司机确认	
4		通过 MON 页面，确认故障恢复情况： 4.1 如果故障恢复，正常运行； 4.2 如果无法恢复，通过 MON 闭合 BKK，扩展供电，维持运行

7. 辅助电源装置 ACVN1 跳闸（146）

现象	由于 AC 100 V 稳压供电电路失电，导致无法进行空调控制、供水控制、播放收音机等
车种	CRH2-200；CRH2-300；CRH2-长座；CRH2-长卧
原因	TR3 变压器故障、负载设备故障、ACVN1 断路器故障
行车	继续运行

步骤		处理过程
1		当 MON 监视屏主菜单页面闪现【故障发生】提示，并伴有声音报警时，触按左下方【故障详细】
2		MON 监视屏切换至〖辅助电源装置 ACVN1 跳闸 146〗故障信息页面； ☏通知随车机械师：×号车出现〖辅助电源装置 ACVN1 跳闸 146〗故障
3		行动：立即到×号车 位置：运行配电盘 部位：辅助电源装置交流电源 1NFB（ACVN1） 操作：再投入 结果：处理完毕，☏司机确认
4		通过 MON 监视屏，确认故障恢复情况； 若恢复，正常运行； 若无法恢复，维持运行； ☏通知随车机械师：全部断开该供电单元各车故障用电设备的 NFB

续表

步骤	处理过程
5	5.1 到该供电单元各车,全部断开各车故障用电设备的 NFB; 注:ACVN1 为辅助电源装置 AC 100 V 稳压供电电路,通过 202 线供电,主要用电设备为空调控制、信息显示设定、给水装置、收音机、辅助制动等; 5.1 再次闭合 ACVN1,然后逐一闭合后续用电设备; 5.2 待 ACVN1 再次跳闸,切除该故障用电设备,再按 5.1 的操作重复进行,查找出所有故障设备并相应切除,完成后闭合 ACVN1; 5.3 全部处理完成后,📞通知司机
6	MON 监视屏页面查看处理情况,维持运行

8. 辅助电源装置 ACVN2 跳闸（147）

现象	由于 AC 220 V 供电电路的失电,导致小卖部设备、电源插座等失电
车种	CRH2-200;CRH2-300;CRH2-长座;CRH2 长卧
原因	TR4 变压器故障;负载设备故障;断路器故障;负载设备容量过大
行车	继续运行

步骤	处理过程
1	当 MON 监视屏主菜单页面闪现【故障发生】提示,并伴有声音报警时,触按左下方【故障详细】
2	MON 监视屏切换至〖辅助电源装置 ACVN2 跳闸 147〗故障信息页面; 📞通知随车机械师:×号车出现〖辅助电源装置 ACVN2 跳闸 147〗故障
3	行动:立即到×号车 位置:运行配电盘 部位:辅助电源装置交流电源 2NFB（ACVN2） 操作:再投入 结果:处理完毕,📞司机确认

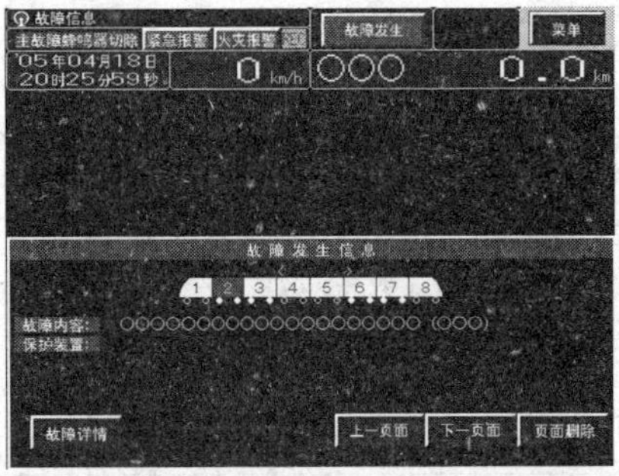

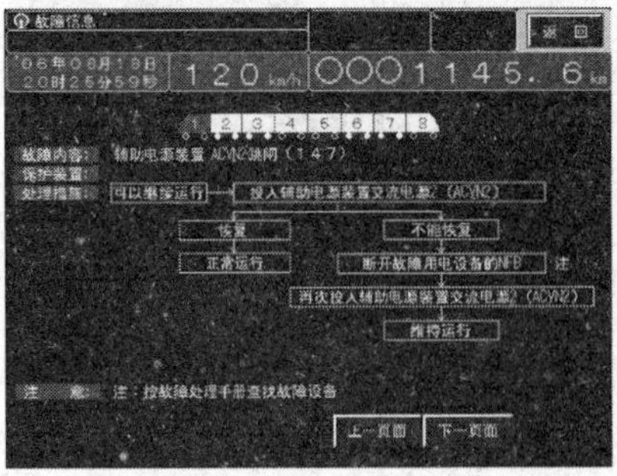

续表

步骤	处理过程
4	通过 MON 监视屏，确认故障恢复情况； 若恢复，正常运行； 若无法恢复，维持运行； 📞通知随车机械师：全部断开该供电单元各车故障用电设备的 NFB
5	ACVN2 为辅助电源装置 AC220V 稳压供电电路，通过 302 线供电，主要用电设备为开水器控制、小卖部设备、各车插座等； 5.1 再次闭合 ACVN2，然后逐一闭合后续用电设备； 5.2 待 ACVN2 再次跳闸，切除该故障用电设备，再按 5.1 的操作重复进行，查找出所有故障设备并相应切除，完成后闭合 ACVN2； 5.3 全部处理完成后，📞通知司机
6	MON 监视屏页面查看处理情况，维持运行

9. 辅助电源装置 ATN 跳闸（148）

现象	由于加热器回路失电，导致无法制暖
车种	CRH2-200；CRH2-300；CRH2-长座；CRH2-长卧
原因	ATr 变压器故障，负载设备故障，ATN 断路器故障
行车	继续运行

步骤	处理过程
1	当 MON 监视屏主菜单页面闪现【故障发生】提示，并伴有声音报警时，触按左下方【故障详细】
2	MON 监视屏切换至〖辅助电源装置 ATN 跳闸（148）〗故障信息页面； 📞通知随车机械师：×号车出现〖辅助电源装置 ATN 跳闸 148〗故障

步骤	处理过程
3	行动：立即到×号车 位置：运行配电盘 部位：辅助变压器 NFB（ATN） 操作：再投入 结果：处理完毕，📞司机确认
4	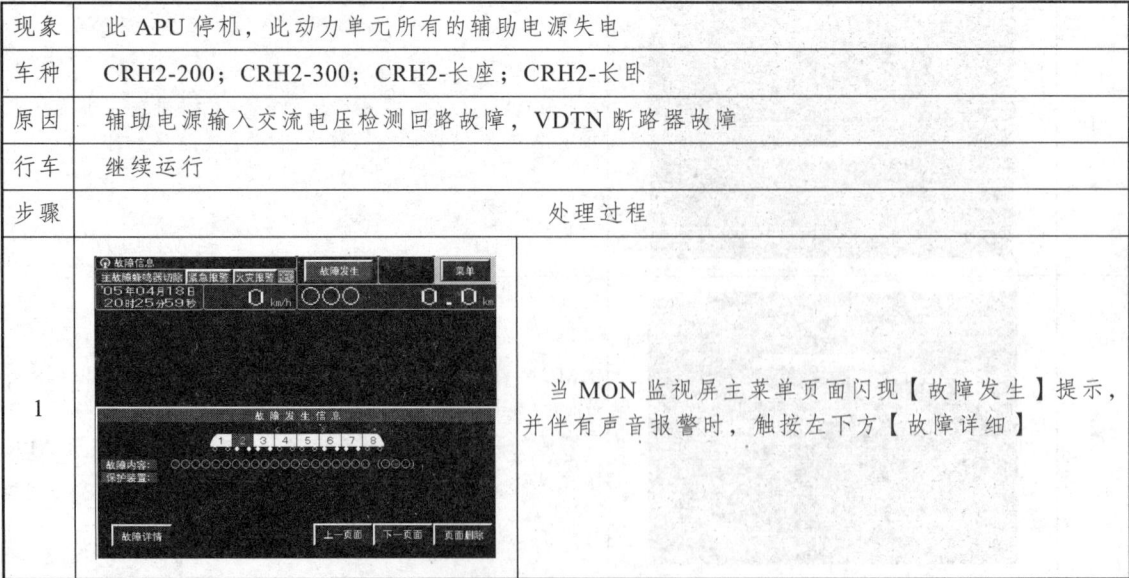 通过 MON，确认故障恢复情况； 若恢复，正常运行； 若再次跳闸，📞通知随车机械师：断开故障设备 NFB
5	ATN 为辅助电源装置 AC100V 非稳压供电电路，通过 251 线供电，主要用电设备为辅助加热器（AHeK）、保温 2（JaN2）、水泵（ABIIcCN）、自动洗面台（AHWN）、玻璃加热器（GHeN）等； 5.1 将后续用电设备 NFB 全部断开； 5.2 再次投入辅助变压器 NFB（ATN），📞司机确认； 5.3 然后逐一闭合后续用电设备； 5.4 待 ATN 再次跳闸，切除该故障用电设备，再按 5.2、5.3 的操作重复进行，查找出所有故障设备并相应切除，完成后闭合 ATN
6	MON 监视屏页面查看处理情况，维持运行

10．辅助电源装置 VDTN 跳闸（166）

现象	此 APU 停机，此动力单元所有的辅助电源失电
车种	CRH2-200；CRH2-300；CRH2-长座；CRH2-长卧
原因	辅助电源输入交流电压检测回路故障，VDTN 断路器故障
行车	继续运行
步骤	处理过程
1	当 MON 监视屏主菜单页面闪现【故障发生】提示，并伴有声音报警时，触按左下方【故障详细】

续表

步骤	处理过程
2	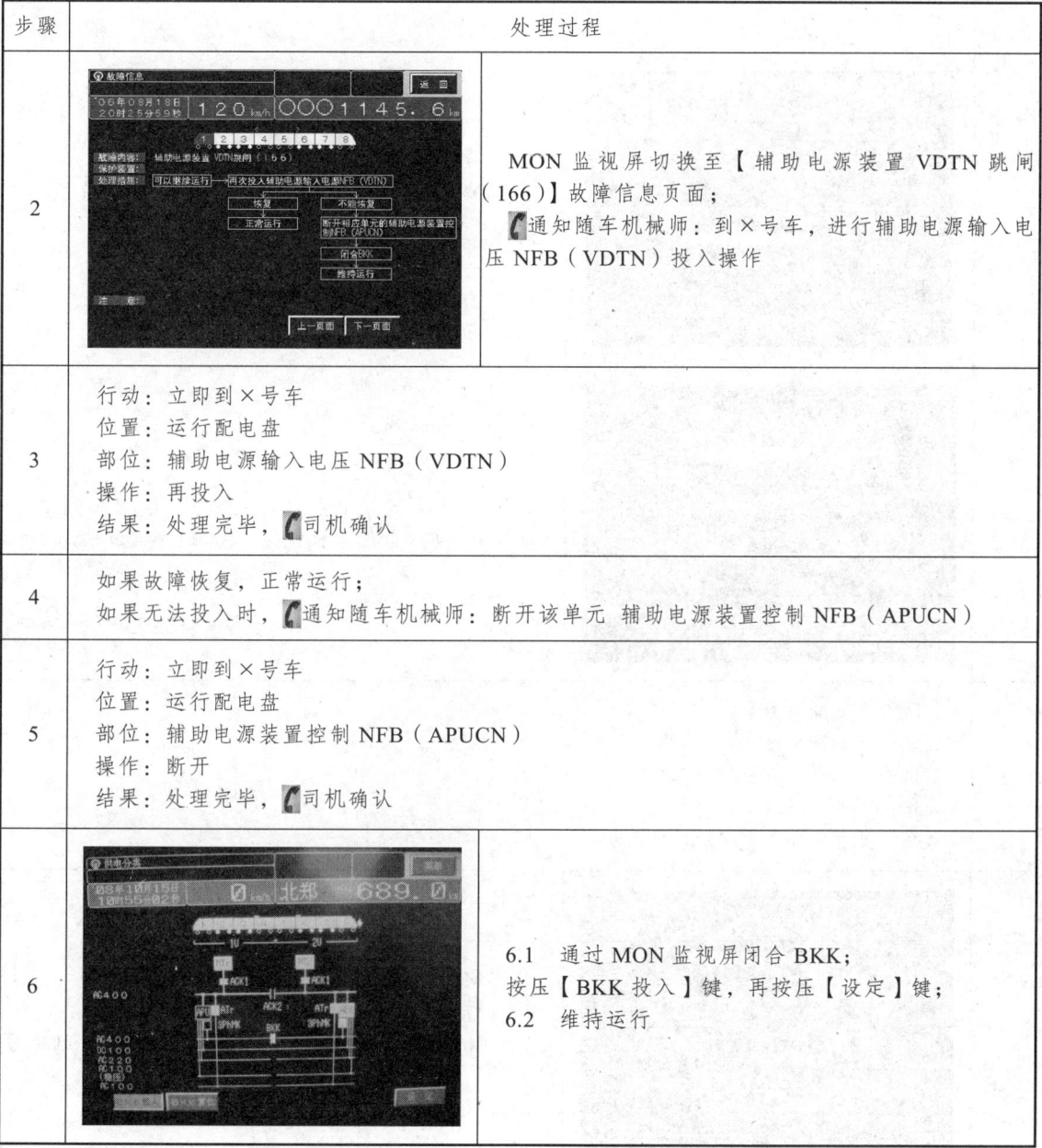 MON监视屏切换至【辅助电源装置VDTN跳闸（166）】故障信息页面；📞通知随车机械师：到×号车，进行辅助电源输入电压NFB（VDTN）投入操作
3	行动：立即到×号车 位置：运行配电盘 部位：辅助电源输入电压NFB（VDTN） 操作：再投入 结果：处理完毕，📞司机确认
4	如果故障恢复，正常运行； 如果无法投入时，📞通知随车机械师：断开该单元 辅助电源装置控制NFB（APUCN）
5	行动：立即到×号车 位置：运行配电盘 部位：辅助电源装置控制NFB（APUCN） 操作：断开 结果：处理完毕，📞司机确认
6	6.1 通过MON监视屏闭合BKK； 按压【BKK投入】键，再按压【设定】键； 6.2 维持运行

11．ACK1接通不良（170）

现象	VCB断开、此动力单元所有的辅助电源（APU）失电
车种	CRH2-200；CRH2-300；CRH2-长座；CRH2-长卧
原因	ACK1自身故障；扩展供电ACOSN故障；ACK1R2故障
行车	继续运行

续表

步骤		处理过程
1	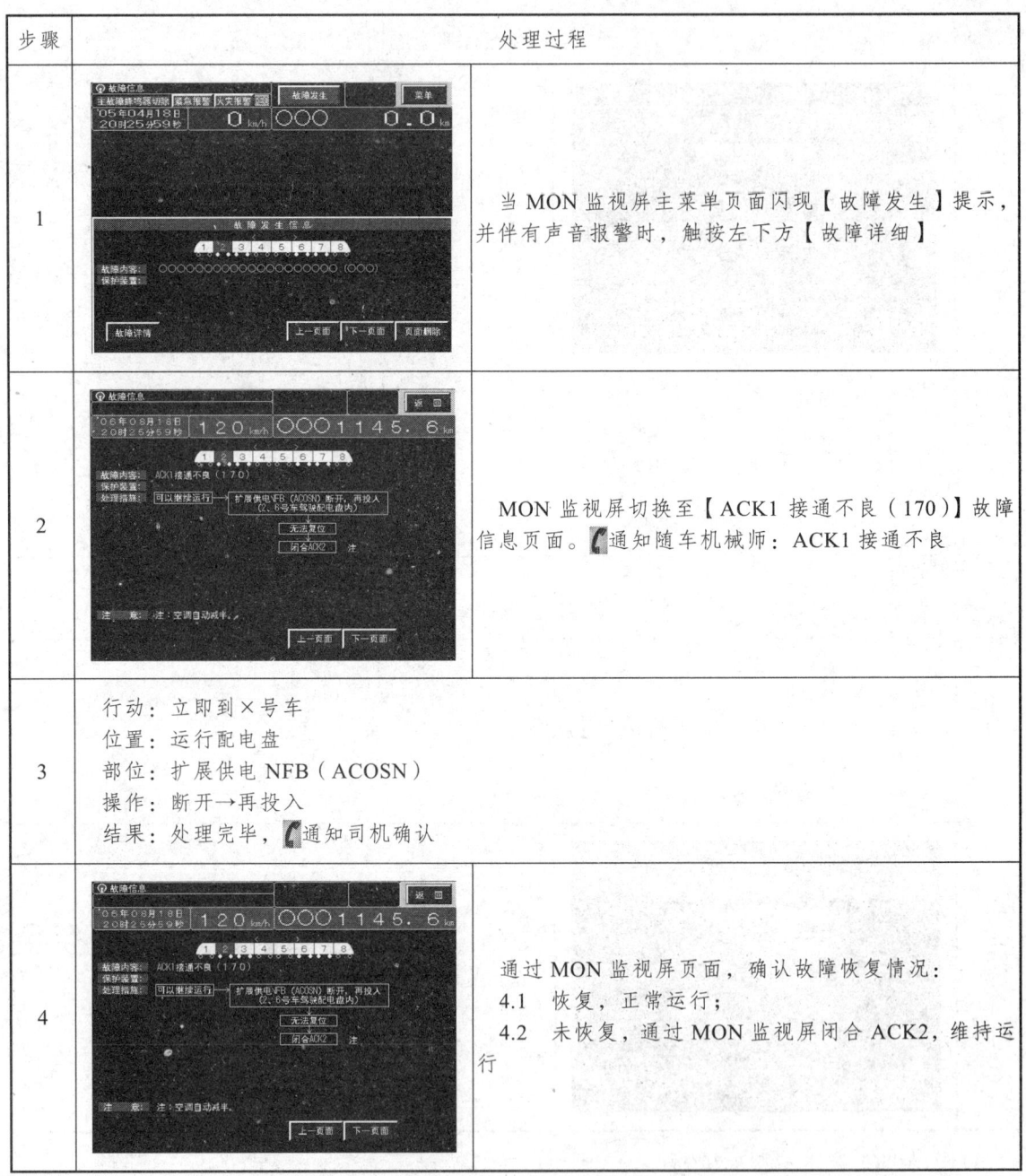	当MON监视屏主菜单页面闪现【故障发生】提示，并伴有声音报警时，触按左下方【故障详细】
2		MON监视屏切换至【ACK1接通不良（170）】故障信息页面。📞通知随车机械师：ACK1接通不良
3	行动：立即到×号车 位置：运行配电盘 部位：扩展供电NFB（ACOSN） 操作：断开→再投入 结果：处理完毕，📞通知司机确认	
4		通过MON监视屏页面，确认故障恢复情况： 4.1 恢复，正常运行； 4.2 未恢复，通过MON监视屏闭合ACK2，维持运行

任务七 CRH2-380型动车组辅助供电电路分析

【任务描述】

以多媒体教学课件为学习载体，介绍时速350 km速度级动车组辅助供电系统，让学生掌握 CRH2-380 型动车组辅助电源装置车上布置，会分析交直流供电原理及辅助电路工作原理。

【背景知识】

一、概　述

CRH2-380 型动车组是时速 350 km 速度级、动力分散交流传动动车组，可在我国新建 300 km/h 速度客运专线（300 线）上运营，并能在新建 200 km/h 速度级客运专线上以 200 km/h 速度正常运行。CRH2-380 动车组有 8 辆编组和 16 辆编组，分别称为 CRH380A 和 CRH380AL 型动车组，是在 CRH2 型平台成熟可靠的基础上，通过速度提升和优化设计，由中国南车四方机车车辆股份有限公司完成自主研制。

CRH380A 型动车组的全列车共 3 台辅助电源装置（APU1/APU2/APU3），APU1/APU2 是向牵引变流器等各种通风机及辅助整流装置（ARf）等提供三相 AC 400 V、50 H 电源装置，并且还内置有把牵引变压器三次输出 AC 400 V 变为 AC 100 V 的辅助变压器（ATr），安装在两头车的车底下。辅助整流器 ARf 是对 APU1/APU2 输出的三相 AC 400 V 进行整流，提供 DC 100 V 电源装置，并且还内置有对 APU1/APU2 输出 AC 400 V 电压变压为 AC 100 V 的变压器（TR3），和变为 AC 220 V 的变压器（TR4）。辅助电源装置 APU3 向 4 号、5 号车的牵引变流器等各种通风机提供三相 AC 400 V、50 Hz 电源，安装在 5 号车车底下，没有辅助变压器（ATr）和辅助变流器（ARf）。APU1/APU2 在一列编组的两台中有一台发生故障的情况下，另一台能够提供编组的全部负载的容量。APU3 自带供电转换接触器（由外部控制），并输入另一台辅助电源装置 APU2 的三相 AC 400 V 电压。APU3 自身的三相 AC 400 V 电源与输入的 APU2 的三相 AC 400 V 电源互为联锁，正常情况下由 APU3 给动力单元的通风机供电，APU3 发生故障时，自动转换到由 APU2 提供 4、5 号车的三相 AC 400 V 负载容量。

CRH380AL 动车组由 14 辆动车 2 辆拖车共 16 辆车构成编组。整列车共 6 台 APU 辅助电源装置（NC-ZFDT227A 型：APU1/APU2/APU3/APU4/APU5/APU6），分别安装在 T1-1 号车、M4-5 号车、M5-7 号车、M10-11 号车、M12-13 号车、T2-16 号车的车底下。辅助电源装置 APU 向牵引变流器等各种通风机及辅助整流装置（NC-ZFDRS227A 型：以下称作 ARf）等提供三相 AC 400 V，50 Hz 电源。并且，APU 上还内置有能将牵引变压器的 3 次输出 AC 400 V 变为交流 AC 100 V 的辅助变压器（ATr）。辅助整流器 ARf 是对 APU1/APU3/APU4/APU6 的输出三相 AC 400 V 电进行整流，提供 DC 100 V 电源的装置。并且还内置有能将 APU1/APU2 输出的交流 400 V 电压变压为 AC 100 V 的变压器（TR3）和变压为 AC 220 V 的变压器（TR4）。APU 辅助电源装置具有冗余性，扩展供电方案是基于目前 CRH2 平台可靠技术和成熟应用经验，即某一辅助电源装置故障时，通过扩展供电接触器由正常的辅助电源装置向此故障辅助电源装置供电。辅助系统设置两个单元，1~9 车为一个单元，10~16 车为一个单元，每个单元设置 3 台辅助电源装置，单元内的辅助电源装置之间通过扩展供电方式进行冗余。

二、辅助电源电路

1. 概　要

辅助电源从牵引变压器 3 次绕组获得输入电能，牵引变压器的 3 次绕组电源 AC 400 V、50 Hz 分别通过电磁接触器 ACK1 连接到贯穿线 704、754 线系统。设置在相邻两个变压器 3 次绕组的供电通过电磁接触器 ACK2 隔离开，以防止来自相邻两个变压器的电源的混接触。

相邻的两个辅助电源装置的三相交流 400 V（771、781、791）供电通过电磁接触器 BKK 隔离开，以防止来自相邻两个变压器的电源的混接触。

辅助电源装置从牵引变压器获得最初电能，经过变流装置的能量变换得到不同电压制式的电源，为各种负载提供合适的电源形式。

2. 交流电路

表 4-7-1 是对按不同电源系统进行电源、电压、各车辆负荷的汇总。

辅助电源装置（APU），有供给三相 400×（1±10%）V、50 Hz 的稳定电源的逆变器（SIV）及仅把牵引变压器 3 次绕组电压进行降压的辅助变压器（ATr）。此外，整流器箱（ARfBox）的内部设置有接受 SIV 的输出电力，向 302 线及 202 线提供单相 220V 及 100×（1±10%）V、50 Hz 的稳定化电源的恒压变压器（CVT）。

表 4-7-1　交流电路电源系统

电源系统	电源		电压	车辆		负荷
	CRH380AL	CRH380A		CRH380AL	CRH380A	空调装置、换气装置
704、754 线	牵引变压器 3 次	牵引变压器 3 次	单相 400 V、50 Hz	T1-1，T2-16	T1-1，T2-8	司机室空调
				T1-1，M4-5，M6-7，M8-9，M10-11，M12-13，T2-8	T1-1，T2-8，M4-5	辅助电源（APU）
				各车	各车	电开水炉
771、781、791 线	T1-1，M4-5，M6-7，M8-9，M10-11，M12-13，T2-16 APU-SIV	T1-1，M4-5，T2-8 APU-SIV	三相 400×（1±10%）V、50 Hz	M1-2，M3-4，M5-6，M7-8，M9-10，M11-12，M13-14	M1-2，M3-4，M5-6	牵引变压器油泵（MTOPM）牵引变压器电动送风机（MTrBM）
				M 车	M 车	牵引变流器电动送风机（CIBM）牵引电机电动送风机（MMBM）
				M2-3，M4-5，M8-9，M14-15	M2-3，M6-7	电动空气压缩机（compressor）
				M8-9	M4-5	厨房设备
				T1-1，T2-16	T1-1，T2-8	辅助整流器（ARf）

续表

电源系统	电源 CRH380AL	电源 CRH380A	电压	车辆 CRH380AL	车辆 CRH380A	负荷
302线	T1-1，M6-7，M10-11，T2-16 APU-ARf-CVT	T1-1，T2-8 APU-ARf-CVT	单相220×（1±10%）V、50 Hz	T1-1，M2-3，M8-9，T2-16	T1-1，M4-5，T2-8	厨房设备吧台设备
202线	T1-1，M6-7，M10-11，T2-16 APU-ARf-CVT	T1-1，T2-8 APU-ARf-CVT	单相220×（1±10%）V、50 Hz	各车	各车	空调控制、空调显示设定器
				各车	各车	给水装置
				T1-1，T2-16	T1-1，T2-8	辅助制动
251线	T1-1，M4-5，M6-7，M8-9，M10-11，M12-13，T2-16 APU-ATr	T1-1，T2-8 APU-ATr	单相100 V $^{+26\%}_{-41\%}$、50 H	各车	各车	电加热器温水器

上述内容中，704、754线系统和771、781、791线三相电源系统，在一侧电源发生故障时，为了能够实现扩展供电，设置了电磁接触器 ACK2、BKK。为了避免与来自相邻车的电源发生混接，正常时这些电磁接触器处于断开位。

3．直流电路

表 4-7-2 是对按不同电源系统进行电源、电压、各车辆负荷的汇总。

表 4-7-2　直流电路电源系统

电源系统	电源 CRH380AL	电源 CRH380A	电压	车辆 CRH380AL	车辆 CRH380A	负荷
102线	T1、M1、M3、M6、M8、M10、M12、M14、T2 蓄电池（Bat），103线（BatK1，ON 时）	M1、M4、M6 蓄电池（Bat），103线（BatK1，ON 时）	DC 100×（1±10%）V	M2、M4、M8、M12	M3、M5	运转控制（各受电弓升弓、VCB 控制）
						辅助空气压缩机
103线	T1-1，M6-7，M10-11，T2-8，Arf	T1-1，T2-8，Arf	DC 100×（1±10%）V	各车	各车	辅助电路、监控装置、制动装置、关车门装置
				M 车	M 车	牵引变流器控制
				T1-1，T2-16	T1-1，T2-8	ATP
103B线	102线（RrLpCgK，ON 时）103线（RrLpCgK，OFF 时）	102线（RrLpCgK，ON 时）103线（RrLpCgK，OFF 时）	DC 100×（1±10%）V	各车	各车	广播、应急灯
				除 M8-9 号车	各车	污物处理装置
				M8-9 号车		自动广播
				T1-1，T2-8	T1-1，T2-8	标志灯、刮雨器装置
115线	103线（BatK2，ON 时）	103线（BatK2，ON 时）	DC 100×（1±10%）V	各车	各车	空调控制、自动门装置、客室照明、（空调）电动送风机，影视系统

102 线系统：102 线系统从蓄电池直接供电，平时被加压，在 BatK1 ON 与 103 线连接，蓄电池从辅助整流器 ARf 得到浮动充电。当蓄电池电压异常下降时，由电压检测电路检测，BaK2 变为 OFF 状态，阻止蓄电池的过放电。

103 线系统：由于在编组得到贯穿，VCB 投入前是以蓄电池作为电源（经由 BatK1），当 VCB 投入后，辅助电源装置开始工作，因此辅助整流器 ARf 也开始工作，103 线经由电磁接触器 ArfK 被加压。

103B 线系统：平时从 103 线供电，应急灯切换接触器 RrLpCgK 平时非励磁，经由它的常闭接点由 103 给 103B 供电，当接触网停电时与应急灯切换联动，经由 RrLpCgK 的常开接点，由 102 线供电。以各车为单位，没有编组贯穿。

118 线系统：蓄电池的充电电路（辅助整流器 ARf 动作）确立后，经由 ArfK，103 线被加压；进而经由 BatK2，115 线被加压。115 线与 102 线相同没有编组贯穿，而是以蓄电池为单位贯穿。

三、辅助电路

1．T1-1 车辅助电路

1）受电弓、真空断路器电路

电源为 102 线。小型压缩机：按下辅助空气压缩机启动开关（弹簧复归）ACMS，104 线加压。由于辅助空气压缩机的继电器自我保持，把 ACMS 断开，即使 104 线不加压仍继续动作。

MCR 和 MCRR 的联锁：T1-1 车主控制器继电器 MCR 以 3 线（从 103 线）为电源，在制动设定器手柄离开拔取位及主控制器辅助继电器 MCRR 常闭接点关闭的条件下动作。如果 T1-1 车 MCR 动作，经由制动电路贯穿线（3Y、3Z），T2-8 车的主控制器辅助继电器 MCRR 动作，因为与 T2-8 车的主控制器继电器 MCR 线圈串联的 MCRR 常闭接点为开，T2-8 车 MCR 不动作。所以，从 T2-8 车 MCR 接点经由制动电路贯穿线（3Y、3Z），T1-1 车主控制器辅助继电器 MCRR 得到加压的电路没有形成。

VCB 合指令：使用 VCB 投入开关 VCBCS 合或过分相 VCB 合指令（SVCBCR）使 7 线加压，合上 VCB。

VCB 断指令：使用 VCB 断开关 VCBOS 对 8 线加压、输出 VCB 断开指令。

以监控器电路的输出指令进行动作的受电弓下降辅助继电器 PanDAR 的常开触点闭合，同时对 VCB 开放辅助继电器 VCBOAR 线圈进行加压，使 VCBOAR 的常开触点闭合，从而使 8 线加压，VCB 断开指令输出，或过分相 VCB 开指令（SVCBOR）进行 8 线加压使 VCB 断开指令输出。

2）保护接地电路

EGS 关闭指令：以保护接地开关投入开关 EGCS1 关闭对 EGS 投入指令 109 线加压。

EGS 开指令：以保护接地开关开放开关 EGOS1 关闭对 EGS 断开指令 108 线加压。

3）蓄电池接触器（BatK1）

以制动设定器 BV（运转～非常）闭合（即 BV 离开拔取位）对 105 线进行控制加压，发出使 BatK1 投入的指令。

4）应急灯切换电路

通过按下应急灯切换开关 RrLpCgS，对预备灯投入指令 170 线加压，RrLpCgK 被励磁，然后 191 线励磁，应急灯亮灯。同时对应急灯切换继电器 RrLpCgR 线圈加压。

5）试验电路

按下空挡开关 SqS，X79 线加压，空挡继电器动作，关闭常开接点，在主控制器辅助继电器 MCR 关闭的条件下进行 79 线加压，向监控器发出空挡指令。

按下车上试验开关（车上试验 SW），M601 线得到加压，把车上试验指令发给监控器。

6）停放指令电路

通过监控器输出，M280-M296 间得到加压，停放指令辅助继电器 AMLpR2 动作。

使用 AMLpR2 的常开接点控制 AMLpR1 动作，把 AMLpR1 及 AMLpR2 的接点信号都输入到监控器中央装置输入电路。

7）辅助电热器电路

在外部温度检测器 ExTh 关闭的条件下，按下辅助电热器用开关 AHeS，电热器控制分并用接触器 JAHeK 线圈得到加压，用其常开接点使辅助电热器控制指令 171 线得到加压。由此，AHeK 得到励磁，辅助电热器投入。

8）车内压开放

当车辆速度超过 30 km/h，30SR 为非励磁，车内压开放电磁阀 PCOC 的励磁得到解开。

9）电压表灯

用 202 线（单相 100 V、50 Hz、单相接地）向电压表灯 EL1、2 供电。

10）机房灯

用 202 线（单相 100 V、50 Hz、单相接地）向机房灯 MaRLp1、机房插座 MaRConR1 供电。

从 115 线（服务机器电源 DC 100 V）使机房灯 MaRLp2 得到加压。此外，此电路连接到司机室灯外部电源插座 CabRLpConR。

11）司机室灯电路

从 103B 线（DC 100 V）分别经由运行室灯开关 CabLpS1 连接运行室台灯 CabRrLp1~2，通过操作各开关，能够使各灯亮灯。

另外，从来自刮雨器电源装置的 98B、98E 线向运行室台灯 CabRrLp5 供电。

12）汽笛电热器

从 251A 线（单相 100 V、50 Hz 保温电路。单线接地）向汽笛电热器 1~4、分并电气连接器 He 供电。

13）热电玻璃电热器

从 251 线（100 V、50 Hz 非安定、单线接地）向玻璃电热器电路进行供电。

14）司机室暖气

从 251 线（100V、50Hz 非安定、单线接地）向两套运行室电热器电路供电。

15）辅助电热器电路

通过辅助电热器控制171线加压、辅助电热器用接触器AHeK动作。

通过AHeK接点关闭，251A线（8D）得到加压，在成为保温用电器LVHe1～4、抽水装置电热器的电源的同时，还成为汽笛电热器（9B）的电源。

16）应急灯切换接触器

通过应急灯切换指令170线加压，应急灯切换接触器RrLpCgK动作。由此，RrLpCgK的接点关闭，119线得到加压、应急灯亮灯。

17）插座电路

从115线得电通过DC 110 V转AC 220 V的单相逆变电源提供单相220 V、50 Hz电源（单线接地），向列车室及卫生间插座电路供电。

18）照明电路

列车室灯197得电，通过台灯、卫生间灯、厕所灯、走廊灯连接别的电路199线（包括臭氧发生器），进而，非常灯（紧急灯）电路通过191线得电。

连接电路监控器的室内灯灭灯指令线的M302、M300线之间的室内灯控制用辅助继电器RLpCAR线圈因平时没有加压，所以，室内灯用接触器RLpK1、2线圈没有加压，197、199电路的列车室灯、通过台灯等亮灯。在此2电路的电源侧分别插入室内灯用断路器，如有必要，能够使分别的电路断开。应急灯电路191线平时从103线经由应急灯切换开关RrLpCgS，应急灯指令170线得到加压，应急灯切换接触器RrLpCgK的线圈得到加压，常闭接触点断开。常开接触点关闭，因此，应急灯电路191线切换成来自102线的加压。从监控器发出室内灯灭灯指令，连接M302、M300线间的室内灯控制用辅助继电器RLpCAR线圈得到加压，RLpK1得到励磁。

此常闭接点为断开，因此，上述197、199电路的列车室灯、通过台灯等就灭灯。

19）辅助电源装置

电源从牵引电压器MTr3次侧，经由交流电路接触器ACK1，从704，754线获得单相交流400 V、50 Hz输出。

771、781、791线为辅助电源装置三相AC 400×（1±10%）V、50 Hz输出。771G、781G、791G线为辅助电源装置冷却风扇驱动用电源，113线为辅助电源装置控制电源。251线仅仅是使用辅助变压器ATr，把牵引变压器3次绕组的非稳定化电压变换成单相AC 100 V的非稳定化电源。112G线输出过分相检测信号。

20）辅助整流装置

辅助整流装置的输入是逆向器的三相AC 400×（1±10%）V、50 Hz输出，它由把DC 100×（1±10%）V 往103线输出的整流器部分和向302、202线分别提供单相交流220 V、100 V的恒电压变压器构成。

当电压确立（101线加压）后，辅助整流器蒸馏装置直流电源接触器用继电器ArfKR、辅助整流器蒸馏装置直流电源接触器ArfK动作，把DC 100×（1±10%）V向103线加压。

进而，经由ArfKR常开接点，停放用继电器MLpR常闭接点对BatK2控制指令114线进行加压。

21）温水器

从 251 线经由温水器用断路器 WheN1 进行温水器加压，温水器通过热敏式控制进行动作，温度传感器检测到温度过热时，使断路器跳闸。新的温水器有水位指示灯，如果水位不够，可以通过水位传感器感知。

22）厕所电路

由 103 线向臭氧发生器、紧急传呼电路、厕所通知灯电路进行加压，通过本车厕所通知灯开关 LvLpS 开关，192B 线加压使厕所通知灯 LvLp 亮灯。

2．直流电源系统

1）蓄电池接触器（BatK1、BatK2）

制动设定器 BV（运行~快速）投入，对控制 BatK1 的 105 线进行加压。随后制动设定器投入，对继电器（BVR1）进行加压，由于 BVR1 的接点关闭，102 线对蓄电池用接触器（BatK1）线圈加压。和 BVR1 的接点并联的有 VCB 的辅助接点，VCB 如果是投入的状态，即使制动设定器手柄被拔掉，BatK1 线圈也会继续加压。

由于 BatK1 接点的关闭，蓄电池 Bat 与 103 线连接，蓄电池通过与 103 线连接的辅助整流器 ARf 进行浮动充电。

在蓄电池和 102 线间插入有蓄电池用辅助接触器 BatN2 的常闭接点。另与蓄电池并联，连接有蓄电池电压监视用电压表 V1 和电压检测电路。当蓄电池电压低于规定值时，电压检测器把内部接点关闭，对蓄电池用辅助接触器继电器 BatVDR 线圈进行加压，通过关闭 BatVDR 接点，对蓄电池用辅助接触器 BatN2 线圈加压，蓄电池用辅助接触器 BatK2R 线圈被加压。由于 BatK2R 接点关闭，从 102 线对 BatK2 线圈加压，BatK2 接点的关闭，使 103 线和 115 线连接。

2）应急切换电路

按下应急灯切换开关 RrLpCgS，发出应急灯投入指令，170 线被加压，同时应急灯切换接触器 RrLpCgK 线圈被加压。

RrLpCgK 投入后，连接在 103B 线负荷的供电从 102 线切换到 103 线。

3）辅助电源装置

电压确立（101 线加压）后，辅助整流器整流装置直流电源接触器用继电器 ARfKR、辅助整流器整流装置直流电源接触器 ARfK 动作，对 103 线加压 DC 100 ×（1 ± 10%）V。

而且，ARfKR 常开接点经由停放用节电器 MLpR1 的常闭接点对 BatK2 控制指令 114 线进行加压。

3．3 次电源扩展供电控制

1）概　要

牵引变压器辅助绕组电源 AC 400 V、50 Hz 通过交流电路用接触器 1（ACK1），连接 704、754 线。设置交流电路用接触器 2（ACK2）为防止来自相邻两个变压器系统的电源的混乱接触，保持不间断打开。当停止使用一方的牵引变压器的时候，通过监控器的显示器输入 3 次电源感应指令，将 704、754 线在编组中贯穿，可以通过另一方的变压器 3 次绕组来供给电源。

2）辅助绕组电源感应断开指令

辅助绕组电源感应断开指令从监控器传送到终端装置，通过终端装置、M2车（以M2车为例）辅助绕组扩展供电复位指令继电器（MTCOR-R）被励磁。MTCOR-R被励磁后，交流电路用接触器投入继电器（ACK2R）被消磁，因此ACK2消磁，辅助绕组电源感应电路断开。由于辅助绕组电源感应电路断开，交流电路用接触器投入继电器1（ACK1R）被励磁，因此ACK1投入。但当由外部电源供给电源时，EXR2的常闭接点处于打开状态，则ACK1不能投入。

感应电源断开指令（监控器显示器）→MTCOR-R励磁→ACK2R消磁→ACK2开放（辅助电源感应接触）→ACK1R励磁→ACK1投入。

3）辅助绕组电源感应指令。

辅助绕组电源感应指令由监控器传送到终端装置，由终端装置对M2车（以M2车为例）的辅助绕组扩展供电指令继电器（MTCOR）励磁。该MTCOR和ACK1，外部电源用继电器（EXR）以投入VCB的动作信息被输入到终端装置后，根据逻辑构成，4号车的ACK2R励磁，ACK2投入。

感应电源指令（监控器显示器）→MTCOR励磁→ACK1R消磁→ACK1断开→ACK2R励磁→ACK2投入→辅助电源感应完成。

4．BKK接通控制

当辅助电源装置（APU）发生故障时，BKK投入，由此将771、781、791线从正常单元感应为异常单元的电路。

设置在车上的APU中的任一个发生故障后，MGFR1或MGFR2消磁，MGFR1或MGFR2的常闭接点处于关闭状态。在这种状态下，BKK投入指令传送到终端装置上后，由终端装置对相应的BKK投入继电器（BKKR）励磁，BKKR的常开接点处于关闭状态，BKK被投入。

5．开关门控制

关门电路连接中记载有侧拉门电路、内端拉门电路及残疾人用厕所自动门电路3种门的电路。侧拉门及内端拉门设置在各个车辆，残疾人用厕所的自动门设置在3号车。

1）侧拉门电路

（1）关动作。

根据乘务员开关的关门指令，通过103线，使142Z线（一位侧）或143Z线（二位侧）被加压，由此，用于关门电磁阀的关门指令继电器（DVCR1：一位侧，DVCR2：二位侧）被励磁。DVCR被励磁后，用于关门电磁阀的继电器（DVR11、12、13：一位侧，DVR21、22、23：二位侧）为非励磁。由此，DVR11、31（一位侧）或DCR21、41的接点被打开，关门电磁阀DV11、31（一位侧）或DV21、41（二位侧）变为非励磁，门被关上。

在关门状态下（DIRR励磁），速度达到30 km/h以上时，压紧电磁阀DV12、32（一位侧）或DV22、42（二位侧）被励磁，按压气缸把门压紧保持气密。

（2）开动作。

根据乘务员开关的关门指令，142线（一位侧）或143线（二位侧）被加压，由此，用于关门电磁阀的打开指令继电器（DVOR1：一位侧，DVOR2：二位侧）被励磁。DVOR被励磁后，用于关门电磁阀的继电器（DVR11、12、13：一位侧、DVR21、22、23：二位侧）被励磁。关门压紧检测继电器（DPSR1、3：一位侧，DPSR2、4：二位侧）变为非励磁，当速度在30 km/h以下（30DLR励磁）的状态下时，压紧电磁阀变为非励磁，油压被释放，通过内部装有的弹簧，按压气缸得到松缓。由于压紧装置的油压降低，压力开关PS1、3（一位侧）或PS3、4（二位侧）的接点被连接，关门电磁阀变为ON，完成开门动作。并且，以速度5 km/h作为安全关门的条件，以速度30 km/h作为按压动作的条件。

（3）车侧灯。

根据关门开关（DS1、3：一位侧，DS2、4：二位侧）来检测门的开关状态，由于关门开关的接点为关（关门状态），关门连动辅助继电器（DIRR11、12、31、32：一位侧、DIRR21、22、41、42：二位侧）被励磁。关门连动辅助继电器被励磁后，作为车侧灯亮灯条件的DIRR接点变为打开，车侧灯灭灯。

（4）上下车门语音控制装置。

伴随关门电磁阀继电器的动作，侧拉门开关时，从扬声器发出声音。在一位侧、二位侧分别设有扬声器，进行开关一侧能够自动识别。

2）内端拉门电路

通过从设在客室侧，通过台侧的光线感应开关，把信号输入自动门开关装置（ADCD）后，内端拉门进行开和关的动作。

3）残疾人用厕所自动门

残疾人用厕所自动门装置，通过操作厕所自动门的开关（LvDOS/LvDCS），进行厕所自动门的开关动作。

任务八　CRH380B型动车组辅助供电系统分析

【任务描述】

以多媒体教学课件为学习载体，介绍CRH380B型动车组辅助供电系统，让学生掌握CRH380B型动车组辅助供电系统的组成、各部件工作原理及辅助供电分配方式等。

【背景知识】

一、系统介绍

辅助供电系统主要由辅助变流器、充电机、蓄电池、单相逆变器、辅助变压器等组成。辅助变流器分单辅助变流器（ACU）和双辅助变流器（D-ACU），单辅助变流器安装在变压器车（TC02、TC07），双辅助变流器安装在FC04、BC05车，充电机、蓄电池箱也安装在FC04、BC05车。

辅助供电系统的输入电压取自牵引变流器的中间直流环节，标称电压 DC 3 000 V。辅助变流器将 DC 3 000 V 变换成三相 AC 440 V 60 Hz，分别供给辅助风机、主空压机、客室空调、驾驶室空调、前风挡加热、电池充电机。

辅助变压器将单相 AC 440 V 60 Hz（取三相 AC 440 V 其中一相作为变压器原边输入电压）变换成单相 AC 230 V 60 Hz，为厨房的一些负载、水系统加热、撒砂管加热供电。

充电机将三相 AC 440 V 变换成 DC 110 V，为蓄电池、直流负载和单相逆变器供电。单相逆变器将 DC 110 V 逆变为单相 AC 230 V 50 Hz，为车上的清洁插座供电。

二、系统组成及各部件工作原理

1．系统组成

辅助供电系统涉及的内容主要包括：辅助变流器、充电机、蓄电池、单相逆变器、辅助变压器、辅助通风机、电气连接器、开关、配电盘、断路器盘、接地开关、照明装置、过分相检测系统、插座、电加热装置等。

2．重要部件组成及作用

1）辅助变流器

辅助变流器分单辅助变流器（ACU）和双辅助变流器（D-ACU），如图 4-8-1 和 4-8-2 所示。

图 4-8-1　双辅助变流器实物图

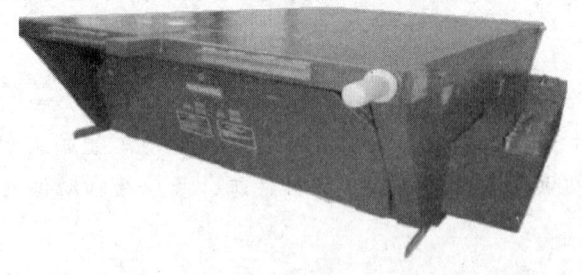

图 4-8-2　单辅助变流器实物图

辅助变流器由牵引变流器的中间直流环节提供电源，该系统的电源电压为 DC 3 000 V，辅助变流器先将 DC 3 000 V 逆变为 AC 1 200 V 60 Hz，然后通过变压器变压为三相 AC 440 V 60 Hz，原理如图 4-8-3 和图 4-8-4 所示。

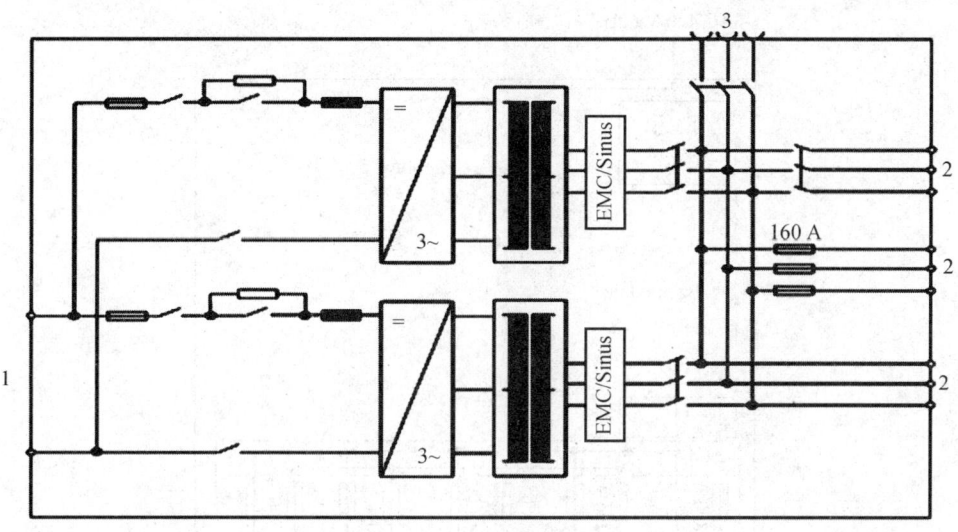

图 4-8-3 双辅助变流器原理图

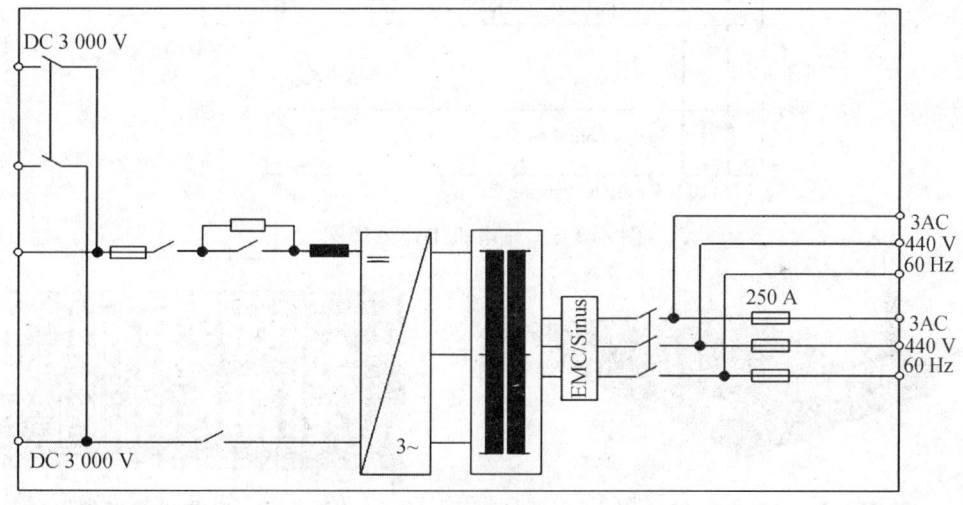

图 4-8-4 单辅助变流器原理图

2）充电机

充电机的功能是把三相 AC 440 V 60 Hz 转换为车载电源系统的直流电 DC 110 V，对蓄电池组进行充电，向所有与充电机并联的低压负载供电。电池充电机由车载电源供电，充电机箱分别在 FC04/BC05 车下。电池充电机由带输入端子的输入电路、风冷充电机模块、电磁兼容滤波器、电池主接触器、电池输出配电保险、冷却风扇等组成。

蓄电池充电器模块和高频变压器将 3AC 输入电压（440 V/60 Hz）转换成可隔离的 110 V 直流输出电压。在正常的工作状态下，装置给蓄电池充电，同时向直流负载供电。原理图如图 4-8-5 所示。

3）蓄电池

蓄电池（见图 4-8-6，图 4-8-7）的功能是在系统故障情况下，作为应急系统电源，向重要负载供电。

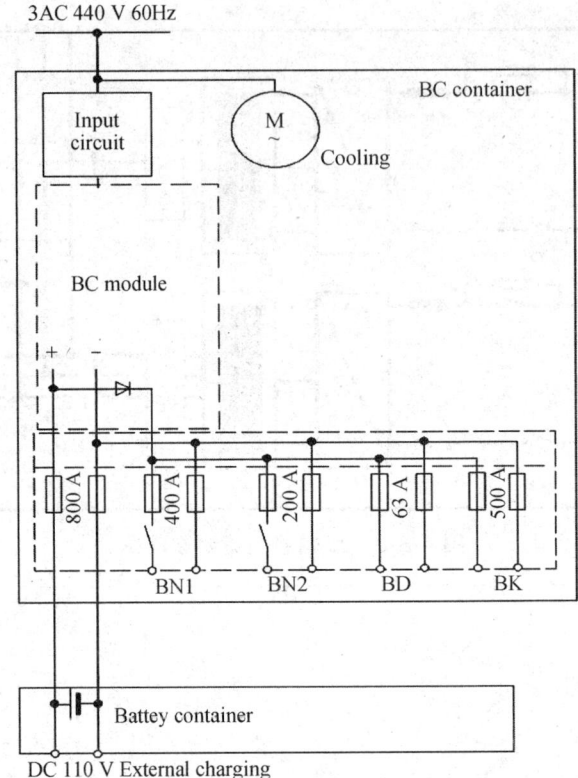

图 4-8-5　充电机工作原理图

图 4-8-6　蓄电池箱体

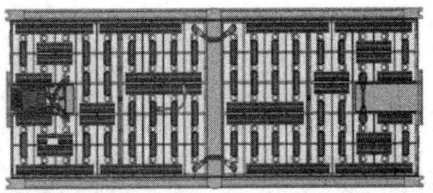

图 4-8-7　蓄电池内部结构

蓄电池参数（单节）：
- 类型：FNC1502HR
- 标称电压：1.2 V（单节）
- 标称容量：160 A·h
- 尺寸：115×122×309（单节）
- 质量：7.05 kg（单节）

蓄电池组：
- 标称电压：100.8 V
- 标称容量：2×160 A·h

蓄电池还可以通过-X21外接插座对蓄电池进行充电，如图4-8-8所示。

图 4-8-8　蓄电池外接充电插座

4）单相逆变器

单相逆变器的作用：将 DC 110 V 逆变为单相交流 230 V 50 Hz，每车都配备有一个单相逆变器给车上清洁插座供电，逆变器的电源来自 DC 110 V，输出功率为 3 kV·A。

5）外接电源

为了确保在高压设备接地或列车停车时，原来由 3AC 440 V 总线供电的设备继续工作，可以使用外接 3AC 380 V 50 Hz 电源为 3AC 440 V 交流干线供电。外接电源供电负载包括充电机、采暖和空调系统、其他 440 V 负载。因此，在双辅助变流器箱体一侧中间位置，设置了外接电源输入插座。由于双辅助变流器安装在 FC04/BC05 车下，动车组的外接电源插座布置在动车组的中间位置，每侧一个，如图 4-8-9 所示。

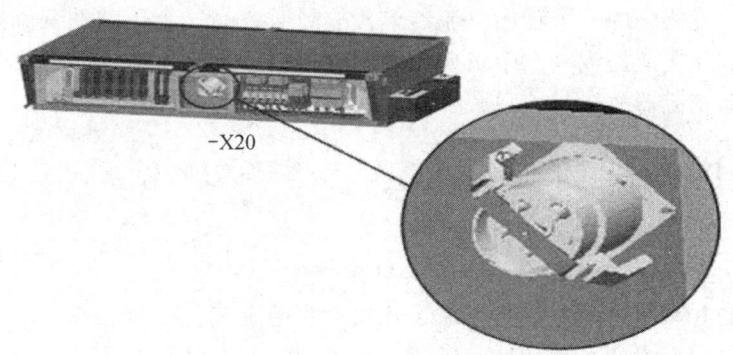

图 4-8-9　ACU 外接电源插座

三、辅助供电分配方式

辅助供电系统的输入电压取自牵引变流器的中间直流环节，ACU 将 DC 3 000 V 变换成三相 AC 440 V 60 Hz；辅助变压器将单相 AC 440 V 60 Hz（取三相 AC 440 V 其中一项作为变压器原边输入电压）变换成单相 AC 230 V 60 Hz；充电机将 D-ACU 提供的三相 AC 440 V 转换成 DC 110 V；单相逆变器将 DC 110 V 逆变为单相 AC 230 V 50 Hz。原理图如图 4-8-10 所示。

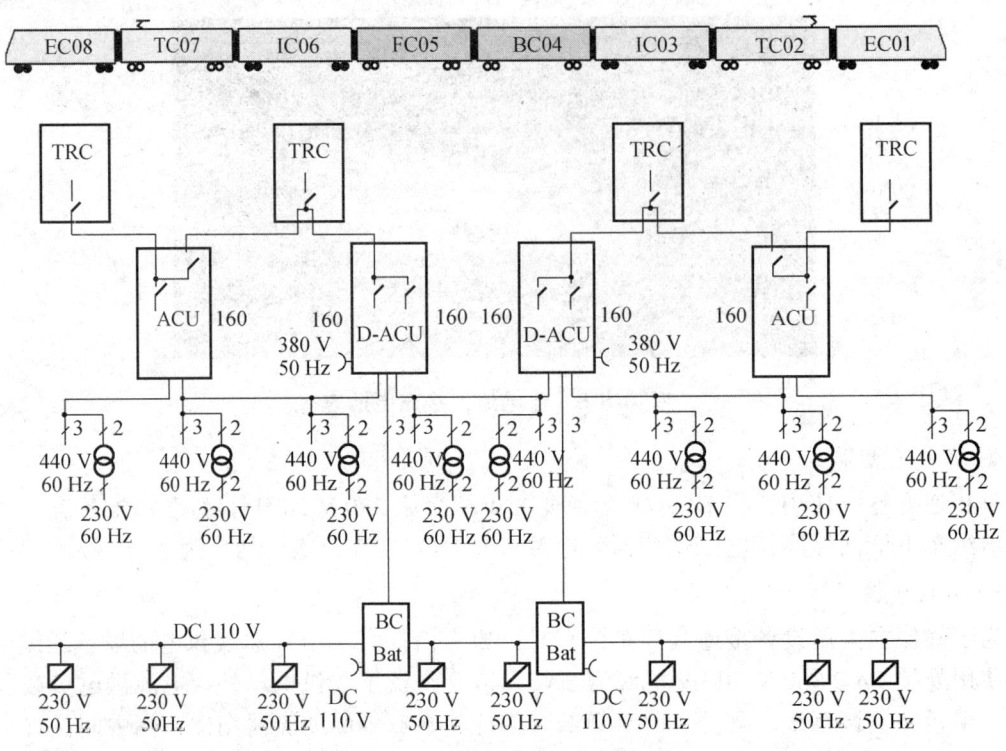

图 4-8-10　辅助供电系统原理图

当一个单辅助变流器或一个牵引变流器故障时，交流供电干线由其余的辅助变流器连续供电。当双辅助变流器中的一个辅助变流器单元故障时，另一个单辅助变流器单元能够继续工作。当一个单辅助变流器或一个牵引变流器故障时，不会减少供电。当两个单辅助变流器故障或一个双辅助变流器故障时，只减少与旅客舒适性相关的负载。

【自测练习】

1. 简述动车组辅助供电系统的构成。
2. 分析动车组牵引变压器和辅助电源的冗余特性。
3. 分析 CRH380A 型动车组各路电源系统及对应的负载。
4. 简述 CRH380A 型动车组辅助电源的工作原理。
5. 简述 CRH380A 型动车组 DC 100 V 电源系统的工作原理。
6. CRH2 型动车组 APU 的故障如何进行分类？
7. 试述 CRH2 型动车组配电盘的分类。
8. 简述 CRH380B 型动车组辅助供电分配方式。
9. 简述 CRH380B 型动车组辅助变流器的作用。
10. 试比较 CRH380A 与 CRH380B 用辅助变流器的异同。
11. 以 CRH2 型动车组为例，简述辅助供电系统常见故障及处理方法。
12. 试分析比较 CRH1、CRH2、CRH5 型动车组辅助供电系统的异同。
13. 分析 CRH380AL 型动车组交流、直流供电工作原理。

项目五　CRH380B 型动车组网络控制系统

【项目描述】

本项目是对 CRH380B 型动车组网络控制系统基础知识的整体认识,在多媒体教室或者动车组机械师训练中心,以实物及多媒体课件为学习载体,主要介绍网络控制系统的结构组成、主要配件在列车上的分布、作用及工作原理。

【知识目标】

(1) 掌握 CRH380B 型动车组网络控制系统的结构组成;
(2) 掌握网络控制系统各个配件的结构组成;
(3) 掌握网络控制系统各个配件的作用。

【技能目标】

(1) 能识别网络控制系统各部件在车上的分布位置;
(2) 能够进行故障诊断与检测,并能进行常见故障处理。

任务一　认识动车组网络控制系统的组成与结构

【任务描述】

以多媒体教学课件为学习载体,介绍 CRH380B 型动车组网络控制系统的组成与结构,让学生掌握 CRH380B 型动车组网络控制系统的组成、结构及各个配件的组成及作用。

【背景知识】

一、系统组成

CRH380B 型动车组列车的控制、监测与诊断系统主要由列车网络控制系统、数据记录及无线传输装置、过分相装置、轴温系统、烟火报警装置等子系统组成,其中列车网络控制系统为列车的控制、监测与诊断的主体。

二、网络结构

CRH380B 型动车组列车网络控制系统网络结构如图 5-1-1 所示。列车的高级通信与控制系统与子系统和车辆控制系统共同形成了列车控制系统。"列车通信和控制"概念是以 IEC

61375 中要求的列车通信网络（TCN）为依据，IEC 61375 是 1988 年在欧洲开始创办的列车通信网络标准。TCN 通信标准为不同生产商设备的控制、调整、监视和诊断提供了一般数据交换的统一标准。列车通信和控制的特点是使用了基于 TCN 模块（应用于多个项目）的清晰结构。

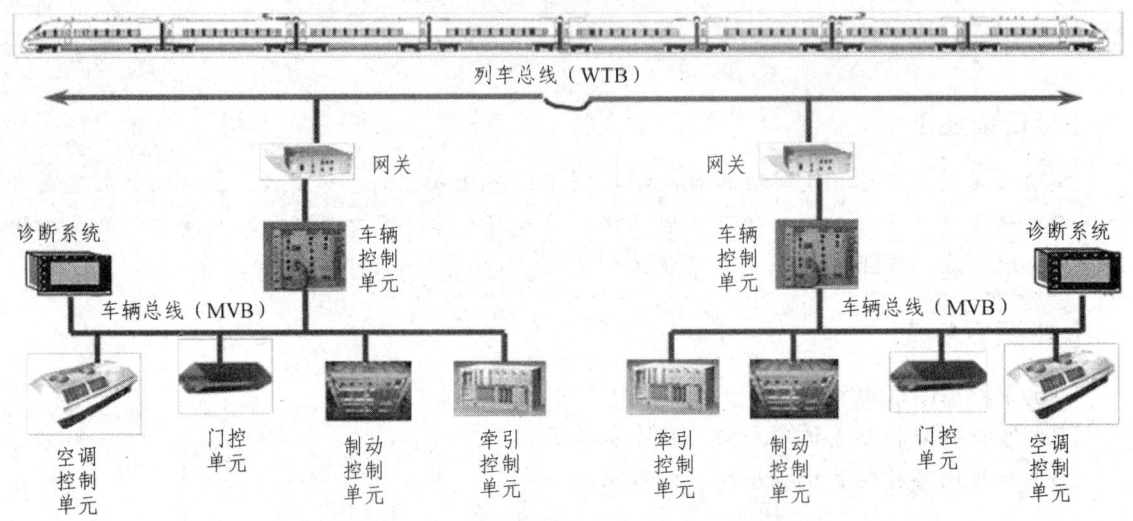

图 5-1-1　CRH380B 型动车组列车网络控制系统

TCN 是一个分为两级的通信网络，由列车总线 WTB（列车总线）和车辆总线 MVB（多功能车辆总线）组成。CRH380B 型动车组由两个对称的牵引单元组成,每个单元由 4 节车辆组成，单元内各设备由 MVB 总线通信，两个牵引单元间由 WTB 总线通信。这两个系统由带冗余传输线的串行数据总线组成，可传输过程数据和消息数据。

列车总线（WTB）是基于列车编组情况可变的拓扑结构的总线，用屏蔽双绞线作为传输介质，两根单独的电缆用作冗余列车总线（WTB）线路。在网关内使用两个独立插头，列车总线（WTB）和车辆总线（MVB）通过网关连接。根据 UIC 556 要求可以实现用于产生传输层的机制。由于高速列车上数据的容量和已经执行的报文数据，所以数据交换则采用专门的报文传输。

车辆总线（MVB）有一个固定拓扑结构，两根冗余的屏蔽双绞线作为传输介质，为了改进其有效性，车辆总线（MVB）采用了所谓的主链结构。MVB 分支通过中继器连接到一条主线（构架）上。通过 MVB 连接到列车通信和控制系统的装置如下：

（1）中央控制单元（CCU）和网关（GATEWAY）。

（2）人机接口（HMI）。

（3）牵引控制单元（TCU）和辅助控制单元（ACU）。

（4）制动控制单元（BCU）。

（5）充电机控制单元（BC）。

（6）车门控制单元（DCU）。

（7）采暖、通风和空调控制单元（HVAC）。

（8）旅客信息系统（PIS）。

（9）列车保护控制系统（ETCS）。
（10）输入输出模块（Compact I/O、Compact Pt100、KLIP Station）。

任务二　网络控制系统配件的组成与作用

380B 型动车组网络控制系统中通信与控制系统的硬件主要包括中央控制单元（CCU）、网关（GATEWAY）、输入输出模块（Compact I/O、Compact Pt100、KLIP Station）、中继器（Repeater）以及人机接口（HMI）。

一、中央控制单元（CCU）

在每个牵引单元中，有两个中央控制单元，安装在头车的电器柜里。中央控制单元如图 5-2-1 所示，其中一个 CCU 在主控方式下工作（显示字母 A），另一个 CCU 在从控方式下工作（显示字母 S）。

图 5-2-1　中央控制单元 CCU

在主导司机室的 CCU 称为主导主控 CCU，临近牵引单元的主控 CCU 称为引导主控 CCU。主 CCU 负责所在牵引单元内的车辆控制，从外围设备和列车总线（WTB）读取命令和信息，并向列车总线（WTB）发送控制信号和反馈信息。此外，主 CCU 进行下列工作：

（1）受电弓控制。

司机台给出的升降弓命令通过硬线传输到司机台 Compact I/O，然后通过 MVB 总线传输给中央控制单元，中央控制单元进行逻辑判断后给出升降弓命令实现升弓和降弓操作；在车辆运行过程中，CCU 通过 MVB 总线向受电弓控制器提供列车速度、受电弓位置信息，用于控制受电弓动态接触力，并进行实时监控诊断。

（2）主断路器控制。

司机给出的主断路器闭合/打开命令通过硬线传输到司机台 Compact I/O，经 MVB 总线传输给中央控制单元，中央控制单元进行逻辑判断后给出主断闭合/打开指令，通过相应的输入输出站驱动继电器实现主断路器的闭合/打开；动车组过分相时，中央控制单元收到ATP主机或GFX-3A发送的分相区信号，进行逻辑判断后控制主断路器打开/闭合。

（3）车顶隔离开关控制。

通过中央控制单元或司机室的人机界面（HMI）可给出闭合/打开车顶隔离开关的命令，并通过相应的输入输出站驱动继电器实现车顶隔离开关的闭合/打开。

（4）主变压器控制。

中央控制单元通过监视变压器的电流、油流、温度、瓦斯继电器状态信息，对主变压器冷却风机的高低速转换进行控制。当主变压器发生过流、电流差动保护、油流异常、温度超限、瓦斯继电器报警时，通过中央控制单元诊断后发出断开主断路器的指令以保护主变压器。

（5）电压、电流互感器信号采集。

中央控制单元采集电流、电压互感器信号，通过检测值与阈值比较实现高压系统的保护功能，保护动作由输入输出站执行，如网侧电流过流保护，网压过压保护等。

（6）牵引控制。

在两个头车，中间车IC03及IC06车各有一个牵引控制单元。牵引手柄通过硬线将牵引力设定值编码发给输入输出站，主CCU通过车辆总线（MVB）读取输入输出站的牵引手柄设定值并发送给TCU。TCU通过读取CCU的牵引手柄信息，将此信息经过DSP板卡计算转化为触发PWMI及4QS模块的脉冲信息，控制TCU的扭矩输出。TCU还设置电流监控，以防止空转，并能将监控到的系统故障或设备故障经车辆总线传输至HMI。

（7）过分相控制。

CRH380B动车组有3种过分相形式：CTCS3、CTCS2和GFX-3A。CTCS3控车时，由CTCS3控制过分相；当RBC通信发生故障时，CTCS3自动降级为CTCS2控车，由CTCS2控制和GFX-3A同时控制过分相（磁钢过分相），按先检测到的信号执行过分相。

（8）车载电源控制。

（9）自动车钩和前开闭控制。

（10）生成对各控制单元的更高级命令，例如车门、HVAC、照明等。

（11）安全环路、火灾报警系统和转向架诊断监视。

（12）通过分布式输入/输出站实现数字量和模拟量的输入和输出。

（13）动车组停放和自动整备控制。

（14）实现故障诊断并通过MVB总线和WTB总线传输诊断信息。

从CCU和主CCU内程序相同，但没有主控功能。正常工作时，两个位于头车的中央控制单元交替作为主CCU工作，CCU主从转换的条件有：

（1）在蓄电池送电列车网络系统开始启动时。

（2）在动车组组成发生改变时。

（3）主CCU的MVB接口或MVB总线管理器故障。

（4）主CCU的主要部件故障（如电源模块、处理器、I/O模块）。

（5）主CCU所在的MVB网段故障。

（6）主CCU的网关模块故障。

二、网关（GW）

一个牵引单元内有两个网关，集成在中央控制单元模块内，安装在头车的电器柜里。网关可实现列车总线 WTB 和车辆总线 MVB 通信协议的转换，提供更高层次的接口，并实现车辆编组的自动配置。在一个牵引单元内的两个网关，只有主控 CCU 上的网关参与 WTB 和 MVB 通信，从 CCU 上的网关不被激活。当主从 CCU 进行切换时，网关也发生相应的切换。

三、分布式输入/输出站（KLIP）

分布式输入输出站 KLIP 安装在每节车辆和头车的电器柜里，能够将采集的数字量、模拟量输入信号转换成 MVB 总线数据流，同时能发出数字量、模拟量指令，驱动硬件设备，如图 5-2-2 所示。

图 5-2-2　分布式输入/输出站（KLIP）

KLIP 站（KLIP = 智能外围终端）由多个不同数字输入输出通道和模拟量输入/输出通道模块组成。

（1）数字量输入模块（16 通道）。
（2）继电器输出模块（8 通道）。
（3）模拟量输入模块（4 通道）。
（4）模拟量输出模块（2 通道）。

四、分布式输入输出站 COMPACT I/O

分布式输入输出站 COMPACT I/O 安装在每节车辆和头车的电器柜里，是具有许多固定输入和输出通道的紧凑装置，用于接收司机室设备信号，例如，来自按钮、开关、指示器、断路器、编码插头和主控制器的信号。MVB-Compact I/O 如图 5-2-3 所示。

图 5-2-3　MVB-Compact I/O

一个 MVB-Compact I/O 站有 2×16 二进制输入、1×8 二进制输出以及两个数字式位置编码器接口的数字输入，司机室指令信号输送到主控制器（10 个通道）。信号电压为 24 V DC。MVB-Compact PT100 安装在每节车辆的电器柜里，用于记录 PT100 温度传感器的输入值，并通过 MVB 总线传输到相应的控制单元。每个模块共有 20 路 PT100 输入。

五、中继器（Repeater）

中继器如图 5-2-4 所示。除头车的电器柜内装有两个中继器外，其他每节车辆的电器柜内都安装有一个 MVB 中继器。中继器能够在 MVB 部分和 MVB 高速链路部分提供一个调制弱信号的接口，对信号进行放大和处理，采用电气隔离防止电磁干扰，提高 MVB 总线的长度和连接到 MVB 总线上设备的数量。

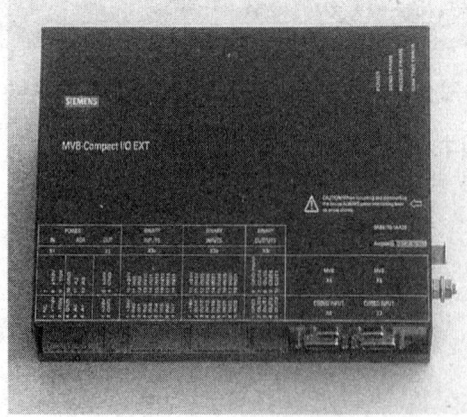

图 5-2-4　中继器

中继器有两个 4 针的电源接口，4 个 9 针的 MVB 接口和 1 个接地端。中继器采用冗余设计，A 线和 B 线出现在中继器的 MVB 接口上，使得在一条线上出现故障时，另一条线路可以正常工作。

六、人机交互显示屏（HMI）

人机交互显示屏如图 5-2-5 所示。8 节编组的动车组共有 5 个显示屏，每端司机室各有 2 个，另一个位于酒吧车的乘务员室。人机交互显示屏主要分为安装在司机台上的左监视器和右监视器，以及安装在乘务员室的监视器，用于显示所有连到总线上的系统状态、列车的基本运行数据、列车状态信息和故障诊断信息。

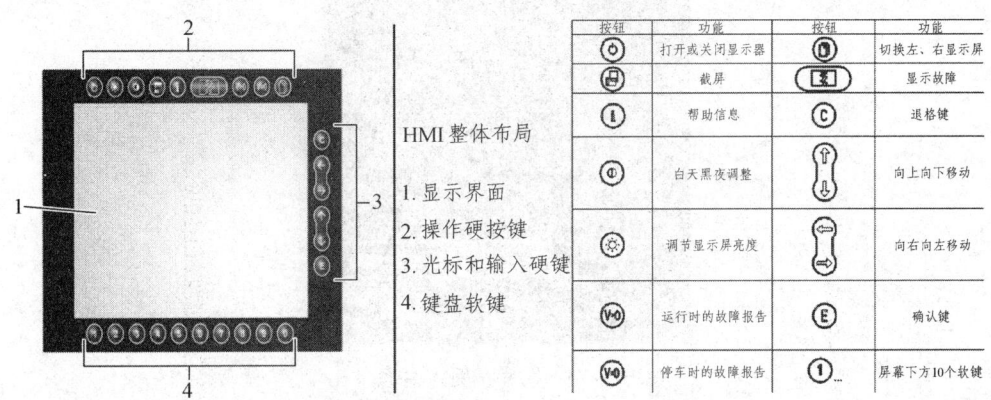

图 5-2-5 人机交互显示屏（HMI）

正常情况下，司机台右侧显示屏用于制动，左侧显示屏用于牵引、空调、门等其他子系统，故障时左右屏可互相切换。HMI 屏显示说明如图 5-2-6 所示。

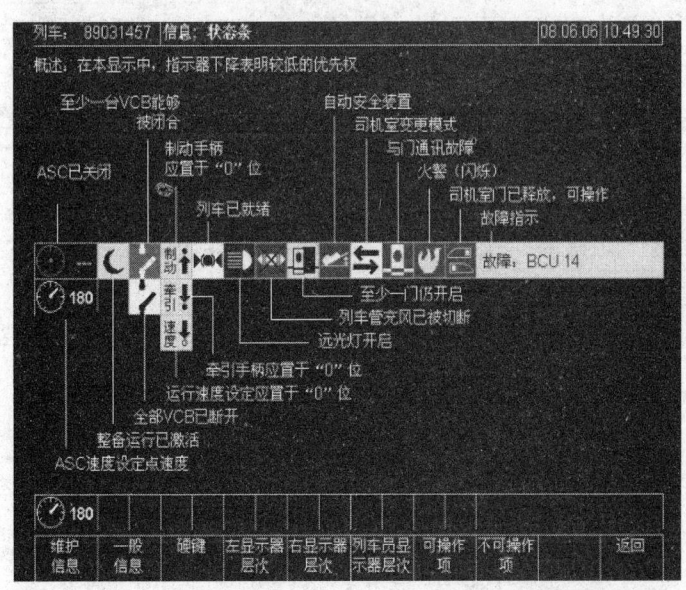

图 5-2-6 HMI 屏显示说明

1．左屏界面

基本界面是 HMI 左屏的初始界面，如图 5-2-7 所示。在基本界面里，单个动车组测量的网压用柱状图显示。动车组车载供电作为文本框在底部显示。界面的左边用柱状图表示整车网流的大小，红色三角表示最大允许网流。右半部分将显示受电弓、主断路器、牵引/制动力和充电机的状态。左侧 HMI 的层次结构如图 5-2-8 所示。

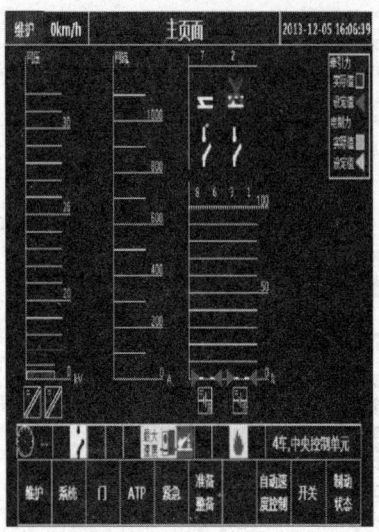

图 5-2-7 基本界面（左屏）

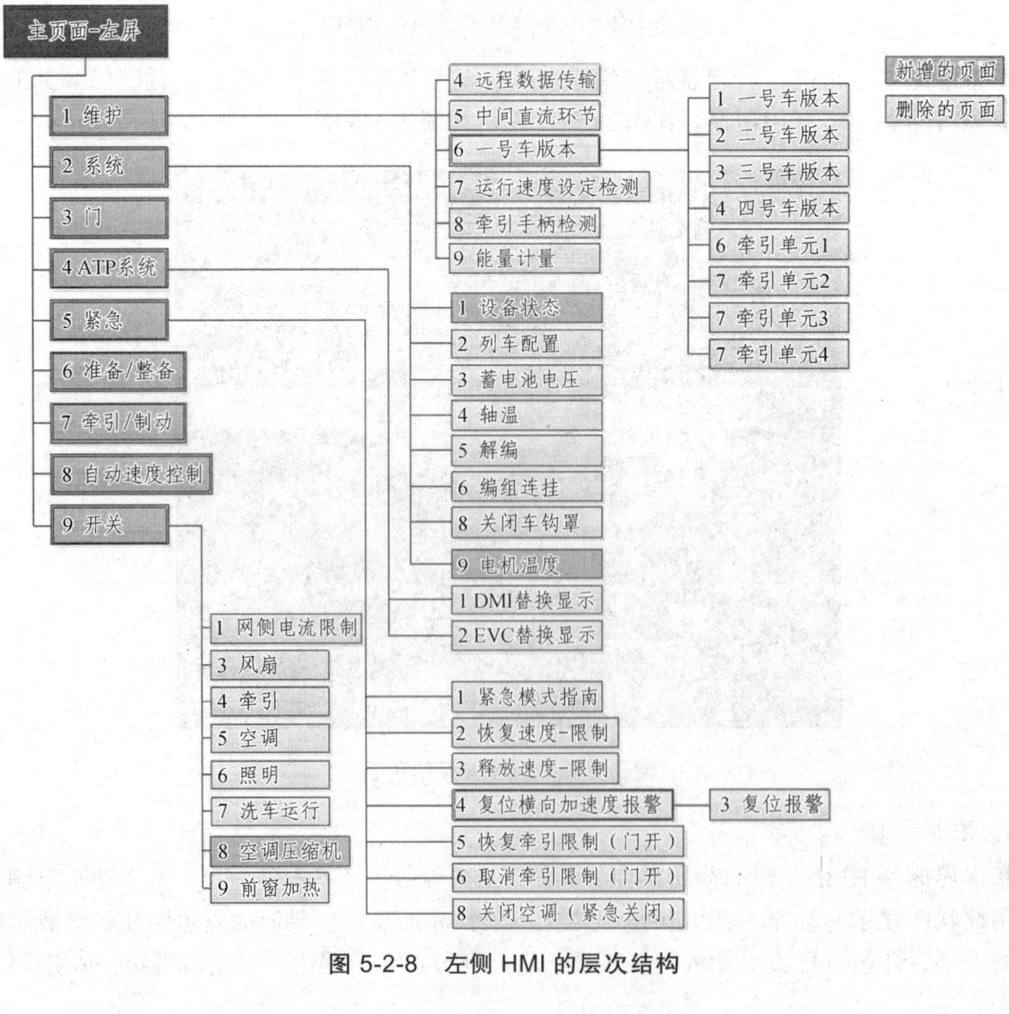

图 5-2-8 左侧 HMI 的层次结构

2．右屏界面

"制动状态"界面是 HMI 右屏的基本界面，如图 5-2-9 所示。制动状态界面显示各车制动系统的状态以及列车的 BP 和 MRP 压力。通过这个界面可访问 HMI 右屏的其他功能。右侧 HMI 的层次结构如图 5-2-10 所示。

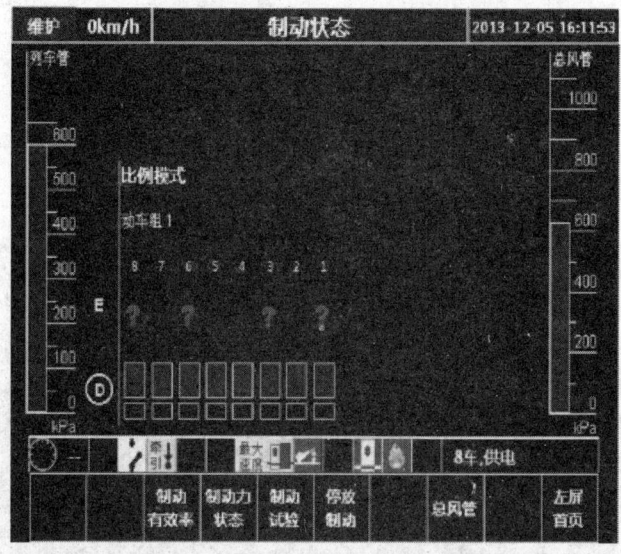

图 5-2-9　制动状态界面（右屏）

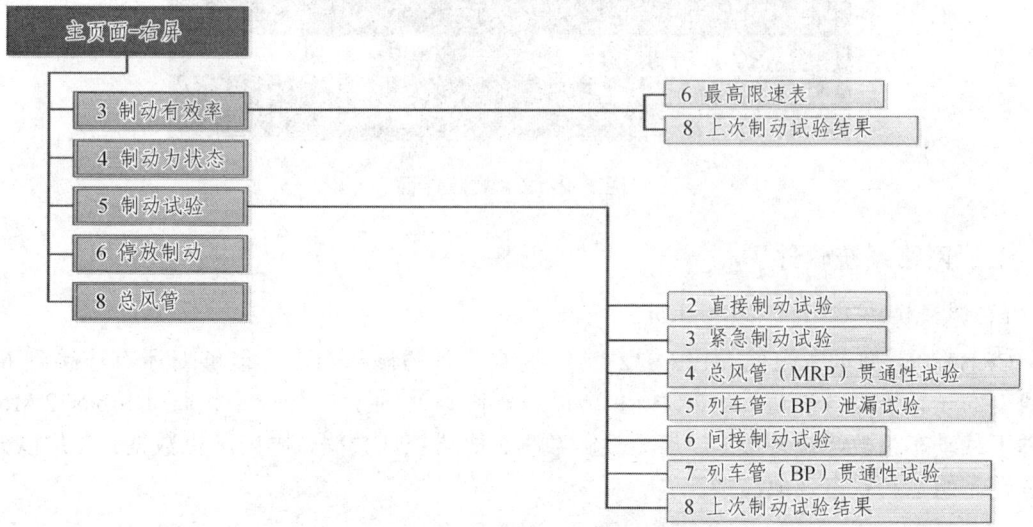

图 5-2-10　右侧 HMI 的层次结构

3．乘务员屏界面

操作该界面可以进入"空调""照明""门""轴温""列车配置""维护""电机温度""空调压缩机""停放制动"和"制动状态"等界面，如图 5-2-11 所示。

故障界面如图 5-2-12 所示。点击 HMI 面板上方""键，进入"故障概况"界面，该界面显示列车已发生故障的信息：所在车号、子系统、故障说明、发生时间及故障代码等。

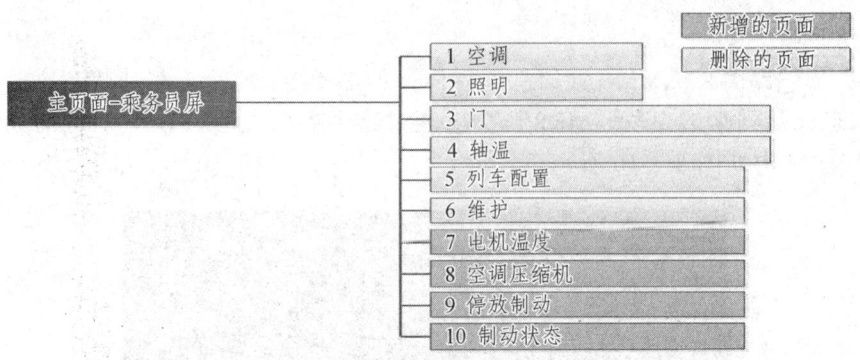

图 5-2-11　乘务员室 HMI 的层次结构

图 5-2-12　故障界面

七、网络系统软件

1．调试软件（Sibas32 Monitor）

CRH380B 型动车组的 SIBAS32 系统拥有完备的诊断功能，能够对所有连接到 MVB 总线上的子系统进行诊断（4 位数值和字母组合代码）。在日常作业中，通过 Sibas32 Monitor 软件下载动车组故障统计数据，历史故障数据，协议统计数据，协议历史数据，并加以分析，掌握动车组运行状态及故障情况。

2．远程故障传输

CRH380B 型动车组配备了远程故障传输系统，司机显示屏故障、乘务员故障、维护故障、协议代码可通过 MVB 信息存储到司机显示屏上，车载远程数据装置与司机显示屏通过以太网连接，每隔 15 s 将司机显示屏故障信息储存到远程数据主机里，远程数据再将数据通过移动网络将信息传递到地面设备，通过远程数据客户端可查看和下载相关信息，如图 5-2-13 所示。

列车当前故障　更新成功！2015-11-17 10:38:34

序号	列号	车号	代码	描述	状态	类型	时间
1	5505	11501505	683D	GFX-3A 开关44- S13置在位置开	发生	机械师	2015-11-17 09:06:19
2	5505	11501505	683D	GFX-3A 开关44- S13置在位置开	发生	司机	2015-11-17 09:06:19
3	5505	11516505	683D	GFX-3A 开关44- S13置在位置开	发生	机械师	2015-11-17 05:24:20
4	5505	11516505	683D	GFX-3A 开关44- S13置在位置开	发生	司机	2015-11-17 05:24:20
5	5505	11516505	6832	ETCS故障开关在"关"位置。	发生	机械师	2015-11-17 05:24:19
6	5505	11516505	6832	ETCS故障开关在"关"位置。	发生	司机	2015-11-17 05:24:19
7	5505	11516505	66AB	自动安全装置没有进行测试	发生	机械师	2015-10-26 14:40:29

图 5-2-13　远程故障传输界面

【自测练习】

1. 简述 CRH380B 型动车组网络控制系统的结构。
2. CRH380B 型动车组网络控制系统有哪些主要配件？
3. 中央控制单元的主要作用是什么？
4. 中继器的作用是什么？
5. CRH380B 型动车组网络控制系统采用的调试软件是什么？它的主要作用是什么？

参 考 文 献

[1] 张曙光. CRH2型动车组[M]. 北京：中国铁道出版社，2008.
[2] 张曙光. CRH2型动车组[M]. 北京：中国铁道出版社，2008.
[3] 邱成. 动车辅助电气系统与设备[M]. 北京：北京交通大学出版社，2012.
[4] 冯晓云. 电力牵引——交流传动及其控制系统[M]. 北京：高等教育出版社，2009.
[5] 陈坚. 电力电子学——电力电子变换和控制技术[M]. 北京：高等教育出版社，2009.
[6] 李益民，张维. 动车组制动系统[M]. 成都：西南交通大学出版社，2009.
[7] 王月明. 动车组制动技术[M]. 北京：中国铁道出版社，2010.
[8] 郑华熙，高吉磊，郑琼林. 我国高速动车组辅助供电系统的比较与分析[J]. 电气传动，2010（3）.
[9] 李国平. 国内外高速列车辅助供电系统[J]. 机车电传动，2003（5）.
[10] 刘志明，史红梅. 动车组装备[M]. 北京：中国铁道出版社，2007.
[11] 董锡明. 高速动车组工作原理与结构特点[M]. 北京：中国铁道出版社，2007.
[12] 胡学永，邓学寿. CRH2型200 km/h动车组辅助供电系统[J]. 机车电传动，2008（5）.
[13] 中国铁路总公司. 高速动车组技术[M]. 北京：中国铁道出版社，2016.
[14] 中国铁路总公司劳动和卫生部，中国铁路总公司运输局. CRH2C二阶段 CRH380A（L）型动车组机械师[M]. 北京：中国铁道出版社，2015.